语言文学新论（第二辑）

YUYAN WENXUE XINLUN（DI-ER JI）

石　勇　主编

广西人民出版社

图书在版编目（CIP）数据

语言文学新论. 第二辑 / 石勇主编. — 南宁：广西人民出版社，
2019. 12
ISBN 978-7-219-10963-2

Ⅰ . ①语… Ⅱ . ①石… Ⅲ . ①汉语—语言学—文集②"一
带一路"—文化交流—研究 Ⅳ . ① H1-53 ② F125-53 ③ G115-53

中国版本图书馆 CIP 数据核字（2020）第 016816 号

责任编辑　黄　玮
文字编辑　区海燕　黄丽莹
责任校对　黄蓁兰
封面设计　王红星

出版发行　广西人民出版社
社　　址　广西南宁市桂春路 6 号
邮　　编　530021
印　　刷　南宁市友谊印务有限责任公司
开　　本　890 mm×1240 mm　1 / 32
印　　张　8
字　　数　215 千字
版　　次　2019 年 12 月　第 1 版
印　　次　2019 年 12 月　第 1 次印刷
书　　号　ISBN 978-7-219-10963-2
定　　价　36. 00 元

前　言

南宁师范大学文学院　石勇

　　如果说本科阶段是侧重于打基础的学习,那么研究生阶段则是正式步入了学术殿堂。研究生的学习,一方面固然仍需要大力汲取前人的成果,另一方面也需要思考酝酿,提出自己的学术见解。研究性学习,除了焚膏继晷,沉潜苦思,还有一个重要的环节,就是学术思想的交流。古人云"独学寡悟",没有思想的交锋,就难以迸发出理想的光芒,因此学术交流是学术成长非常重要的一个环节。南宁师范大学文学院历来重视研究生的培养,努力为他们的成长提供学术交流的平台,让他们有展现自己学术见解的舞台。2017年12月,在校研究生院的指导下,由文学院研究生会承办,我们成功举办了"'一带一路'背景下广西民族语言文学与文化传播"研究生学术论坛。通过这次活动,同学们得到了学术的洗礼,加深了对所学知识的理解,撰写出高质量的论文,提出了不少清新可喜的观点,成绩令人欣喜。本书就是本次学术论坛的获奖论文的结集。

　　本次论坛的召开,是依托南宁师范大学文学院研究生会申请获批立项的广西教育厅研究生创新项目"'一带一路'背景下广西民族语言文学与文化传播"研究生学术论坛(项目编号:YCLT2017010)。2017年4月获批立项后,我们成立了工作领导小组,拟定了论坛的章程,向全区各高校广泛宣传,得到了兄弟院校研究生会的大力支持,各校研究生纷纷来稿,收到论文50余篇。参与的研究生除本校,还有广西大学、广西师范大学、桂林理工大学等区内高校。论文截稿后，文学院责成笔者牵头成立了以本校文学院硕导团队为主、兄弟院校专家共同参与组成的论文评审委员会，对投稿论文进行了认真评审，从中遴选出优秀论文，邀请论文作者到本校参加学术论坛。12月2日学术论坛正式举行，各校选手齐集本校五合校区，共襄盛举。本次论坛，既是一场学术交流，也是一场学术竞赛。每名参赛者要经过宣读论文、回答评委专家提问、观众自由交流三个环节。评委们根据论文撰写质量和现场表现综合打分。赛场上，选手们意气风发，侃侃而谈，充分阐述了自己的学术观点；与评委和观众交流辩难，在碰撞中加深了对学术问题的理解。选手们"嫩篁香苞初出林"，已显示出不凡的资质，期待他们有一天能够"雏凤清于老凤声"，在学术的道路上取得更高成就。

为了提升这次活动的后续影响力，总结活动的成绩与不足，我们选编了这本论文集。论坛结束后，根据论坛上评委与观众提出的问题，作者们对相关论文做了适当修改，使得论文质量进一步提高。在论文撰写和修改过程中，同学们广泛查阅资料，并与指导老师深入交流，扎扎实实地磨练了自己的学术功底，活跃了校园的学术气氛。而且，活动的效果并不局限于论坛举行的那一天，而是贯穿了整个学年。通过这些学术训练，培养了研究生良好的学习习惯和善于思考、勤于交流的学术品格，其影响是十分深远的。本书共选入的论文，均是本次论坛的获奖作品。参赛论文笔者都认真阅读过，从入选的论文看，同学们的学术视野十分开阔，举凡文学、语言学、民俗学、文艺学均有涉及，有些论文还涉及多个学科。围绕"一带一路"这条主线，开展多方位的研究。论文大多立足广西，面向东盟，紧密联系社会，运用所学知识，对相应的论题进行了较为深入的研究。许多同学对自己所研究的问题进行了实地调研，掌握了许多第一手材料，理论基础也比较扎实，富有创新精神。

选编之余，也谈谈自己的一些感想，供同学们参考、共勉。学术论文的写作,方法很多,可谓百花齐放,但也有一些共性,可以概括为三点:新颖、扎实、严谨。新颖主要体现在选题上,其次在资料准备上。初涉学术领域的同学常苦于没有题目可写,一方面是由于自己积累尚少,另一方面也是由于思路不够开阔,还没"激活"自己的学术阀门。解决的办法,关键还是要多进行学术积累,刘勰云"博见为馈贫之粮"(《文心雕龙·神思》),积累到一定程度,自然会敲开学术的大门。另外,"学"与"思"要结合,"学而不思则罔,思而不学则殆",一味苦读而不思考,学术上也难以升华。研究资料方面,在全面掌握前人成果的基础上,挖掘前人未注意的材料,或是实地调查获取新的资料,就常常能够有新的发现。扎实,主要就体现在材料上,不能完全无视前人的成果,自说自话。史学家陈垣主张的"竭泽而渔"的研究方式,在当今信息爆炸的时代,或许有些难以做到,但这种精神不能丢。做学问最忌讳对自己所研究的领域所知尚不多,就急于发表看法,过后再看,往往容易"悔其少作"。严谨,与扎实一脉相承,而又略有区别。扎实讲的是具体操作,严谨主要体现在态度上。明末清初大学者顾炎武穷三十年之力写了一部《日知录》,这是一部不朽的学术巨著。写作过程中有人问他又成几卷,他答道:"自别来一载,早夜诵读,反复寻究,仅得十余条。"(《日知录·初刻日知录自序》)可见其写作之艰辛,态度之严谨。语言学界流传一句名言:"例不十,法不立。"意思是没找到十个以上例证,不要匆忙下结论。希望大家在将来做学问的道路上,遵循这种严谨作风,不要看到一两个现象就认为是普遍规律。只有踏踏实实做学问,一步一个脚印,才能真正攀登上学术的高峰。最后,借鲁迅先生的话强调一个细节:"写完后至少看两遍。"自己满意了,才交给别人,这既是对他人的尊重,也是对自己的尊重。一篇文章如果文从字顺都做不到,又谈何精辟见解?这些虽然看起来是小问题,但恰恰显露了某些作者态度的不认真,这种毛病我们应该完全避免。

本次论坛的成功举办,得到了学校领导的关怀和校研究生院的具体指导,特此表示感谢!活动过程中文学院在人力、物力上给予了大力支持,文学院硕导团队在论文写作、评阅、答辩、修改等环节中付出了辛勤劳动,文学院研究生办公室和文学院研究生会做了大量具体工作,在此一并表示衷心感谢!活动还得到了广西大学、广西师范大学、桂林理工大学等高校师生的支持和响应,对他们的积极参与表示感谢!活动虽然已经落幕,但我们收获良多。奉献在大家面前的这本小书,或许还略显稚嫩,但体现了我们对年轻一代学子的关爱与期许,不足之处,希望得到读者的批评指正。

2019 年 11 月 25 日于南宁

目 录

一等奖

二等奖

三等奖

一等奖

YI DENG JIANG

论古代越南使节旅桂诗的广西文化景观

南宁师范大学　刘　源

【摘　要】古代越南使节的旅桂诗是越南古代使者出使燕京途经广西所创作的汉语诗歌作品，这些汉语诗歌都是对广西的历史文化、人文和自然景观的描绘，内容丰富、形式多样。对其中的广西文化景观进行研究，有利于我们理解和把握中越两国的文化交流，增强广西作为中国沟通越南乃至东盟十国的重要门户的文化辐射作用。

【关键词】古代越南使节；旅桂诗；广西文化景观

【基金项目】本文为广西师范学院 2017 年研究生教育创新计划项目"古代越南使节旅桂诗文中的广西文化及其现代意义"（项目编号：YCSW2017180）阶段性成果。

古代越南使节的旅桂诗，是指在我国元、明、清三个时代越南使者进京朝拜和从燕京回国路过广西途中所创作的诗歌作品，这些作品收集在《越南汉文燕行文献集成》（25 册）之中，后有广西学者辑录为《古代越南使节旅桂诗文辑览》一书，书中共收录越南 40 余位诗人的 1000 余首诗。此前，有学者对这些诗文做过研究，不过大都是着眼于诗文的整体概况，要么是研究使者的燕行路线，要么是对诗文进行整理和罗列，要么是对某篇诗文进行具体的分析。基于此，本文以古代越南使节的旅桂诗为研究对象，结合具体的诗歌文本，着重探寻越南学者眼中的广西文化意象并探讨其成因。

古代越南使节旅桂诗蕴含着丰富的广西文化景观,主要表现在赞美广西沿途的风光、描述广西古代城市的景象、记录与广西官员的交流等方面。

在赞美广西沿途的风光方面,古代越南使节的旅桂诗描绘了广西的"花山岩画""桂林八景"等具有历史人文特点的自然文化景观。

花山岩画地处广西左江流域,是我国古代著名的岩画之一,至今已有 2300 多年的历史,"从历史的角度看,花山岩画所描绘的内容包括人类、动物、武器、船只以及其他物品,描绘了以农耕为主的社会图景,具有显示人类农耕文化现象的普遍价值"。2016 年 7 月,在伊斯坦布尔举行的第 40 届联合国教科文组织世界遗产委员会会议(世界遗产大会)上,广西"花山岩画"获准列入世界遗产名录,成为中国第 49 处世界遗产。"花山属于世界的,古代中国没有相关诗篇,邻国越南汉诗作品可以弥补这一空白"。古代越南使节的旅桂诗中对广西宁明花山神秘岩画的刻画就有多首诗,比如,出使明朝的冯克宽的《过花山》一诗是现存所见有关花山岩画最早的诗篇:"左江稳泛客槎轻,晓过花山枕水清。粉壁楼台亦秀丽,黄巢兵马认分明。回头红日知天近,纵目清芜见地平。几许王维图画笔,入予诗思宛如成。"作品描写诗人坐船在花山的水域中仰视岩画的情景,感慨岩画的保存完好,画面清晰,颜色明亮,可认清"兵马"的驰骋。出使清朝的使节潘辉益的《花山兵马》和潘辉泳的《花山兵马》都描写了山壁上"丹色"的军阵,潘辉益诗的题记中写道:"山在宁明江口,右壁临流,赤色如涂丹,隐然有人马旗剑之状。相传黄巢战阵现于此。"诗篇从色彩和动态上把岩画内容描绘得惟妙惟肖,把人物和战马给写活了,好像要跃出壁画,绝妙的画笔深深震撼了诗人。还有潘辉注的《花山》和黄碧山的《花山记异》都表现了花山的险峻和岩画的美丽奇异。

"桂林山水甲天下",这样对桂林的评价早已是家喻户晓,越南使节路过桂林又怎能不驻足观赏呢？他们赞美桂林山水美景的诗篇数不胜数，主要有《桂林八景》《桂林即见》《桂林风景》等。清朝乾隆年间出使中国的越南使节武辉珽，他的《桂林风景》和《桂林八景》(八首)可谓对桂林风景有了全面的描述，他诗中的桂林八景分别是象鼻山、斗鸡山、栖霞寺、钟鼓楼、刘仙石、七星岩、独秀峰和诸葛台。如《一曰象鼻山》："岩脚谁雕象鼻形，俯垂漓渚最分明。雨余卷浪江随吼，日晚风吹谷应鸣。芳草岸边供厚料，浮图岭上架高棚。不随姬宰驱鞭去，留许骚人把笔耕。"这首诗把山如何像象鼻形象地描绘出来，"芳草"是大象的草料，山岭是大象的屋棚，最后一句"不随姬宰驱鞭去，留许骚人把笔耕"更妙，大象没有供王公贵族骑乘而去，而是留在这里供文人骚客把笔言欢，给后人留下文化遗迹。再看《八曰诸葛台》："苗峒当年远即戎，将台一簇峙危峰。南屏遥对星坛址，西粤长留羽扇踪。万古风云皆阵势，四时草木总军容。寻常经处犹如许，五丈宁无叹卧龙。"诗人简洁地描述了三国时的战事，遥想当年诸葛军师在这里的运筹帷幄，"五丈宁无叹卧龙"表达了诗人对诸葛亮逝于五丈原的惋惜之情，反映了诗人对中国古代文化的了解，能熟用典故。清乾隆年间的越南使节胡士栋的《桂林八景》更是把桂林的八景融汇于一首诗中："胜迹由来地气钟，斗鸡象鼻肖冥容。七星岩下栖霞寺，钟鼓楼边独秀峰。诸葛台高青草荫，刘仙洞石白云封。到头陵若知何日，老尽翰林几笔锋。"诗人根据八景的形似和方位等把它们归类，放到一起，既简洁凝练，又突出了八景留给后世文人的价值。清乾隆年间的越南正使阮翘和副使阮宗窒的《乾隆甲子使华丛录》中的《桂林山川相传八景》也分了八篇分别写八景。描绘"桂林八景"的还有阮翘的《刘仙岩》和《七星岩》、黄碧山的《桂林八景歌》和邓文启的《桂林风景》等。

此外，还有描写桂林"九马画山"的诗篇，如出使中国元朝的越南陈朝大臣阮忠彦，他的《介轩诗集》中的《画山春泛》："春光淡淡水迢迢，高挂风帆拂绛霄。山列瑶簪迎鹢首，烟横玉带束林腰。青涵碧落罗千顷，白界苍岩练一条。就是辋川奇妙手，江山如许笔难描。"诗人先是采用景物描写，描绘了"九马画山"附近的山水景色，突出山之高,最后一句"就是辋川奇妙手,江山如许笔难描",指出纵然是水墨山水画的鼻祖王维的"奇妙手",恐怕也难勾勒出如此的奇景。诗人在此采用了烘托和用典的手法,可见诗人的汉学造诣之深。描写"九马画山"的诗篇还有冯克宽的《咏画山》以及潘辉注的《过画山》等。

总之,描写桂林优美风景的诗篇实在太多了,大都围绕桂林八景和一些山水而作,之所以有这么多赞美桂林山水的诗篇,不仅是因为桂林是他们往返的必经之路,更主要的是因为桂林的风景确实太美,太吸引人,引无数文人墨客竞折腰。这些诗篇的流传是越南使节对桂林自然文化景观的最好见证和宣传,不仅在越南而且在整个东南亚都增添了桂林的历史知名度。

在描述广西古代城市的景象方面,古代越南使节的旅桂诗也有对梧州和南宁两个城市的描述。梧州是广西古代的重要商埠之地,古代越南使节途经此地时,也留下了大量描写梧州商埠景象和市民生活的诗篇。例如,冯克宽的《苍梧即景》:"快乘彩鹢到苍梧,四望江山入画图。卷雨朱楼蟠地起,插云宝塔倚天孤。淡淡香为风来往,高下诗因酒有无。欲访姚君踪迹觅,不知何处是仙都。"诗中刻画了苍梧瞩目的楼宇和宝塔,描写了商埠那飘着浓淡相宜的香气和诗味酒香,使人沉醉其中,不知道是否还有比这更好的地方。清康熙年间越南副使丁儒完的《过梧州城》:"早发藤江暮涉梧,梧州今抑古荆州。雨余黄长寒山橘,岚尺丹肥玉洞朱。杨井对人花欲语,月亭登客思偏秋。满城衙府堆金锦,绿野民膏恐未枯。"诗人经过一整天的雨中跋涉,看到梧州城市的景象,"满城衙府堆金锦,绿野民膏恐未枯"一句利用衙府和人民的对比,突出官府只顾敛财,搜刮民脂民膏,人民生活日益困苦,可以看出诗人对梧州市民生活的关注,也说明了越南使节对广西梧州市民生活的观察细致入微。

南宁旧称邕州,具有悠久的历史文化和独特的自然景观。越南副使阮宗窒的《南宁即景》写道:"辖包宣化控新宁,壁立江津屹斗城。一水抱弓迷木马,六街簇锦斗朱薨。万年花占梅中榜,百舌禽歌柳外程。小彼乐郊娱我眠,清光引是到神京。"这首诗写于寒冬,诗人停舟南宁乘船游览期间,目睹南宁府城壮丽,堂宇连绵,房舍成排,岸边泊舟紧靠，俨然一大都会的盛景。诗中提到南宁城市一水（即邕江）环绕，花团锦簇，歌声远扬，人们怡然自乐，表达了诗人对南宁城市生活的赞美与向往。清乾隆年间越南高官吴时任所作《南宁记见》："南宁俗号小南京，人物繁华满市城。夹道屋庐帱障日，临流台榭烛垂星。三江清掩蛟涎窟，七岭闲绥豹尾旌。治世官曹无别事，几铺孔雀槛调莺。"诗人把南宁比作"小南京"，突出了城市的繁华，各种建筑挡住了视线，在这样的治世下，天下太平，人民生活自足，呈现出一幅太平盛世的景象。阮宗窒的《新城夜泊》："残冬雨夜雪霏霏，坐拥香炉戒朔吹。岸警喧阗金响阵，舟谈嘈杂土声夷。鼎中调剂轩歧药，灯下平章李杜诗。何处琴声调雅韵，高山流水有谁知。"诗人是在寒冷的冬夜里到达南宁的，这时候人们都睡了，岸上的士兵在打更，舟中却是嘈杂一片，诗人在灯下煎药、读诗，而此时，一阵优雅的琴声传入诗人耳朵，如此幽乐又有几人能懂，突出了诗人此时孤独、寂寞的心情。

在记录与广西官员的交流方面，古代越南使节的旅桂诗作也为数众多，大体上包括越南使节之间的酬唱诗篇和越南使节与广西官员的交流诗作。

就越南使节之间的酬唱诗篇而言，清道光年间潘辉注在诗集《华程续吟》中的《张侯送赠城北菊花酒并诗依韵答复》："客路相将赋载驰，同舟次度醉心知。幸从北海分花酿，不待南山采菊篱。桂岭香风消旅味，珥江归兴入芳厄。情多倾倒还无尽，珍重阳春更送诗。"这首诗是回应副使张侯《张侯原赠诗》"两年使节共奔驰，每问临邛答岂知。吟罚不怀金谷盏，霜醅幸带贵乡篱。秋风未得松江脍，春兴何妨菊径厄。今日倾壶分一半，看君回答几新诗"而作，属于越南使节之间的交流。张侯表达了两人共事两年，共同奔波，在异国他乡的各种感慨，如今共享美酒，相互赠诗来分享快乐。相对而言，潘辉注的诗则更豁达一些，既细数了游历过的广西景点（如北海、横县宝华山等），更坦言已沉醉于沿途美景之中，旅途中的疲惫已消除殆尽，美景更能焕发诗意，使人沉醉，此刻通过诗来表达对好友的情意再好不过了。

就越南使节与广西官员的交流诗作而言，清乾隆年间越南副使黎贵惇在他的《桂堂诗汇选》中收录的与广西太平知府俭堂的赠答诗《至宁州登舟答俭堂》:"初到明江上,前途正自忙。圣恩江水阔,客思岭云长。入昼春光媚,慵吟宿学荒。淮河行早远,朝觐惹天香。水路九千里,初程第一滩。方塘春草绿,远岫夕阳残。信顺境常泰,贤劳心自安。观光平素愿,今日放怀看。"此诗是对俭堂的赠诗《俭堂元诗》"洲前方驻马,客使装卸忙。回首黎云远,登舟春水长。弦歌多化域,人物异蛮荒。遍野晴光满,江干草木香。望望平河阔,斜阳散浅滩。桐花千树白,杜宇一声残。酬酢频敲句,殷勤屡问安。皇恩诚浩荡,岂作外臣看"的回赠。太平知府俭堂的诗写了越南使节刚到广西宁明县的明江时,装卸行李的忙碌身影和当时的江边景色,预示着他们即将在中国开启新的行程,最后一句"皇恩诚浩荡,岂作外臣看"则表达了广西官员不把他们当外人的礼遇。黎贵惇的回赠诗写了使节初到明江时的所感所观,有一种"心自安"的闲适,沿途九千里的水路美景该怎么欣赏,"观光平素愿,今日放怀看",用一颗平常的心,敞开胸怀去欣赏,表达了使节北上的悠闲心态。清咸丰年间出使中国的潘辉泳,他的《骈程随笔》中的《留别随送冯珊卿》:"提携一路饱风沙,回首关山几度赊。可奈榕城催别思,江天晓月伴星槎。独秀峰高桂水长,去留情绪一倾觞。兰桡千里熏风送,仿佛莲花幕里香。"冯珊卿的赠诗《冯珊卿次韵》:"船头游目雁横沙,荆棘吟忘道路赊。闻说赐茶传幕府,还如梦泛使臣槎。心惟肝腑一无长,读到佳章月入觞。才短和诗无好句,平安夜祝自焚香。"这两首诗一首是送别诗,一首是留别诗,两位诗人提到了"星槎"和"泛槎",说明他们是在乘舟船游玩,突出广西水路之多。在送别诗《冯珊卿次韵》中,冯珊卿表达了自己的真挚情感,但又感叹自己才疏学浅,写不出佳句的矛盾心理,只能用"平安夜祝自焚香"的方法表达自己对来使的惜别之情。在留别诗《留别随送冯珊卿》中,潘辉泳一句"独秀峰高桂水长,去留情绪一倾觞",描写了"桂林八景"之一的独秀峰的高和漓江水的长,用转喻的手法来表达自己与随送冯珊卿的感情之深。

除此之外,还有阮宗窐的《到南宁赠文官伴送刘鼎基》《赠武官伴送张文贵》,黄碧山的《北游集》中收录了越南使节和中国好友互赠诗两首:《和答伴送廪生蒋朋南》和《蒋朋南赠越南使节诗》。

二

越南文学为何受中国文学影响如此之大? 不外乎历史和文化原因。

从历史原因上看,首先是当地官员的弘扬中国文化和独立后越南朝廷的支持。秦朝时百越人就和汉人杂处,汉朝设交趾郡,教民以礼仪。汉朝武帝时,学校制度在交趾地区建立,教授汉文,此时较有名的汉朝官员有锡光和任延。三国时的交州太守士燮,旨在振兴文风,弘扬文化,注释经传,讲授诗书,被称为"士王",对中国文化在越南的传播做出了巨大贡献。后来的越南李朝,非常重视向中国学习,不断从中国引进大量经书等文献,学习宋朝的治国方略,而此时,越南佛教圆照禅师对宋朝佛学影响很大,中越双方实现了文化的双向互动。中国明朝非常重视中越两国关系,两国使者往来增多,促进了文化的交流。历朝历代流放到百越的官员也促进了当地文化的发展。

其次是民间自发的交流,比如三国时期大量内地的商人到交趾地区经商,把先进的铁犁和牛耕技术带到了交趾,促进了当地经济的开发;一些躲避战乱的中原人士迁徙到相对安定的交趾,都产生了文化的交流。

在文化因素上,越南国内对中国文化的态度是积极的,这是中国文化得以流传的重要因素。13世纪越南喃字文学出现之前,越南官方一直使用汉字为官方文字,汉文也充当了书面外交用语。阮朝实行以儒教为内容的科举考试,四书五经都是考试的内容,越南人想要做官就必须了解和学好儒家文化。而古代出使中国的使臣大都是越南的顶级文人,精通汉学,中越邦交史上,使者学者不仅是邦交关系的桥梁,也是文化和文学交流的桥梁。

越南旅桂诗对中国古典诗歌的借鉴,如此丰富的内容描写和多种艺术表现手法的运用,为古代越南旅桂诗人表达内心的情感增添了审美情趣,也使得他们的创作多元化,以诗歌交流为媒介加强了与中国的文化联系。正如饶芃子先生所言:"在多元文化背景下,人们日益关注东方,开展中国文学与东南亚各国文学关系研究,客观地叙述该地区文学的发展与中国文学的影响与关联,将其放在东方文学整体框架中进行考察,探索这种文学交流中的相互容受力和生命力,在东方文学世界中,应具有重要的地位和文化价值。"

三

古代越南旅桂诗,既是燕行之路历史文化的重要组成部分,也是中越两国历史文化交流的重要见证,更是古代越南使节对广西文化的独特认识。对古代越南使节的旅桂诗中体现的广西文化景观进行探析,有利于加强广西同越南的文化联系,有利于研究和弘扬广西的历史文化,促进广西多元文化的发展,充分发挥广西毗邻越南的地缘优势,并以此为契机加强广西作为中国沟通越南乃至东盟十国的重要门户的政治、经济和文化辐射作用。同时,对越南华人的华文诗歌创作也起到一定的激励作用,促进越南华文文学的繁荣发展。

参考文献

[1]复旦大学文史研究院,越南汉喃研究院.越南汉文燕行文献集成[M].上海:复旦大学出版社,2010.

[2]黄权才.古代越南使节旅桂诗文辑览[M].桂林:广西师范大学出版社,2015.

[3]谢永新.花山岩画"申遗"亟待解决的几个问题[J].广西民族师范学院学报,2010(2):2-3.

[4]黄权才.明清两朝来华使节的花山诗篇[J].广西师范学院学报,2013(2):51.

[5]于在照.越南文学与中国文学之比较研究[M].广州:世界图书出版广东有限公司,2014.

[6]饶芃子.世界华文文学的新视野[M].北京:中国社会科学出版社,2005:124.

壮族民间过寿习俗探究

——以广西百色市田阳县壮族村落为例

广西大学 黄雅琦

【摘 要】寿礼是人生仪礼中的过渡期礼，不同地区庆祝寿辰的习俗各具特色，但基本都体现了对寿星的祝福及对传统文化的传承。广西百色市田阳县的隆平村是一个壮族聚居的村落，当地壮族人认为本命年是人生中的一道"坎"，人们需要通过相应的民俗仪式来跨过这道"坎"，这样今后才能够平安顺利的生活。但壮族人并不选在本命年当年举行相应的寿礼，而是在过了本命年之后第一个生日举行传统的过寿仪式。壮族人过寿的习俗具有浓厚的民族文化特色，体现了壮族人对于生命的态度，也体现了我国传统的敬老、爱老的美德，在当代社会中依然具有独特的魅力及积极的作用。

【关键词】壮族；过寿习俗；文化内涵；现实意义

人从出生到死亡的生命过程中，每一个重要的阶段都会有相关的民俗活动来纪念。按照钟敬文先生的分类，人的寿辰属于过渡期礼，从某个人生阶段过渡到下一个人生阶段时，人们就会举行相应的仪礼来标志这一重要的转变。

在壮族地区，年轻人的诞辰不叫"寿辰"，只有年纪稍大、家中长辈的诞辰才能称为"寿辰"，为他们庆祝诞辰叫"祝寿"。祝寿的活动体现了不同民族对待寿辰的不同态度，也反映了不同的民族对于生命的不同看法。

在壮族地区,祝寿称为"过寿","过"指"跨过",即跨过人生中的一道"坎",开始步入下一个阶段。壮族人认为每一个本命年都是人生中的一道"坎","坎"是指人生中的一个劫数,人们认为,若是在遇到劫数时没有举行相应的仪式来化解,在接下来的人生中就会充满劫难和灾祸。"当地老人所说的'坎',实际上就如同汉民族中所谓的'坎儿年'。"[①]与汉族过寿传统不同的是,壮族人过寿的时间选在单数的诞辰,如本命年的第一道坎不是48岁,而是49岁,此后61岁、73岁、85岁、97岁的单数诞辰都是一个本命年,都要举办一次过寿的仪式。通常年轻人的本命年不大受到重视,只有在49岁之后,人们才会举办传统的寿礼为其过寿。在过寿的过程中,每一个环节都与壮族人民的家族观念、社会风俗、宗教信仰等民族文化内涵息息相关。

一、壮族过寿习俗

为家中的长辈过寿是同姓家族中的一件大事,在为长辈办寿宴前,寿星的子女要提前一两天邀请家族中的人聚在一起商量相关的事宜。在寿宴当天,人们除了欢聚一堂参加宴席,还要举行各种带有民族宗教色彩的祈福仪式,这样的仪式不单单是为了庆祝寿辰,还是为了替寿星跨过命中的劫数,消灾解难,祈求平安。

过寿的活动要选择特定的时间,然后邀请亲朋好友来到家中参加寿宴及相关的仪式,这一过程处处体现出壮族的文化特色。首先,举办寿辰的时间选择单数的寿辰;其次,参加寿礼的人所扮演的角色各不相同;最后,在举行寿礼时,由巫婆或道公来主持过寿仪式,体现了壮族的民间宗教信仰。

(一)庆祝时间

壮族人选择的过寿时间与汉族人有些不同,汉族人一般选择逢

---

①王鹏.右江流域壮族传统寿庆民俗特征[J].广西右江民族师专学报,2006,19(2):23.

"十"、逢"五"等整数的诞辰为长辈过寿,民间有"逢十大庆,逢五小庆"的说法,如"五十岁大寿""六十岁大寿"等。

然而壮族人过寿都选在单数的诞辰,诸如49岁、61岁、73岁、85岁等这样的诞辰。长辈的年龄越大,庆祝的活动就越隆重。为长辈举办过寿的宴席,一般选在长辈生日的当天,象征着前一人生阶段的结束、新的人生阶段的开始。而庆祝活动持续的时间由一天到三天不等,主要看寿宴规模的大小及家庭的经济条件而定。

(二)参与人员及所需寿礼

为长辈过寿时,壮族人一般都会在家中举办宴席及相关的过寿仪式,每逢这样的日子,寿星的子女就会邀请一些亲朋好友来参加。邀请人数的多少由寿宴的规模决定,寿星的年龄越大,规模就越大,参与的人数就越多。

寿宴上最重要的人物就是寿星本人,在为他过寿的这一天,寿星受到绝对的尊重,他主要的任务就是接受人们的祝福,并配合民间的巫婆或道公来完成相关的仪式。

举办寿宴的时候,寿星的子女一定要到场,出嫁的女儿也要回到家中,因为女儿在这个场合起着重要的作用。除此之外,还要邀请亲朋好友。人们邀请的人员按照亲疏关系来分,一般优先邀请同宗族的亲戚,规模更大的可以邀请寿星同辈的好友、子辈的好友、邻居及同村的各家各户。受到邀请的人在过寿仪式中所扮演的角色各不相同,在这些人中,起到核心作用的是寿星的子女和宗族里的人。

按照壮族人的规矩,举办寿宴时,需要有一些祭品用于祭拜祖先,也要有一些礼物送给寿星。

在祭拜祖先时,家中要准备熟鸡、活鸡、红色糯米饭、香烛、瓜果、喜糖、喜饼等物品,具体的数量要按照仪式上巫婆或道公的指示来添置。

在给寿星的礼物中,不同的人所给的物品不一样。其中,最重要的就是寿星的女儿,在这样的日子里,女儿需要为寿星添置一两套衣服,一般以红色为主,以示喜庆。在古时候,这样的衣服一般是由女儿亲手做的,而今人们一般都会去买一些质量好的衣服来代替手工的衣服。

宗族里每一户人家都要准备一袋寿米,寿米要用红色的毛巾缝成粽子状,同时要在寿米中加入红包,以示吉利。如果寿宴的规模较大,参加寿宴的其他人就需要给一定的礼金。

另外,为了举行过寿仪式,寿星家中还需要准备一块黑色的土布,若干的生大米、米粉或是面条,若干木片,一对箩筐,等等。

(三)过寿仪式的主要流程

在过寿的仪式上,一般有以下几个主要的流程:

1. 念经祈福

在举办寿礼时,要先准备好祭祀的物品,摆放在家中的祭台上,道公站在众人前,手持经书开始念经,众人跟着诵读。在念完一段经书后,道公点名让众人按照女儿、儿子、媳妇、孙子等寿星的晚辈一批一批地上前进香。进香后,道公带领众人在家中的房前屋后各处念经祈福。念经这一活动贯穿了整个过寿仪式的始终,道公一般要念完一整本的经书之后,仪式才会结束。

2. 祭拜床头

在念完一段经书后,道公开始带领众人祭拜寿星的床头。这一仪式,寿星坐在床上,道公领着众人继续念经,然后让寿星的女儿按照指示(如果寿星没有亲生的女儿,则需要找到宗族里子辈的女子来代替),用红布包好三包生米,之后把这三包米放于寿星的床头,女儿在床脚上香。

3. 传递寿米

进香后,众人开始传递米袋。米袋就是各家各自准备的装有米的袋子。这时候,寿星的床边放置一个箩筐,然后寿星拿着黑色土布的一端,家族中的子孙拿着土布的另一端,分立在土布两旁,队伍末端放置另一个箩筐,里面放着各家的米袋。

在道公下达指令后,子孙们开始一个接一个地传递米袋,直至传到寿星的手里,寿星再把这一袋袋的米放入他床边的箩筐中。

之后,子孙们要为寿星"尽孝",每个人都要喂寿星吃一口寿面或是寿米,寿星则给每个人一封红包。直到最后一个人尽孝完毕,这个仪式才会结束。

4. 搭建"寿桥"

除了上述活动，寿星的家人还要为寿星搭建"寿桥"，"搭桥"寓意生命的延续，也预示着人生不同阶段的连接。

寿星的家人要在道公的带领下，在房子附近的某一个主要的路口或是桥头搭建一座象征性的寿桥，桥的长、高分别有半米左右。寿桥一般搭两个，每个用三片木板构成简单的支架，然后放上红布，少量钱币，之后用钉子钉上，搭好后还要在旁边上香，通常还要带上一只活鸡去祭拜。

二、过寿习俗的文化内涵

过寿是壮族村子里一项重要的活动，这样的仪式深深地反映了壮族人的社会结构和壮族的文化内涵。

首先，在过寿的时间选择上，我们就可以看出壮族人对于时间和生命的看法。人们选择单数的诞辰来过寿有着深层的文化内涵。古时候，人的寿命都比较短，健康长寿是人们普遍的愿望，但是由于医疗不发达和自然灾害的影响，人们能够活到48岁（即度过了四个轮回）已经很难得了。于是在人们的观念中，48岁过后，人开始步入一个新的人生阶段，49岁生日那一天，即标志着下一个人生阶段开始的第一天，为寿星举办人生中的第一次过寿仪礼，是希望他能够顺利度过生命中的第一道"坎"，顺利开启下一个人生阶段。此后，每过十二年，人们都要为寿星举办一次隆重的寿礼，在庆祝寿星顺利度过上一个轮回的同时，祈求下一个轮回依然能够安然度过。

其次，在壮族人的文化观念里，过了48岁之后，人的身体开始逐渐衰老虚弱，对外界疾病的抵抗力下降，人生开始走下坡路，对于寿星及其亲人来说，今后剩余的日子都显得更加珍贵。人们举办寿礼，一方面是希望寿星能够跨过命中的"坎"，体现了壮族人对于生命的珍视；另一方面也反映了子女们希望长辈能够健康长寿、平安喜乐的孝心。

再次，民间过寿的习俗，还反映了壮族乡里民俗的许多侧面，虽然受到现代社会文明的影响,田阳县隆平村这个壮族村子中,一些大姓家族出现了分化的趋势,但是多数的家族内部的关系依然是相对稳固的。同宗族的人们共同筹划寿宴、参加过寿仪式,体现了乡里婚丧大事的协力互助。

另外,壮族人的过寿仪式体现了当地村民的宗教信仰。在为寿星举办的庆祝活动上,由道公或巫婆来主持的过寿仪式,这样的仪式体现了壮族人民的宗教信仰。人们认为这样的仪式可以帮助寿星消灾解难,平安地度过劫数,如果在重要的诞辰里没有这样的仪式,寿星在接下来的日子里会多灾多难,甚至无法度过灾难。因此,每一个壮族人都十分重视这样的日子,这样的仪式不仅是一般意义上的庆祝,更是为了求得人们内心的安宁。

在仪式上的祭祖环节可以看出当地祖先崇拜的痕迹。在壮族地区,无论是每年大大小小的节日,还是家中有什么重大事情发生,祭祖都是必不可少的环节。在田阳县隆平村这个壮族村子中,家家户户都会在大厅的正中央安放祭祖的案桌。人们相信祖先有灵,因此在过寿时祭拜祖先,不但是祈求仪式能够顺利举办,而且是要敬告祖先,家中的某某成员已经到了本命年,希望得到祖宗的认可和庇佑。

三、过寿习俗的现实意义

过寿这一活动自古有之,今天在壮族的村子里,依然可以看到人们沿袭着古老的方式为家中的长辈过寿,它体现了深刻的民族文化内涵,是承载壮族民族文化特色的一种仪式,对于寿星个人、壮族的传统文化、壮族宗族关系的维持有着重要的作用。

(一)对寿星的祝福

对于壮族人来说,遇到本命年意味着人生中的劫数,举行这样的仪式是为了安慰众人,尤其是寿星。"祝寿活动其中一个重要的功能,就是调节老人及其晚辈在老人角色转换时期不安的心理状态"①

①王鹏.右江流域壮族传统寿庆民俗的社会功能[J].广西右江民族师专学报,2006,19(2):21.

在这样的仪式上，寿星的亲友都要对寿星说吉利的话，晚辈还要在寿星面前尽孝，表示自己对寿星的祝福。在人生中的重要阶段里，有那么多的人献上孝心，可以让寿星减少对遇到命中的"坎"的恐慌，使其内心得到安慰。

（二）传承尊老传统

给老人过寿是子女表示自己孝心的时候，在过寿时不仅不能让寿星干活儿，还要想方设法让寿星开心。中华民族自古就有尊敬老人的美德，在当代社会，壮族人通过为长辈过寿这一形式，体现了尊敬老人的传统美德，也有利于这一优良传统的传承。

通过在特定的诞辰举办仪式，让寿星处于一个受人尊敬的地位，既给了子女们孝敬老人的机会，又能够提醒众人不能够忘记尊老、爱老的传统美德，这与当代社会的主流价值观不谋而合，符合时代的精神文明的内涵。

（三）维系亲友感情

举办过寿仪式时，人们都要邀请亲朋好友来参加，这起到了维系亲友感情的作用。一次寿宴的举办，能够把家中的人们都聚在一起，每一个人既是客人的同时又扮演着帮工的角色。

在寿宴的筹备上，寿星子辈的男性要聚在一起商量要邀请的人员名单、需要准备的物品、寿宴的菜单和邀请巫婆、道公等事宜。在准备寿宴时，家中男主人的朋友需要担任帮厨的工作，为大家准备饭菜，而一些家庭妇女则要担任洗碗、洗菜等工作，人们都是半帮忙半做客的状态。

这样的活动可以让众人在百忙之中抽空欢聚一堂，在共同劳动、互相谈笑之间联系彼此的感情，促进家族的团结及乡里人们的和谐。

综上，在简要概括分析了田阳县隆平村壮族人过寿的风俗礼仪后，我们可以看到当地的过寿习俗依然保留着许多民族文化的内涵，反映了壮族人的家族观念和社会集团内部成员之间的联系。过寿习俗具有浓厚的民族文化特色，蕴含着壮族人的民族精神及信仰，是民间信俗在人们现实生活中的反映。它有利于尊敬老人传统的发扬,也有利于维护家庭成员之间的关系。

然而,随着时代的发展,这样的习俗也在发生着变化,比如过寿的仪式越来越简化和现代化,有的人家已经省去过寿时请巫婆、道公的环节,而是由家中的妇女祭拜祖先和本地的土地神来代替;在过寿时,除了传统的仪式,还有吃蛋糕、唱生日歌、吃长寿面等新的风俗出现。可以看出,当代的过寿仪式不仅反映了壮族人的文化习俗,还融入了与汉族或其他民族交流的过程中接触到的习俗,总体反映出一种与其他民族的习俗同中有异、异中有同的特点,也体现了壮族的民间习俗在继承中不断发展的趋势,有利于壮族过寿这一习俗与时俱进、健康发展。

在今后的传承中,我们要发扬优秀的文化传统,同时根据实际情况,适当地进行一些改变,如简化过于烦琐的仪式、融合一些现代普遍的庆祝方式等,做到在传承的同时不断发展。

参考文献

[1]王鹏.右江流域壮族传统寿庆民俗特征[J].广西右江民族师专学报,2006,19(2).

[2]乌丙安.中国民俗学[M].沈阳:辽宁大学出版社,1999.

二等奖

ER DENG JIANG

古诗教给我们的关于文化传播的那些事儿

南宁师范大学　刘一丹

【摘　要】在"一带一路"背景下和大力提倡文化自信的今天，古代圣贤的人生智慧对于民族文化的传播也具有一定的启示意义。广西的民族文化传播是当前中国文化传播的一个别具一格的缩影。广西具有得天独厚的地理优势，各少数民族文化姿态万千，这就要求各种文明之间相互学习借鉴，取长补短。面对当前中国民族文化传播的现状，我们应该着眼于大局和长远，坚定走文化自信之路，做一个中华优秀传统文化的继承者、传播者、弘扬者，这样才能使中华民族文化屹立于世界之林，打造广西民族文化品牌，使广西民族文化渐渐走向世界。

【关键词】古诗；地理优势；文化；传播；文化自信

早在西汉年间，张骞就开辟了一条中国通往西域的丝绸之路，正是这条路为中国打开了西域的大门，使得中原和西域的文化在和平的背景下得到最大程度的交流与融合，使得中原与西域的贸易往来日益频繁，从而为西域人民带去财富，最终成为亚欧非三大洲联系的桥梁。当今世界正在发生着复杂而深刻的变化，中国日益成为世界迅猛崛起的一股不可忽视的力量。2013 年 9 月 7 日，习近平主席在哈萨克斯坦纳扎尔巴耶夫大学发表重要演讲，首次提出了加强政策沟通、道路联通、贸易畅通、货币流通、民心相通，共同建设"丝绸之路经济带"的倡议;2013年10月3日,习近平主席在印度尼西亚国会发表重要演讲时明确提出,中国致力于加强同东盟国家的互联互通建设,愿同东盟国家发展好海洋合作伙伴关系,共同建设"21世纪海上丝绸之路"。"一带一路"由此得名。"一带一路"是合作发展的理念和倡议,它呼吁我们高举和平发展的旗帜,积极主动地发展与沿线国家的经济合作伙伴关系,共同打造政治互信、经济融合、文化包容的利益共同体、命运共同体和责任共同体。"一带一路"是以习近平同志为核心的党中央提出的重大倡议,是实现"两个百年"奋斗目标和中华民族伟大复兴中国梦、协调推进"四个全面"战略布局的重要举措。文化传播与交流合作是实现"一带一路"沿线国家"民心相通"的基础,是与政策沟通、设施联通、贸易畅通、资金融通"四通"相辅相成的重要"软实力"[1]。

一、"近水楼台先得月,向阳花木易为春"

天时不如地利,地利不如人和。广西有着得天独厚的地理位置:南临北部湾,属于南海,是中国唯一的沿海自治区;面向东南亚,成为东南亚与中国交往的中心;西南与越南毗邻,为两国的经济往来、文化交流提供了极其便利的条件;东临粤、港、澳;北连华中;背靠大西南,是西南地区最便捷的出海通道,是岭南文化传承的主要地区之一。着眼于当今世界发展潮流,面对当今经济市场化、现代化和全球化的浪潮,广西必须深挖民族地区历史文化底蕴、重塑广西文化精神,实现自身文化的创造性转化和创新性发展,为广西实现"后发赶超"发展战略提供精神动力和智力支持[2]。如此优越的区位条件,使得广西在中国与周边国家,尤其是东南亚国家之间的文化交流以及广西各少数民族之间的文化传播中都扮演着举足轻重的角色,再加上现如今的国内外发展形势为我们提供的良好机遇,我们一定要充分利用好广西对周围地区的文化辐射,让广西文化更好地"走出去",让更多的人了解广西独具特色的民族文化。

二、"横看成岭侧成峰，远近高低各不同"

世界各种文明、文化是姿态万千、丰富多样的。各种文明、文化在相互交融的过程中虽然有过战争和冲突，但总体趋势是不断向前发展的。太多的历史向我们证明：各种文明和文化只有在相互交流中才能共同进步，只有在相互交融中才能谋求长远的发展。在经济全球化、文化多元化背景下的今天，文化的共生性与差异性是同时存在的，共生性是弥合差异性的基础，差异性又促进了进一步沟通交流的动力，并在相互碰撞中互相借鉴与补充——不是在碰撞中使一种文化消失，而是在碰撞中共同成长[3]。各种文明各有千秋，在交流和碰撞的过程中存在差异是必然的，但正是这些差异性为各种文化、文明的发展提供了一个很好的平台，使它们相互促进、共同发展。当今世界的发展现状要求我们用求同存异、和而不同的态度对待世界上不同的文明，单纯地用"好""坏"二字来下定论，这未免太过于片面，各种文明应该绽放出自己独特的光芒，为世界文化的发展增添一抹耀眼的色彩。

在中国的历史上，曾实行海禁四百多年。明朝在明成祖至明宣宗的郑和下西洋（1405—1433）后，实施海禁，是明朝锁国的象征。1723年，雍正帝禁止天主教，不许外国传教士进入中国国内传教，并限制贸易，被视为清朝锁国的开始。到1757年，乾隆帝下令除广州一地外，停止厦门、宁波等港口的对西洋贸易，这就是所谓的"一口通商"政策。统治阶级盲目自大，他们认为当时的中国仍然是宇宙的主宰、世界的中心，他们拒绝接受一切来自外国的东西，这一系列的闭关锁国政策，或者说消极防卫政策虽然在一定程度上抵御了外国的侵略和骚扰，维护了中国的封建制度和自然经济，但是对当时的中国社会造成了巨大的影响。首先，严重阻碍了各种文明和文化之间的交流和碰撞，中国社会发展停滞，甚至倒退；其次，影响了科学技术的进步，中国依然是落后的封建自然经济占主导地位，阻碍了资本主义萌芽在中国的发展；最后，使得中国远远落后于西方，脱离了世界发展的潮流,造成了近代中国"落后就要挨打"的局面。当时的中国认为一切外来文明皆为糟粕,结果就是当时的故步自封让近代中国付出了惨痛的代价。

放眼美丽的广西,壮、瑶、苗、侗、仫佬、毛南、回、京等少数民族的文化争妍斗艳,例如壮族崇拜祖先、信仰多神,有嚼槟榔和用槟榔招待客人的传统习俗;苗族五颜六色的服饰反映了苗族历史悠久、居住分散的民族特点,自由对歌、恋爱更是体现了流传于苗族人民之间的开放淳朴的民风;瑶族言及"雨伞"时,要说成"雨遮",因为"伞"与"散"谐音;等等。这些各具特色的少数民族的文化传统是中华民族灿烂的文化宝库中不可多得的珍宝,我们一定要保护这些民族特色,继承和发扬这些文化传统。所以,基于广西的民族现状,首先,我们要平等对待各少数民族的文明、文化,不用"高低""优劣"来区分各个少数民族的文化,一视同仁,要保护好广西地区民族文化的多样性;其次,给予不同文化同样的尊重,这是各少数民族文化得以交流、融合的首要前提;最后,积极促进各少数民族的文化交流,拓展文化交流方式、创新文化宣传途径,建立文化传播机制,为各民族的交流与合作创造一个良好的环境,使不同民族的文化在交流与融合中相互促进、不断进步。

三、"梅须逊雪三分白,雪却输梅一段香"

文化传播过程是双向的,既然是双向的,必然涉及传播和接收的双方。文化传播不是强制、机械、排斥和消灭本国文化的文化侵略,它需要接受方自愿地接受,甚至主动地汲取。

历史上北魏孝文帝的改革就是一个主动接受汉族文化的很好的例子:在北魏政权建立的过程中,北魏统治者对各族人民实行了残酷的民族压迫政策,企图通过强制的手段来加强对其他民族的控制,从而更好地维护自己的统治。可是这种手段带来的后果却是民族矛盾和社会矛盾不断激化。471年,拓跋宏即位,彼时民族矛盾和社会矛盾依然在朝廷的残酷镇压下不断被激化,撼动着统治阶级的政权，使北魏的统治面临着危机。北魏孝文帝拓跋宏由汉族的冯太后抚养长大，从小受汉族文化的影响较深，这为他日后的改革提供了前提条件。为了缓和尖锐的民族矛盾、社会矛盾以及统治阶级的内部矛盾，冯太后和孝文帝先后进行了一系列的改革，在历史上产生了广泛而深远的影响。整顿吏治、改革官制、变革税制、颁布俸禄制，杜绝贪官污吏，使北魏政权得到巩固，也在一定程度上维护了下层人民的利益；迁都洛阳，把全国的经济文化中心转移到了中原地带，为接受汉族先进的文化创造了便利条件，同时也加强了对中原地区的统治；实行均田制、创立三长制、改革租制，促进了经济的发展。最值得肯定的是孝文帝推行的文化政策：一是禁胡语，即不再使用鲜卑族的语言，改用汉语。根据《魏书·咸阳王禧传》的记载，孝文帝言"今欲断诸北语，一从正音。其年三十已（以）上，习性已久，容不可猝革。三十以下，见在朝廷之人，语音不听仍旧。若有故为，当加降黜"。二是改汉姓，即把鲜卑族人的姓氏（多为复姓）改为汉族的单姓，例如拓跋（皇族）改为元姓、独孤改为刘姓、丘穆棱改为穆姓、步六孤改为陆姓、贺赖改为贺姓、贺楼改为楼姓等。三是尊孔子。孔子及其儒学思想在中华民族文化中有着举足轻重、不可磨灭的地位，北魏孝文帝迁都洛邑后，立即下令加紧修建孔庙祭孔。又给予孔子后裔土地与银钱，让他们可以继续祭祀这位祖先，保留甚至弘扬了汉族文化。毋庸置疑，北魏孝文帝的改革是成功的，他所推行的汉化政策不仅对社会经济的恢复和发展以及政权的巩固和封建化进程做出了较大的贡献，而且缓和了民族矛盾和社会矛盾，推进了各民族之间文明和文化的交流，使得少数民族和汉族的文化相互取长补短，共同发展，促进了民族大融合，为国家不断走向统一奠定了坚实的基础。北魏孝文帝的改革在历史上影响深远，他的改革的勇气和高瞻远瞩的改革眼光为后世称道。

　　一个优秀的民族必然是一个学习型的民族，在文化传播的过程中主动汲取其他民族的优秀文化，取其精华，取人之长，转化为自己的养分并且能够充分利用，相互借鉴，使得自己民族的文化在不断的学习中获得长足的进步。正如习近平总书记所指出的，"弘扬和保护各民族传统文化,要去粗取精、推陈出新,努力实现创造性转化和创新性发展"[4]。广西各少数民族文化在发展的过程中一定要相互学习借鉴、取长补短,共同促进广西全区文化的进步与发展。

四、"飞来山上千寻塔,闻说鸡鸣见日升"

中国汉办网上有这样的一组官方数据:孔子学院 2012—2017 年新覆盖 34 个空白国家,新增 116 所孔子学院,541 个中小学孔子课堂。截至 2017 年已在全球 142 个国家和地区建立 516 所孔子学院和 1076 个中小学孔子课堂。在"一带一路"沿线国家中的 51 个国家设立 135 所孔子学院和 130 个中小学孔子课堂。2016 年注册学员 46 万人,文化活动受众 270 万人,分别比上年度增长 37.3% 和 14%,是全球增长速度最快的地区之一。

这说明,一方面,在当前世界范围内已经刮起了一股"汉语热"的飓风,"全世界都在说中国话"已经渐渐成为世界潮流,孔子学院和学习汉语的人数每年都出现了可喜的增长,汉语越来越被世界友人所接受和认可。

文化绝不等同于利益、商机、钱币,中国的文化传播也绝不单纯地等同于为世界各地学习汉语的地区和人民带去切实可观的利润。文化传播不能以利益去诱导,否则可能眼下的文化传播会出现一个又一个高潮,可是从长远来看却是行不通的。让全世界学习汉语的人主动去了解中国的古老文明、悠久历史和传统文化,让他们发自内心地主动地接受甚至汲取中国文化,从根本上提高他们学习汉语的兴趣、激发他们的内在动力,这才是文化传播的长远之道。这个道理也同样适用于广西民族文化的传播,要知道文化传播是一个长期的过程,必须为广西民族文化传播建立一个长期的有效机制,创新广西民族文化的宣传手段,例如可以定期举办一些少数民族文艺会演,为各少数民族提供一个展示的平台,使中国同胞甚至海外友人乐于了解和学习广西地区丰富多彩的民族文化。在广西各少数民族文化的交流与合作中,不能只顾眼前利益,需要高瞻远瞩的眼光,放眼大局与长远,确保各少数民族文化在交流与融合中获得长足的进步与发展。

五、"长风破浪会有时,直挂云帆济沧海"

回望过去,中华民族具有上下五千年的历史,中国向世界展示了她宽广的胸襟和源远流长的文明;立足当下,中国社会正在发生着广泛而深刻的变革,综合国力显著增强,国际地位不断提升,五十六个民族的文化在交流和融合中共同发展、不断进步;放眼未来,在习近平总书记的带领和号召下,"一带一路"和"文化自信"为我们的前行路途点亮了一盏明灯,中国正以她全新的形象进一步加强与世界各国的友好交流与合作,积极走向世界。文化自信是一个政党、一个国家、一个民族对自身理想、学说、价值观等发自内心的敬畏和尊崇,以及由此产生的积极向上的心理状态。提升文化自信,是实现中华民族伟大复兴的前提和保障;提升文化自信,可以凭借多种资源,中华优秀传统文化是其中重要的方面[5]。当代中国的文化自信,不仅有着无比宽广的现实根基,还有着非常深厚的历史资源。中华民族悠久的文明史、丰富的文化遗产,为当代中国文化发展壮大提供了得天独厚的优势,滋润着当代中国人民对自身文化信心的恢复与确立。一个国家或民族对自身文化当下的心理状态和精神面貌与其历史上文化的资源有着十分紧密的联系,丰厚和辉煌的文化遗产既构成该国或民族当下文化发展的基点,也能坚定对自身文化发展的信心[6]。广西民族文化的传播也应该在继承各少数民族文化传统的基础之上推陈出新。从自身做起,做中国优秀传统文化,包括广西少数民族文化的继承者、传播者和弘扬者。

六、结语

广西作为中国文化传播的环节当中的重要一环,具有其得天独厚的条件,广西全区各少数民族文化五彩斑斓,是中华民族文化之册中宝贵的一页。当前在"一带一路"的背景下,广西民族文化的发展面临着前所未有的发展机遇,"一带一路"也为广西民族文化的传播提供了更加便利的条件。所以,我们要充分利用优势和新时代背景下的新机遇,重拾古诗所蕴含的智慧,打造出具有广西品牌特色的优秀民族文化。

参考文献

[1]隗斌贤."一带一路"背景下文化传播与交流合作战略及其对策[J].浙江学刊,2016(2):214.

[2]李玉玲.论广西民族地区文化的创造性转化和创新性发展[J].广西社会主义学院学报,2017(3):63.

[3]赵启正.公共外交与跨文化交流[M].北京:中国人民大学出版社,2013.

[4]习近平.中央民族工作会议暨国务院第六次全国民族团结进步表彰大会在北京举行[N].人民日报,2014-09-30(1).

[5]杜芳.中华优秀传统文化与文化自信[J].探索,2017(2):163.

[6]林志友.坚定中国文化自信的根源[J].科学社会主义(双月刊),2016(5):19.

模仿与创造

——论鲁迅对秦似杂文写作的影响

广西师范大学　王云杉

【摘　要】秦似到达桂林之后，在参与《野草》编辑工作的同时，大量发表杂文作品。秦似不满足于对鲁迅杂文语言、结构等文体特征的简单模仿，而是汲取鲁迅作品背后的精神营养，将其注入杂文作品中，并保留自己的行文风格，以此扩大作品的审美艺术空间。在旅桂期间，秦似杂文除了讨论女性的生存、权利、地位等问题，还对国民党政权下的生活黑暗面进行批判，并清理从战国策派文人那里流入市面的思想毒害。另外，秦似关注欧洲战场和国内抗战形势的变化，撰写一系列反对法西斯主义、支持全民族抗战的杂文。我们在阅读秦似杂文作品的时候，不应忽略作者对鲁迅作品的模仿和创造。

【关键词】秦似；桂林文化城；杂文

　　秦似在 20 世纪 40 年代初开始创作杂文，他的作品始终与鲁迅杂文有着紧密的联系。在新时期的一篇回忆文章中，秦似提到他对鲁迅杂文作品的热爱之情。他说："一九三九年因帮助生活、新知书店做书籍转运工作，我有机会见到《鲁迅全集》，在几个月内，贪婪地把那里面的杂文全看了一遍。"[1] 随后，秦似读过一些毛主席的文章和马列主义著作，并以杂文的形式给《救亡日报》投稿。随着《作家二例——谈佛列达渥地利与赛珍珠》等文章陆续发表，秦似的杂文创作才华得到夏衍的认可和赞扬,夏衍写信要求秦似与他见面。1940 年 3 月,秦似从桂南来到桂林[2]。随后,秦似与夏衍、聂绀弩、宋云彬、孟超等人在创办新的刊物、增加桂林的文化活力方面一拍即合,共同编辑《野草》杂志。

在 1946 年离开桂林前往香港之前,秦似在桂林创作杂文四十八篇[3]。作者回忆《野草》得名"倒不是因袭鲁迅,而是觉得在那样的时局下,这个刊名可能给社会和文坛带来一点生气,引人略有所思"[4]。这样看来,刊物的命名似乎与鲁迅并没有紧密的关联。不过,这份杂志的创刊号写着:"它(《野草》,引者注)给受伤的战斗者以一个歇息的处所,让他们退到野草里,拭干伤口的血痕,恢复一些元气,再作战斗。虽然没有维他命,更不能同时做药,倒是可以恢复一些元气,再作战斗。"[5]结合创刊宗旨和秦似、聂绀弩等《野草》杂志编辑的文章来看,鲁迅对他们的影响似乎是不自觉的、无意识的。秦似等人的杂文创作深受鲁迅影响,被文学史家称为鲁迅风杂文作者。有论者对秦似全部杂文作品进行系统的研究[6],也有论者对秦似在桂林期间的杂文写作展开深入的挖掘[7]。这些研究对于我们了解秦似杂文的艺术特色起到很好的作用,不过,它们似乎还不能准确地阐述秦似杂文的艺术魅力之所在。

纵观秦似的杂文创作生涯,我们发现,中华人民共和国成立之后,作者的创作兴趣由杂文转向戏剧,并在新的环境中,由于种种主客观因素的影响,减少杂文创作的数量,降低杂文的思想性和批判锋芒[8]。因此,秦似的杂文创作高峰基本停留在 20 世纪 40 年代。当前,学界对秦似在桂林期间的杂文作品的研究相对而言还缺欠一些深度。论者虽然对这些作品的主题内容和艺术特色进行详细而准确的概述,但是对作品的分析仅仅局限在秦似杂文本身,研究视野还不够开阔,未能进一步阐述秦似杂文的艺术价值。论者尽管看到鲁迅作品对秦似杂文写作的巨大影响,但是对二者之间关系的理解还有些简单。一方面,秦似在遣词造句、文章结构和思想意蕴层面,对鲁迅杂文进行的模仿,虽然未必达到以假乱真的程度,但是文章的形和神都很像鲁迅;另一方面,秦似从鲁迅作品背后的精神资源那里汲取精华，在保留自己独特写作风格的基础上，将其注入自己的杂文作品中，增加作品的批判力度和思想深度。总体上看，秦似在桂期间创作的杂文作品不满足于对鲁迅杂文的细致"临摹"，他力求在文章中写出自己对问题独特而且深刻的见解。这些文章既沾染着鲁迅的光辉，又有作者自己的艺术特色。在此，我们以时间和文章的思想内容为线索，对秦似在桂林期间的杂文进行简单梳理。

一

1941 年，围绕妇女的生存权利和社会地位等问题，秦似先后发表《"女性应该安于生物的平等"》《女人·圣人·革命》《男女与职业》《"女子能力不及男子"论》《"挽狂澜于既倒"》等文章。在这些文章中，可以看出作者对鲁迅《娜拉走后怎样》等一系列关于妇女专题的文章几乎过目不忘。秦似在《"女性应该安于生物的平等"》中，像鲁迅驳斥他人的杂文那样，首先将《野草》杂志的论敌的文章摘取一部分，然后对其进行分析，指出其中的不合情理之处。在文中，作者从生物知识出发，并联系西方的《圣经》和中国的《诗经》中，列举出与女性有关的部分。通过中西文化对比，作者有力地论证女性获得全面解放的前提在于社会经济、政治、文化等方面制度的变革，从而提出："在没有经济上政治上的平等以前，女人反抗的效果是不会大的，何况还有无形的礼教宗教在抑制着反抗的动机。"[9]在文末，作者暗示人们应该为女性解放而进行斗争。"然而在鏖战的此刻，勇敢的战士们又偏故作镇静、搬弄知识"[10]。从此处，论点是鲁迅的，论证却是秦似的。在写作过程中，秦似以自己的论证方式表现鲁迅的思想，或者以鲁迅杂文中诘问的语调表达自己对问题的独到见解，这在其他几篇关于妇女问题的文章也有体现。在《男女与职业》中，作者认为男女真正的不平等在于"一切依赖男性。服从男性后，就必须以男性的主张为主张，男性的荣辱为荣辱"[11]。又如《"女子能力不及男子"论》，作者驳斥论敌的观点后，指出"即使有很少的女性获得抬头的机会，也终归要被削低、刷平的"[12]。这些思想是作者个人的创造,而不是对鲁迅思想的抄袭。它们在今天看来,依然具有不小的启发意义。从这些关于女性问题的杂文来看,秦似认同鲁迅的部分观点,主张社会变革先于妇女解放。同时,秦似对女性问题有自己的思考,尽管他提出的思想不如鲁迅的深刻。

妇女问题是秦似 20 世纪 40 年代杂文创作的一个主题之一。在 1944 年,秦似针对当时骇人听闻的活埋妇女案件,发表《吃草和"宪法"》《暴露了谁》等文章,其中不仅对女性问题阐发深刻的思想,而且还对现实生活中的黑暗面进行强烈的批判:"千百年来,妇女所处的不平等地位,绝不是笼统的'中华民国国民在法律上一律平等的'条文可以使之平等。"[13] 作者发现,女性如果要获得真正的平等和应有的权利,不能仅仅寄希望于法律条文。对于戕害弱者的"帮凶",作者在《吃草和"宪法"》中,以反语和打油诗的形式对其进行辛辣的讽刺。妇女、儿童的生存与权利问题在秦似 40 年代的杂文中占到较大的比重。随着抗战形式的变化,作者发现大后方的种种丑恶现实,并以杂文的形式与黑暗现实展开斗争。其中,关于妇女问题的杂文中增加对黑暗事物的愤恨。1946 年离开桂林以后,秦似仍然创作一些反映妇女苦难生活的文章,借以批判国民党当局的统治,这容易让人联想到鲁迅《上海的少女》等文章。从这一系列的杂文可以看出,秦似在写作的过程中,虽然从形式到内容对鲁迅文章进行模仿,但是其中也不缺少自己的创新。作者在思想的深度方面或许难以超过鲁迅,但是他在文中依然坚持用自己的行文方式,表达他个人的独特思想。

二

除了为妇女遭受的种种不平等进行抗议,秦似还对抗战大后方的一切黑暗事物进行斗争,这一点与鲁迅作品的精神实质相通。早在 1941 年发表的《谈黄花节》,作者由黄花岗起义失败的悲壮历史联想到"不读革命史,或读革命史而只知感慨讴颂的人,是决不会知道历史的真实,也不了解革命的艰难的"[14]。随后,作者又将国内的革命与法国大革命联系起来，发现二者之间的共同点："一批暴戾恣肆的国民军在举枪残杀工人之前，悄悄地把自己所藏的傅里叶的书籍焚去，以思想纯正的公务人员自居，被杀的便是'乱党'了。"[15]作者将中西历史进行对照，对革命队伍中形形色色的伪君子进行强烈的批判，并在文末指出："黄花岗的血痕已经淡了，但它留下来的，是活的教训。"[16]这篇文章对叛变者的批判，以及告诫世人吸取历史教训的道理，极容易让人想起鲁迅在20世纪20年代发表的杂感。在形式上，秦似以中西历史对比的方式，给杂文增加知识容量与批判力度，这与鲁迅有很大的不同。我们不难发现，在批判现实方面，秦似从鲁迅杂文中汲取写作精华的同时，也保留着自己的写作方式。

旅桂期间，秦似针对现实生活发言，对抗战大后方知识阶层的伪善与无知和当局的腐朽进行无情的批判。在《多余的感慨》一文中，作者对于论争对手战国策派的投降主义思想进行揭露，指出那些看似有操守的人"不是一转身投靠到南京伪组织去，就是一抹脸孔，化为骂希特勒的英雄"。在揭开对手虚伪面目的同时，作者模仿鲁迅嬉戏怒骂的语调，对他们进行冷嘲热讽："这当然是好的。但要记得历史，要站稳'自己的立场'，否则也难免露点小破绽，叫别人看出原是'打情骂俏'而已。"[17]秦似在批评论敌的同时又对其进行无情的嘲讽，这一点颇有鲁迅笔法。与此同时，作者对于论敌也有属于自己的批评方式，即通过中外历史事实的对比，指出对方思想、言行中的荒谬之处。在此文的结尾，作者写道："历史有力量埋没了威廉，也有力量埋没这些可怜的希望。"[18]一语道破论敌的可笑之处，并给人以回味的余地。

我们翻阅这些批判现实的杂文，不难发现，秦似不仅向鲁迅杂文学习写作方法，而且在文中融入丰富的时政知识，加强论证的合理性和说服力。如《观察家的透彻》，秦似摘录陈西滢的《苏德战争》的部分段落，并指出其中明显的谬误："世界上有名的军事家，有谁对苏联军备的'质料'和'构造'做出过这么简单而'肯定'的'答复'么。"[19]进而指出对方"不戴眼镜，然而却有透视术"[20]。在此，作者以自己的观察和思考,将一部分知识分子的无知与幼稚揭露于世人面前,颇有鲁迅杂文的犀利之风。在《清谈与漫话》中,秦似同样使用鲁迅先驳论后立论的方式,对当局政策进行详细而深入的分析之后,在文中指出其中的矛盾:"一面作拥护'禁止清谈'的评论,一面又不妨大登其'漫话'文章。"[21]对于当权者的腐败和无能,秦似在《急事闲谈》中写到两种形成鲜明对比的现实:对于普通民众而言,"抗战以来,米价就简直是一个恶魔,愈长愈高,没有人能遏止它"[22],与此同时,国民党高官依然享受"飞机运来的西餐"。我们从这些杂文中不难看出,秦似对于社会现实的猛烈批判,带有一些鲁迅杂文的风骨,也有自己的创作构思。秦似模仿鲁迅而又不拘泥于其中,并在文中融入自己对社会的判断思考,为杂文作品增加独特的艺术魅力。

三

秦似不仅对不合理的现存的制度和黑暗的现实进行无情的批判,而且对毒害人心的种种错误思想展开激烈的斗争。针对当时的战国策派人物的投降主义思想,以及被曲解的尼采超人哲学、权力意志思想,秦似以广阔的文史知识和丰富的时政新闻为材料,撰写一系列反法西斯主义的杂文。这些文章与鲁迅杂文的精神实质具有紧密的联系。鲁迅以启蒙为圆心,对"老中华儿女"身上的国民性进行揭露与批判。秦似在鲁迅杂文反抗、搏斗的精神光辉之下,通过杂文的形式和一切国际与国内的非正义的力量进行抗争。在《关于国际青年反法西斯蒂》中,作者指出:"要使青年变成不会自由思索的机械,法西斯蒂拒绝承认一切思想的作用。"[23]这种对西欧现实清晰、准确的认真促使作者发出像"救救孩子"那样震撼人心的呼声:"要不是法西斯蒂把全世界的青年置在自己的奴役和皮鞭之下,便是法西斯蒂体系被全世界人民团结起来的力量所摧毁。历史是最公道的见证人。"[24]

以反法西斯为主题,秦似随后写下的杂文更加具体形象,包含更多的历史文化知识，批判力度也随之增强。作者反复地发出呐喊："缄默实际上助长无人道的屠杀，延长人类空前的黑暗。"[25]"对于欧洲被屠杀的和平人民，我们必须关怀，必须说话。"[26]"只有全世界人民团结起来，才可以叫法西斯野兽淹死在无边的血泊里。"[27]在《恶魔与疯狗》中，作者叙述斯大林格勒战役以来到转折点之后，指出"世界人民反法西斯的重任，他们完全感受到了，欣然担负起来了"[28]，并发出呐喊："世界所有反倒退、反牢狱的自由人民啊，行动吧！"[29]这些语言在今天这个和平年代读起来，依然给人以强大的震撼力和感染力。此文慷慨激昂的语调很容易让人联想到鲁迅20世纪20年代后期发表的杂感。秦似不仅模仿鲁迅铿锵有力的呐喊式语言，而且汲取鲁迅在黑暗面前毫不妥协的精神。鲁迅杂文从语言文字到精神实质方面都给秦似的文章增加审美艺术性。

秦似在随后发表的《还是旧调子》《怀念》等文中，延续反法西斯的主题思想。与反法西斯有关的是作者为抗日战争摇旗呐喊的杂文，如《掉一个方向试试看》，作者认为人们应该给"半死不活"的大后方增加活力，"具体而言，社会要立即全面地关心战争，投入战争，是万千洪流冲向战争"[30]。杂文作家的社会责任感和爱国情怀在后续的写作中得到充分的体现。《在春天里》一文，作者从报纸上摘录大段的新闻报道之后，指明哀兵必胜的历史规律。"中国大地的阳春，迟早要开出瑰丽的花朵来！"[31]由于中国的抗战是世界反法西斯战争的一个重要组成部分，对于秦似的创作来说，反法西斯主义与声援抗战的杂文在今天看来，是同一个主题的不同分支，二者共同的矛头指向当时社会存在的非正义力量。也就是说，秦似表现对欧洲法西斯憎恶之情的文章在某些意义上，同时表达了作者对祖国的无比热爱。这种爱国情怀与鲁迅精神实质也有一脉相承的关系。由此，我们发现，秦似对鲁迅的学习不仅仅停留于文章的外壳，即语言文字与文章结构，而是深入鲁迅作品的深层，将鲁迅的战斗意识和反抗精神融入自己的杂文当中。秦似的杂文笼罩着鲁迅作品的光辉，这是可以肯定的。

结　语

　　秦似从鲁迅作品中汲取精华之后,开始自己的杂文创作。一方面,秦似通读《鲁迅全集》中的杂文之后,作品从遣词造句到文章结构,都沾染着鲁迅杂文的踪影。另一方面,秦似保留自己的行文方式,并形成与鲁迅既有相似之处,又有较大差别的杂文创作风格。在20世纪70年代末,秦似回忆自己参加《野草》创刊号内容的一次聚会时,清晰地记得谈话的主要内容是杂文和鲁迅。秦似等人认为:"现在正需要战斗性的杂文,我们应该把鲁迅这一克敌制胜的武器发挥出来,为当前的革命斗争服务。"[32]通过这份回忆,我们更容易发现,秦似的主观阅读选择和客观的时代环境共同促成他的杂文风格。在主题内容上,秦似具有相当程度的广泛性。他继续书写鲁迅在五四运动之后,写过的女性的生存、权利、地位等问题,并继承鲁迅的战斗精神,对现实中的丑恶事物进行无情的鞭挞。同时,秦似的杂文积极地与时代构成对话,反映中外经济、政治方面的重大社会变化,并且常常引用中西历史文化资源,为杂文增添更多的知识性和趣味性。从思想深度和艺术成就方面,秦似和其他鲁迅风杂文作者难以达到更遑论超越鲁迅。不过,秦似从鲁迅作品中汲取丰富的精神资源,将其注入自己作品,并与自己的行文方式、艺术构思巧妙地融合在一起,极大地增加了杂文的艺术水准。秦似对鲁迅的模仿和学习是成功的。我们在阅读秦似杂文的时候,应该注意作者对鲁迅杂文的模仿与创造。

参考文献

[1]秦似.秦似杂文集[M].北京:三联书店,1981:574.

[2]杨东甫.秦似传略[J].社会科学家,1987(6).

[3]苏关鑫,雷锐,黄绍清,肖昭惠.旅桂作家[M].南宁:广西人民出版社,1989:756-802.

[4]秦似.秦似杂文集[M].北京:三联书店,1981:576.

[5]秦似.秦似杂文集[M].北京:三联书店,1981:3.

[6]马树春.略论秦似杂文的美学风貌[J].广西社会科学,1998（1）.

[7]黄春芳.秦似的杂文[J].桂海论丛,1995(5).

[8]吴立德.论秦似抗战时期的杂文[J].广西民族学院学报(哲学社会科学版),1990(2).

[9]陈焕新.简论抗战时期的秦似杂文[J].桂海论丛,1994(2).

[10]秦似.秦似杂文集[M].北京:三联书店,1981:3-4.

[11]秦似.秦似杂文集[M].北京:三联书店,1981:17.

[12]秦似.秦似杂文集[M].北京:三联书店,1981:18.

[13]秦似.秦似杂文集[M].北京:三联书店,1981:33.

[14]秦似.秦似杂文集[M].北京:三联书店,1981:37.

[15]秦似.秦似杂文集[M].北京:三联书店,1981:166.

[16][17][18]秦似.秦似杂文集[M].北京:三联书店,1981:27.

[19]秦似.秦似杂文集[M].北京:三联书店,1981:50.

[20]秦似.秦似杂文集[M].北京:三联书店,1981:51.

[21][22]秦似.秦似杂文集[M].北京:三联书店,1981:64.

[23]秦似.秦似杂文集[M].北京:三联书店,1981:102.

[24]秦似.秦似杂文集[M].北京:三联书店,1981:95.

[25]秦似.秦似杂文集[M].北京:三联书店,1981:72.

[26][27][28]秦似.秦似杂文集[M].北京:三联书店,1981:81.

[29]秦似.秦似杂文集[M].北京:三联书店,1981:81.

[30]秦似.秦似杂文集[M].北京:三联书店,1981:106.

[31]秦似.秦似杂文集[M].北京:三联书店,1981:107.

[32]秦似.秦似杂文集[M].北京:三联书店,1981:175-176.

"一带一路"倡议下的广西山歌文化体验旅游发展新思考

广西师范大学　刘　麟

【摘　要】"一带一路"倡议为海上丝绸之路上的广西提供了良机,如何在新的历史机遇下进一步完善山歌文化体验旅游模式,在保留本地原生韵味的同时实现文化体验的空间拓展、结构调整、模式创新转型等,是当前广西旅游面临同质化及文化符号单一、内容单薄的主要问题。

【关键词】"一带一路";文化体验旅游;广西山歌

习近平主席于 2013 年 9 月和 10 月出访中亚及东南亚国家时分别提出建设"丝绸之路经济带"与"21 世纪海上丝绸之路"的构想。国家将广西定位为"与东盟国家陆海相连的省区,是 21 世纪海上丝绸之路与丝绸之路经济带有机衔接的重要门户"①。习近平同志在做党的十九大报告时说,要以"一带一路"建设为重点,坚持"引进来"和"走出去"并重,遵循共商、共建、共享原则,加强创新能力开放合作,形成陆海内外联动、东西双向互济的开放格局。

山歌文化是广西少数民族的特色之一,完善山歌文化与发展的

---

① 推动共建丝绸之路经济带和 21 世纪海上丝绸之路的愿景与行动[EB/OL].(2015-03-28).http://news.xinhuanet.com/finance/c_1114793986.htm.

文化体验旅游模式,有利于展示中华文化的内涵品质,不断扩大中华文化的国际影响力、世界认同度,展示中华文化的强大生机与活力。

一、广西山歌文化助推"一带一路"倡议有序实行的先行优势

"一带一路"倡议为发掘中国与相关国家的历史渊源提供了新的依据,唤起了世界各国对中国形象的记忆和共鸣[①]。"一带一路"不仅仅是一个空间概念和经济合作战略,它更是一个建立在历史文化概念影响基础之上的文化影响力范畴,是用文化将历史、现实与未来连接在一起而成为中国面向全球化的架构[②]。因此,在文化作为"一带一路"灵魂的前提下,广西山歌文化作为"软实力"的优势能够有效推动广西作为海上丝绸之路的起点与诸国的多领域合作。笔者在此将文化体验旅游分为两类讨论,一类是系统训练的艺术舞台引入"山歌"元素进行展演,另一类是在原生山歌环境中培育的地方"节日",将二者进行对比分析,并从整体上归纳"山歌"元素的体验旅游特点及模式。

(一)组织形式的艺术表演

以现场展演形式营造山歌文化体验较为成功、普及度高且后劲相对较足的山歌文化发展项目不多,南宁国际民歌艺术节和大型实景演出《印象·刘三姐》可以作为其中代表来分析。

南宁国际民歌艺术节截至 2017 年,已成功举办了 14 届,成为南宁的城市名片,更是南宁乃至广西的品牌。南宁国际民歌艺术节在运作模式上采用都市大众文化主会场与乡野歌圩分会场捆绑式的形式来解决乡野民歌与当代大众文化相冲突的矛盾。即一方面保留"歌圩"的文化功能,保留民歌的乡野形式,发挥其民族认同机制;

---

①徐念沙."一带一路"倡议下中国企业走出去的思考[J].经济科学,2015(3):17-19.

②隗斌贤."一带一路"背景下文化传播与交流合作战略及其对策[J].浙江学刊,2016(2):214-219.

另一方面又凸显都市大众文化的拜物教效应和文化产业化作用①。民歌节对城市的招商和经济发展贡献很大,作为老牌民歌艺术活动运作程序成熟,在现场展演不多的十年前,国际民歌艺术节作为广西民歌表演的舞台影响力大,歌手质量高。但是也面临着诸多问题,例如运作了多年的舞台模式没有很大的更新,其他媒体和娱乐节目新意层出不穷,尤其是近十年大众追捧的歌手选秀节目和越来越多的歌手演唱会,在大众娱乐市场中的南宁国际民歌艺术节存在感相对下降,没能培育出新一代令人耳目一新的歌手。

桂林阳朔的《印象·刘三姐》是一部开创世界和中国山水实景演出先河的原创性文化精品,自 2004 年 3 月在桂林阳朔漓江上公演至今,创造了许多票房神话,堪称我国文化产业的成功"范本"。《印象·刘三姐》运用大量的灯光系统、音响系统、烟雾造景系统等高科技旅游设备,将漓江及方圆两公里内的 12 座山体全部设计成为山水实景剧场,根据天气的变化和景观的不同,大胆写意地将刘三姐的经典山歌、民族风情、漓江渔火等元素创新组合,营造如诗如梦的视觉效果。自《印象·刘三姐》起,全国陆续开展了 7 个印象系列,其创作模式都是相同的,演出地区不同、演出内容不同,其间区别在于该地区品牌的民族文化和自然环境不同。《印象·刘三姐》带来了桂林文化、旅游、餐饮等产业链的兴旺,促进了当地经济的发展,随着交通发展及旅游出行率的提高,《印象·刘三姐》也在内容挖掘上亟待更新以适应市场变化。

(二)歌海中的"节日"

自 2014 年广西"三月三"假期开始以来,有唱山歌传统的各个城市如柳州、河池、南宁、桂林及热心山歌活动的县城等,在假期均会举办具有"山歌"特色的新型节日,以"山歌"为节日的主题,糅合祭祀、休闲、旅游、美食、娱乐、狂欢、表演等多重性质展现在观众面前,如武鸣"三月三"歌圩骆越文化旅游节、"鱼峰歌圩"全国山歌邀

---

①王杰.民歌与当代大众文化:全球化语境中民族文化认同的危机及其重构[J].广西民族大学学报(哲学社会科学版),2006(6):64-68.

请赛、河池铜鼓山歌艺术节等。各类节日均以"山歌"为亮点，结合地方特色的名称，活动中以山歌为引，发展旅游、文化交流活动。

二、广西山歌文化体验目前遇到的瓶颈

（一）文化符号单一

以壮族歌仙刘三姐为例，1960年《刘三姐》电影播出后，许多游客慕名前来广西只为寻觅记忆中"聪慧机敏，歌如泉涌"的刘三姐的印记。由此一来，广西许多景区则打出"刘三姐"旅游资源的招牌，仅在最著名的电影拍摄地桂林中，就有印象刘三姐、桂林刘三姐景观园、桂林木龙洞、阳朔徐悲鸿故居、阳朔大榕树等。除此之外，临桂县五通茶山、宜州刘三姐故里景区、柳州鱼峰山公园等地也以不同的主题展现"刘三姐文化"，"刘三姐"品牌效应广，大众认可度高，但是旅游资源散、乱，缺乏统一的整合，各个资源间相同或不同之处无法得到有条理的规制，甚至有些地区出现资源重复或互相抢占"刘三姐"招牌的现象，最后导致游客旅游体验感不足，如此恶性循环。

《刘三姐》作为广西境内的神话传说，其影响不言而喻，并且给广西人民带来了大量生活的相关物，山歌作为广西地区少数民族群众生活中表达自我的一种重要方式，"歌仙"的赞誉对刘三姐，也是对广西人民群众的一种肯定，因此，关于刘三姐的山山水水都包含了刘三姐的美。这其中关键的三个点是宜州、柳州和桂林。宜州下枧村流河寨是电视剧《刘三姐》的拍摄地点，至今存有电视剧组拍摄留下的刘三姐的乡楼和闺房，还有颇具民族特色及观赏价值的民族茶楼等。柳州鱼峰山的别致之处加上《刘三姐》动人传说更加栩栩如生，让人产生"三姐骑鱼上青天"的联想。"山水甲天下"的桂林，刘三姐文化的自然资源丰富多彩，1961年长春电影制片厂拍摄的彩色故事片《刘三姐》风靡东南亚，影片拍摄的地点就是桂林的漓江山水间。

歌仙刘三姐生活在一片"歌海"的广西，游客以"他者"的身份进入广西寻找心中的刘三姐，除了天花乱坠的民间故事及被每个景点生搬硬套的剧情外，"山歌"本身在当地出现的频率和在旅途中占有

的比重相当之少,脱离了"山歌"场景的存在与亲自体验参与的过程,再附带上大同小异的景色和敷衍的导游解说,文化体验旅游效果可想而知。

(二)文化品牌定位不成熟

当前,广西山歌文化体验多以舞台的形式展开,对象定位模糊,尚未形成有口碑的品牌或地区,根源在于缺乏理论的指引和目标的确立,解决此症结有必要从艺术形式发展的历史渊源出发,结合当代审美对传统艺术作品进行艺术再加工。

民俗扎根于当地传统文化,当地人民在其中生活、经历,对其中一些约定俗成的规定早就胸有成竹。然而作为异文化来源地的游客,文化层次高低不齐,无法要求大部分非本专业的游客自发融入当地文化环境中。如何将一些富有地方特色的文化不仅仅以文字形式进行推广,或者强行对本地文化之外的游客填鸭式灌入,并且使输出方式不留痕迹,自然有趣,值得我们深思。

三、"一带一路"背景下广西山歌文化体验旅游发展新思考

(一)山歌从生活中来,走到生活里去

民歌是与民众生活始终相连的,不仅是文化内涵的载体,亦是日常交流的媒介,将弱化原有对话交流功能的壮族民歌变成旅游模式体验的经典环节,构建一处集餐饮、住宿、文艺活动于一身的民族村寨社区文化中心,且借由不同的活动规划面向公众开放参观,既保证了非物质文化遗产历史信息的传承,又保护了其社会价值。

首先,民歌文化的核心在于其本真性与原生性,民歌的发展和保护不能一味地以技术传承为主要突破点,培育适宜其生存的土壤以及带来其可持续发展的经济效益也是我们应当重点关注的地方。将山歌文化真正与文化体验旅游结合,有助于改变原有的乡村旅游简单的美食养生模式,将乡村旅游模式转型,融合"养心"并且提升其文化品位,重新激活其生命力。将民歌与旅游进行有机结合,使民

歌在其中不显得突兀却又时时萦绕在其中。其次，要关注如何吸引游客、如何定位游客档次以及如何吸引各个层次不同年龄段的游客进入等问题。再次，还要关注如何扩大知名度、将品牌打响，可借鉴"印象·刘三姐"等文化产业模式的运作与方法。最后，非物质文化遗产土壤的培育脱离不了民众的参与，如何创造效益，增加民众收入，保证民众有积极性参与进来也是一项难点。

（二）主客位双重视角切换与选择

壮族等少数民族民歌优美动听，笔者曾经在崇左市宁明县参与当地的歌王比赛，由于听不懂壮话，最终难以融入情境。体验式旅游的根本在于体验，与其希冀于游客都具备高素质高审美，不如设计一个可供游客选择的双向体验模式。在龙江流域，广泛流传多种语体的民歌，包括桂柳话民歌、壮族民歌、瑶族民歌、毛南族民歌、仫佬族民歌等，大部分汉族人会唱桂柳话民歌，部分壮族人唱壮族民歌，这其中还有一部分壮族人既能吟唱桂柳话民歌亦能唱壮族民歌，即"壮体汉词"，而他们所唱的民歌在内容上，又能体现少数民族文化与汉文化内涵的融合。

笔者认为，研究"壮体汉词"这部分民歌将有助于我们更好地理解与传承当地多层次、多内涵的民歌文化。试图从中找文化联结点，即"壮—汉"之间的桥梁，寻找这其中让两种文化都被接受的关键原因，并且以此将壮族原生壮歌进行改版，运用壮族的曲调、壮族的内容、壮族的思想，但是以汉语的形式演唱出来，这将更好地使游客投入其中。

（三）从"身心灵"理论思考构建新型旅游体验模式

传统旅游模式为"吃住行游娱购"，亟待转型到"商养学闲情奇"的新型文化体验旅游模式。"身心灵"理论中的"身心灵"三个字的含义分别为："身"指躯体，"心"指心理，"灵"主要指精神或精神状态。"身心灵"作为一个整体，其一是指"身""心""灵"三个层面；其二，指"身""心""灵"三者之间存在的互动关系。"身""心""灵"之间会相互作用与转化。现代人生活节奏快，受到全球化的知识冲击，价值观摇摆不定，随波逐流甚至迷失自我。游客身临其境并融入以民歌为主题的壮文化村寨空间里,摆脱现代化对自我思想的桎梏,以山歌来反观自我,从中得到生命的领悟,放松身心,实现"饭养身、歌养心、圣养灵"。

"身心灵"理论为近年来在心理治疗方面有显著效果的研究方法,强调帮助人们找到快乐与真实的自我。乡村旅游慢节奏的度假方式为"身心灵"体验提供充裕时间,身心灵视野中的乡村旅游,提出将"饭养身、歌养心、圣养灵"的文化智慧作为文化体验旅游的目标。有关"身心灵"理论的应用主要在心理学领域,结合"壮族民歌"音乐无边界且独具的灵性与美感,将"身心灵"理论与文化体验旅游融合,能让游客通过生理—心理—精神互动感受少数民族文化中的生活哲学。由此构建的乡村旅游模式,能达到游客"身心灵"不同层次都得到满足的境界,游客以少数民族文化感知自我建立文化自信,"身心灵"平衡和谐。对于乡村旅游地区,以消费带动经济发展,以民歌发展促进文化保护,民歌运用促进文化传承,整体构成体验旅游的和谐发展。少数民族民歌的运用能帮助游客进入到"身心灵"状态,对民歌的研发、合理运用是让游客达到"身心灵"境界的关键。解决这个问题有利于乡村文化旅游品位的提升,摆脱地区旅游模式同质化,具有实践指导意义。

四、结论

广西山歌是为地方认同的艺术文化精粹,"一带一路"背景下发展地方文化有利于扩大中华文化的国际影响力、世界认同度。山歌文化体验的重点在于保护其本真性与原生性,如何将其文化保护与市场发展规律相结合是症结所在,需要官方与民间相互协作。民歌保护不能一味地以技术传承为主要突破点,培育适宜其生存的土壤以及带来其可持续发展的经济效益也是我们应当重点关注的方向。与此同时,运用民歌,将少数民族文化注入新型乡村旅游,有助于改变原有的乡村旅游简单的美食养生模式,将乡村旅游模式转型,融合"养心"并且提升其文化品位,重新激活其生命力。非物质文化遗产土壤的培育脱离不了民众的参与，在以山歌为核心发展文化体验旅游的同时，维护本土山歌文化良性运转，只有山歌一直蓬勃发展，以此为原点的推广与应用才能开枝散叶。

参考文献

[1]推动共建丝绸之路经济带和21世纪海上丝绸之路的愿景与行动[EB/OL].(2005-03-28).http://news.xinhuanet.com/finance/c_1114793986.htm.

[2]徐念沙."一带一路"倡议下中国企业走出去的思考[J].经济科学,2015(3):17-19.

[3]隗斌贤."一带一路"背景下文化传播与交流合作战略及其对策[J].浙江学刊,2016(2):214-219.

[4]王杰.民歌与当代大众文化:全球化语境中民族文化认同的危机及其重构[J].广西民族大学学报(哲学社会科学版),2006(6):64-68.

三等奖

"一带一路"背景下泰国汉语教师
本土化策略研究

南宁师范大学　陈德银

【摘　要】随着学习汉语人数的迅速增多,使得汉语国际教育教师需求量进一步加大,本土汉语教师培养将是弥补汉语教师缺口的有效途径。"一带一路"倡议为沿线国家深入合作发展提供了新契机。中泰教育合作取得了显著成效,泰国仍需不断完善本土汉语教师培养的政策、标准、模式,及发挥互联网优势,从而弥补汉语教师缺口。中国有责任在政策、语言服务、人才服务、合作办学、经费来源等方面支持泰国本土汉语教师的培养,同时与泰国携手前进,充分发挥各自特点与优势,形成最大合力,从而促进泰国本土汉语教师培养快速发展。

【关键词】"一带一路";本土汉语教师;泰国;培养方式

一、引言

目前,关于泰国本土汉语师资队伍存在问题的研究已有部分学者关注,如关梦婉(2011)认为:一方面是师资的质量问题,例如教师的专业知识偏低、教学水平不平衡等;另一方面是师资的数量问题,例如师资力量不足、教师的年龄结构趋于年轻化、专业教师少、教师队伍流动性较大,不能满足学生的需求等多原因。陈坤源(2012)调查发现:尽管泰国目前有很多华裔在从事汉语教学,但是绝大多数华裔汉语教师没有接受过语言教学的专门训练,不懂语言教学的方法和技巧。通过在泰国的汉语教师志愿者了解到:泰国部分本土教师水平参差不齐,有的教师汉语语音语法好,有的教师汉语发音不准确,有的教师认读水平比不上说的水平,还有的教师教学生学句子多半写泰语音译,等等。教师水平的高低将直接影响教学水平,继而影响学生学习汉语的效果。泰国本土汉语教师的现状令人担忧。

然而,目前关于泰国本土汉语教师培养的研究不多,关梦婉(2011)提出了针对泰国本土汉语教师专业发展的对策及建议:学校层面要拓宽汉语师资来源渠道,引进高水平的汉语人才,增加对教师的重视,坚持"请进来、走出去"的机制,教师层面教师要有自我发展的意识,教师继续不断"充电",加强海外汉语教师的培养。冯忠芳(2011)对泰国中小学本土汉语教师发展进行了历时考察与标准研究,在制定本土汉语教师标准时,应该充分考虑到以下原则:顺应国家汉语政策原则,符合国家教师标准原则,适应本国教育制度原则,突出汉语教学特点原则,建立国际视野原则。陈坤源(2012)则对泰国中小学本土汉语教师的专业思想、专业知识、专业技能三方面的情况进行考察,并就不同方面存在的问题提出了对策。如要增加去中国学习汉语的机会,完善教师的奖励机制,提高汉语教师的地位,资质考试应每年举办一次,定期对本土汉语教师进行培训,改进教师教学测评,等等。赵燕华、韩明(2013)指出当前泰国本土汉语教师培训还有诸多不足之处,应采取调查和分析培训需求、将培训作为一个系统来抓、尝试新的培训授课方式、对培训进行及时有效的评估等措施来增强培训效果。柳谦、张晓颖、侯彦霞(2013)认为提高本土汉语教师的汉语水平和教学水平成为推广和传播汉语言文化的重要目标。国际汉语教师本土化要符合《国际汉语教师标准》;保证本土化教师的培养质量,坚持宁缺毋滥的原则;依托当地大学、重点推进在当地主流社会中的类似孔子学院等的汉语培训机构,派遣国内的专家学者到当地进行师资培训等。

综上可见,泰国本土汉语教师培养应重点考虑:一是本土汉语教师培养需要设定统一标准，二是国家、学校、个人要形成联动机制，三是要建立完善的培训系统，四是要走"引进来、走出去"相结合的发展之路。

"一带一路"倡议进入全面推进建设阶段①，从而推动了共建"一带一路"教育行动计划的实施。推进"一带一路"教育共同繁荣，既是加强与沿线各国教育互利合作的需要，也是推进中国教育改革发展的需要②，泰国作为"一带一路"范围内的一员，中泰教育合作取得了显著成效，汉语教师本土化培养作为国民教育的一部分，泰国应如何借助"一带一路"发展契机进一步推进国内教育事业发展，从而更好地促进汉语教师本土化发展；中国作为"一带一路"的倡导者，在大力发展汉语国际教育以及促进汉语国际传播下，又该如何通过"一带一路"助推泰国汉语教师本土化的发展，这些问题目前都需要进行深入的探讨，从而为推动汉语国际传播、泰国本土化汉语教师的发展提供针对性建议。因此，本文旨在"一带一路"倡仪推动下，对泰国汉语教师本土化培养方式进行探讨，认为这既需要泰国自身的努力，同时也需要中国的协助，只有双方有效的结合，才能促进其汉语教师本土化发展。

二、泰国汉语教学及本土汉语教师状况

"一带一路"指"丝绸之路经济带"和"21 世纪海上丝绸之路"，是中国为推动经济全球化深入发展而提出的国际区域经济合作新模式。"一带一路"并不是要重建历史时期的国际贸易路线。"一带一路"使用的是"丝绸之路"的文化内涵，即和平、友谊、交往、繁荣。

①国家发展改革委，外交部，商务部.推动共建丝绸之路经济带和 21 世纪海上丝绸之路的愿景与行动[EB/OL].2015-03-30[2017-04-20].http://zhs.mofcom.gov.cn/article/xxfb/201503/20150300926644.shtml.2015-03-30.

②中华人民共和国教育部.教外[2016]46 号教育部关于印发《推进共建"一带一路"教育行动》的通知[EB/OL].2016-03-18[2017-04-20].http://www.moe.gov.cn/srcsite/A20/s7068/201608/t20160811_274679.html.2016-07-15.

"一带一路"不仅将对中国社会经济发展与全面对外开放产生深远的影响,而且也会对沿线国家的经济发展产生积极的带动作用,并对国际经济格局变化产生推动作用(赵世举,2015)。汉语教师本土化,是要培养了解中国、理解中国文化、具有较熟练的中国语言文化教学技能和跨文化交际能力、胜任汉语教学任务的专门人才(柳谦、张晓颖等,2013)。

(一)学习汉语人数庞大,师资需求增多

近年来,随着"汉语热"的不断升温,以及"中国信心""中国希望""中国机会"等不断传播,吸引了越来越多的外国人学习汉语。其中泰国近三年来华留学生数量稳居世界前三(见表1),可见泰国学习汉语人数相当庞大,试想如果来华学生在自己的国家继续学习汉语,那么对于汉语教师的需求又该是多少呢?

表1　2014—2016年来华留学生人数前五位(按国别)

名次	2014年①	2015年②	2016年③
1	韩国62923人	韩国66672人	韩国70540人
2	美国24203人	美国21975人	美国23838人
3	泰国21296人	泰国19976人	泰国23044人
4	俄罗斯17202人	印度16694人	巴基斯坦18626人
5	日本15057人	俄罗斯16197人	印度18717人

①中华人民共和国教育部.2014年全国来华留学生数据发布[EB/OL].2015-03-18[2017-04-20].http://www.moe.gov.cn/jyb_xwfb/gzdt_gzdt/s5987/201503/t20150318_186395.html.

②中华人民共和国教育部.2015年全国来华留学生数据发布[EB/OL].2016-04-14[2017-04-20].http://www.moe.gov.cn/jyb_xwfb/gzdt_gzdt/s5987/201604/t20160414_238263.html.

③中华人民共和国教育部.2016年度我国来华留学生情况统计[EB/OL].2017-03-01[2017-04-20].http://www.moe.gov.cn/jyb_xwfb/xw_fbh/moe_2069/xwfbh_2017n/xwfb_170301/170301_sjtj/201703/t20170301_297677.html.

2004年,全球第一所孔子学院在韩国建立。截至2016年12月31日,全球140个国家(地区)建立512所孔子学院和1073个孔子课堂。如今孔子学院的建设得到了快速发展,已成为世界各国人民学习汉语和了解中华文化的园地、中外文化交流的平台,是加强中国人民与世界各国人民友谊合作的桥梁,受到广泛欢迎。泰国第一家孔子学院成立于2006年,经过10多年的发展,截至2016年底,孔子学院在泰国已达到15所,孔子课堂达到20个,总数达35个。2011—2013年泰国孔子学院(课堂)总数维持在一个常态,但在2013年后,孔子学院(课堂)在泰国发展最为迅速,总数由原来的23个增加到31个,2014年后孔子学院(课堂)总数以每年增加2个的速度在发展。6年来孔子学院(课堂)总数在不断增多(见表2),充分反映出泰国学习汉语的人数在不断增多。据统计,截至2015年,在泰国,孔子学院(课堂)注册学员达到187831人。他们迫切需要更多的汉语课堂来满足学习需求,以提升整体汉语水平,对汉语教师师资需求也会进一步加大,师资需求变大,又该如何解决师资来源问题呢?

表2　孔子学院(课堂)在泰国(2011—2016)统计情况①

年份	孔子学院(个)	孔子课堂(个)	孔子学院(课堂总数)	亚洲排名
2011	12	11	23	1
2012	12	11	23	1
2013	12	11	23	1
2014	13	18	31	1
2015	15	18	33	1
2016	15	20	35	2

①孔子学院总部.2011—2016孔子学院年度发展报告[R].[2017-04-20]. http://www.hanban.org/report/index.html.

（二）师资来源单一，难以弥补汉语教师缺口

（二）师资来源单一，难以弥补汉语教师缺口

《光明日报》2009 年 3 月 16 日曾经在《泰国已有 500 余所学校开设中文》中报道：泰国教育部副次长 Sukrathep 表示，汉语教师志愿者已经成为泰国汉语教学的主要力量。"汉语教师志愿者"项目自 2003 年启动以来，受到泰国师生的欢迎和青睐，这对泰国汉语教学起到积极的推动作用（李腾，2009）。

冯忠芳（2011）统计了 2003 年至 2011 年中华人民共和国国家汉语国际推广领导小组办公室（简称国家汉办）派往泰国的志愿者人数，从 2003 年最初的选派 23 人，到 2011 年选派 1000 人以上，（见表 3）。而 2014 年以来每年需要选派汉语教师志愿者赴泰教学人数都超过 1000 人，其中 2014 年招聘人数高达 1700 人，具体参考表 4。

表 3　2003—2011 年国家汉办派往泰国的汉语志愿者人数统计表①

年份	2003	2004	2005	2006	2007	2008	2009	2010	2011
人数	23	73	130	470	650	895	1028	1214	1202

表 4　　2012—2017 年国家汉办选聘汉语教师志愿者赴泰人数统计表②

年份　类别	2012	2013	2014	2015	2016	2017
普通志愿者（人）	1300	1676	1700	1200	1207	1165
孔子学院（课堂）				142	172	163
总数（人）	1300	1676	1700	1342	1379	1308

①冯忠芳.2011 泰国中小学本土汉语教师发展的历时考察与标准研究［D］.北京：中央民族大学.

②余显伦，冉超.2012 年中国汉语志愿者教师项目启动仪式在泰举行［EB/OL］.2012-05-11［2017-04-20］.http://news.xinhuanet.com/overseas/2012-05/11/c_123115849.htm.余显伦，冉超.1600 多名中国赴泰汉语教师志愿者 15 日起陆续到任［EB/OL］.2013-05-15［2017-04-20］.http://www.chinanews.com/hwjy/2013/05-15/4822277.shtml

从表3、表4数据统计分析可以看出,志愿者人数的巨大变化,恰恰反映出了泰国汉语教学发展的速度,师资需求的加大侧面反映了汉语教学规模在不断扩大。泰国对汉语教师志愿者的需求居高不下,充分说明其国家中小学及高校开设的汉语课程在不断增多,据统计,截至2012年,泰国国内开设汉语课程的学校已经达到3000余所,学习汉语的人数突破了80万人①。因此,迫切需要中国派遣汉语教师志愿者支援其国内日益增加的汉语教学工作,同时也充分说明泰国本土汉语教师资源相对缺乏,仍不能满足国内的汉语教学任务。面对泰国汉语教师缺口大的突出问题,除了中国每年提供支持,还有哪些比较有效的措施来缓解汉语教师缺口问题呢? 柳谦、张晓颖、侯彦霞(2013)认为,从长远来看,实现国际汉语教师本土化不仅能解决国际市场的汉语教师缺口,更能够在当地建立起中华文化、汉语言的魅力传播发源地。培养汉语本土化教师将会是解决汉语教师缺口的有效途径之一。冯忠芳(2011)也认为师资本土化并不意味着不再需要甚至拒绝输入式教师的帮助,而是要开创出适合泰国的一套本土汉语师资队伍建设之路,与母语者教师携手合作,取长补短,共同推进泰国汉语教学发展。

(三)注重现有师资培训,忽略新师资的培养

根据表2,泰国汉语教师出现短缺问题在很早就开始出现苗头。据统计,仅泰国基础教育委员会下属的中学,在2012年内本土汉语教师缺口为3540人。针对泰国汉语教师资源缺口大的问题,以及本土汉语教师能力不高问题,泰国政府早在2006年就颁布了《泰国促进汉语教学,提高国家竞争力战略规划》,该计划为五年计划(2006—2010),里面提出了制订教师能力培养短期计划和长期规划战略,基于以上战略性规划,许多有关培养泰国中小学汉语教师的活动项目应运而生,比较突出的有:为提高泰

---

① 张妙真.2014泰国公立学校汉语教学现状之研究:以曼谷市公立学校为例[J].北方文学,下(3):210.

国中小学本土汉语教师能力,泰国政府计划每年选出 500 名本土汉语教师,在泰国接受培训一个月后再到中国接受培训一个月,并对此项目拨款 320 万泰铢(吴应辉、龙伟华、冯忠芳等 2009)。

在泰国教育部的支持下,泰国各高校、各孔子学院及课堂、各府或某个教育区域定期和不定期地举行本土汉语教师培训。例如 2015 年 10 月 21 日,曼松德孔子学院举办民教委本土汉语教师培训,来自泰国 100 所学校的 130 余名汉语本土教师参加了本次培训,培训能够帮助解决各位教师在教学中遇到的实际问题,从而进一步推动泰国的中小学汉语教学的发展①。2016 年 4 月 8 日,泰国清迈大学孔子学院举办泰国教育部本土汉语教师高级培训班,孔子学院按照《国际汉语教师证书》考试内容开设的课程让学生从更深、更广的角度了解中国文化及跨文化交际等方面的知识,本土汉语教师纷纷表示此次培训令他们收获很大②。2016 年 6 月 11 日至 12 日,泰国曼松德昭帕亚皇家师范大学孔子学院与培知公学(Phadungkitwittaya School)联合举办了 2016 年度泰国曼谷及周边地区本土汉语教师培训,共有近 200 名本土汉语教师参加了此次培训。曼松德孔子学院将继续通过教学督导等项目,不断完善孔院培训体系,努力提高本土汉语教师的教学能力,为泰国的汉语教学做出更大的贡献③。2017 年 1 月 18 日,泰国曼松德昭帕亚皇家师范大学孔子学院为曼谷市教育局近百名本土汉语教师举办了赴华研修选拔考试,曼谷市教育局教师赴华研修是曼松德孔子

---

①国家汉办新闻中心.曼松德孔子学院民教委本土汉语教师培训隆重结业[N].[EB/LO].2015-02-09[2017-04-20].http://www.hanban.edu.cn/article/2015-10/29/content_620639.htm.2015-10-29.

②国家汉办新闻中心.清迈大学孔子学院举办泰国教育部本土汉语教师高级培训班[N].[EB/LO].2016-04-12[2017-04-20].http://www.hanban.edu.cn/article/2016-04/12/content_637647.htm.2016.4.12.

③国家汉语新闻中心.曼松德孔子学院举办 2016 年本土汉语教师培训[N].[EB/LO].2016-06-13[2017-04-20].http://www.hanban.edu.cn/article/2016-06/13/content_647012.htm. 2016.06.13.

学院承办的孔子学院总部项目之一,2017 年赴华研修选拔考试选拔 20 名本土汉语教师赴中国进行为期 30 天的汉语学习和文化体验①。2017 年 3 月 12 日,泰国东方大学孔子学院海洋之星孔子课堂举办本土汉语教师培训,来自东部的基督教或天主教学校共 15 名本土汉语教师参加了此次培训,学习汉语教学、中国文化传播等知识。

由此可见,泰国本土汉语教师的培训已逐渐形成系统,主要以当地孔子学院(课堂)为依托,分地区,定期或不定期举办,同时以选派优秀本土汉语教师到中国进修的形式增强本土汉语教师的能力。培养汉语教师方面,主要以提供较有吸引力的条件促进汉语教师的培养。很显然,泰国更注重的是对现有本土汉语教师能力的提升,而对新一代本土汉语教师的培养显得力不从心。从最近几年中国派往泰国的汉语志愿者人数来看,泰国新培养的本土汉语教师数量还相对较少,仍需中国大量选派汉语志愿者到当地协助开展教学。然而,培养本土汉语教师,不仅要提高现有本土汉语教师的能力,还要继续培养新一代本土汉语教师,只有这样才能从根本上解决汉语教师缺口问题。

综上,泰国本土汉语教师状况可概括为:一是学习汉语人数庞大,师资需求增多;二是师资来源单一,难以弥补汉语教师缺口;三是注重现有师资培训,忽略新师资的培养。

三、泰国本土汉语教师培养建议

培养本土汉语教师是今后弥补汉语教师缺口的有效途径之一,同时还具有一定的优势。一是本土汉语教师更加了解本土学生,能很好地了解学生的学习背景、学习动机、汉语水平、性格特点等,从

---

①国家汉语新闻中心.曼谷近百名本土汉语教师参加赴华研修选拔考试[N].[EB/LO].2017-01-25[2017-04-20].http://www.hanban.org/article/2017-01/25/content_672011.htm.2017.01.25.

而能更好地确定教学内容和教学方法;二是本土汉语教师能很好地把本土语言与汉语进行比较,从而更容易找到教学重难点;三是本土汉语教师学习汉语的经验有利于教师能更准确地发现和处理学生在学习过程中遇到的心理问题等;四是本土汉语教师能很好地利用本土语言作为媒介语辅助汉语教学。

如今"一带一路"倡议正在推动沿线各国实现经济政策协调,开展更大范围、更高水平、更深层次的区域合作,共同打造开放、包容、均衡、普惠的区域经济合作架构。面对突出问题,泰国方面又应该做出哪些方面的努力来促进汉语教学呢?

(一)调整政策、成立专业管理机构

一是应结合"一带一路"背景,及时调整《泰国促进汉语教学,提高国家竞争力战略规划》以适应目前发展趋势,为今后的本土汉语教师培养提供明确的方向。二是成立类似于国家汉办的相关单位,负责其国内关于汉语发展的大小事务,为国内中小学、大学提供汉语教学资源和服务。统一管理国内本土汉语教师队伍,负责设定本土汉语教师培养标准及各类考试标准,负责本土汉语教师的招聘、录用、分配、培训、考核等。

(二)制定资格标准,持双证上岗

结合国际国内实际情况,完善本土汉语教师资格认定标准,本土汉语教师需持双证上岗。一是汉语水平等级证书,二是国际汉语教师证书。汉语水平等级证书是汉语水平能力的有力体现,国际汉语教师证书对是否适合从事国际汉语教学具有重要参考意义。确定教师标准、完善教师资格认定有利于进一步确保本土汉语教师质量,保证教学效果,提高学生汉语水平。

(三)创新人才培养模式,提高教研水平

一是和中国高校开展合作办学,首先在其国内大学设立"本土汉语师资班",专门培养本土汉语教师,采取"3+1"或"2+2"培养模式,即国内学习两到三年后前往中国其他大学学习汉语,修满课程,考核合格及取得相应资格证后回到泰国中小学从事汉语教学。二是深化沿线国家间人才交流合作。大力引进汉语专家人才从事汉语教学和研究工作，积极承办国际汉语相关学术研讨会，吸引更多的专家学者前往开展学术交流活动，不断提升国际竞争力，从而助推本土汉语教师的发展。三是建立汉语研究中心，提升本国汉语教研水平。支持和选派优秀本土汉语教师前往中国攻读硕士学位和博士学位，加强对汉语的研究，以提高本国汉语教学水平和师资的培养水平。

（四）响应号召，充分发挥互联网优势

一是积极响应"一带一路"建设号召，与中国加强文化传媒的交流合作，如设立汉语中文频道，传播中国文化，营造良好的汉语学习氛围。此外还有互办文化年、艺术节、电影节、电视周和图书展等活动，合作开展广播影视剧精品创作及翻译等。拓宽本土汉语教师培养模式，进一步丰富本土汉语教师的知识结构。二是积极利用网络平台，运用新媒体工具及时掌握汉语发展动态，积极打造本国汉语资料库，免费为本土汉语教师、储备教师及从事汉语相关工作的人员提供汉语资源共享服务。

综上，泰国本土汉语教师的培养需要自身的努力，紧紧抓住历史发展的机遇，加强战略规划的构建与实施，不断探索汉语教师培养新方式，走出一条适合本国发展的本土汉语教师培养之路。

四、助力泰国汉语教师本土化的中国策略

过去的种种现象表明，泰国本土汉语教师的培养除了自身的努力，还需要中国提供必要的协助，如在泰国建立孔子学院（课堂）；每年选派汉语教师志愿者到当地协助开展汉语教学；每年公派汉语教师前往孔子学院从事汉语教学工作；不定期组织专家学者前往泰国对其本土汉语教师进行培训；充分发挥孔子学院优势，与泰方学校共同举办本土汉语教师培训；每年向泰国提供政府奖学金名额；孔子学院总部（2014 年）设立"孔子新汉学计划"，截至 2015 年，累计录取 260 名外国博士生，进一步促进外国汉语人才的培养；网络孔子学院大力发展，截至 2015 年，泰国注册学员 187831 人，注册学员

人数位居世界第二^①。此外还有"汉语桥"活动、教学资源服务等。根据研究显示，以上措施都取得了显著的成果，并逐渐形成系统，成为国家汉办的日常事务。但是随着"一带一路"倡议的实施，中国同样需要在原有基础上采取更多行之有效的措施促进汉语国际传播，为"一带一路"国家提供更多的协助。在面对如何促进泰国本土汉语教师培养问题上，中国方面应该积极应对，务必采取积极有效的措施协助泰方开展本土汉语教师的培养。

《愿景与行动》指出：民心相通是"一带一路"倡议的社会根基。传承和弘扬丝绸之路友好合作精神，广泛开展文化交流、学术往来、人才交流合作、媒体合作、志愿者服务等，为深化多双边合作奠定坚实的民意基础。扩大相互间留学生规模，开展合作办学，中国每年向沿线国家提供1万个政府奖学金名额^②。《教育行动》指出：中国将以基础性、支撑性、引领性三方面举措为建议框架，开展三方面重点合作，对接沿线各国意愿，互鉴先进教育经验，共享优质教育资源，全面推动各国教育提速发展。重点工作为：开展教育互联互通合作，开展人才培养培训工作，共建丝绸之路合作机制。2017年，基于三方面重点合作的沿线各国教育共同行动深入开展。未来3年，中国每年面向沿线国家公派留学生2500人；未来5年，建成10个海外科教基地，每年资助1万名沿线国家新生来华学习或研修^③。

基于以上行动计划，本文认为中国应从以下几个方面来继续助力泰国本土汉语教师的培养。

---

①孔子学院总部.2011—2016年孔子学院年度发展报告[R].[2017-04-20]. http://www.hanban.org/report/index.html.

②国家发展改革委,外交部,商务部.2015《推动共建丝绸之路经济带和21世纪海上丝绸之路的愿景与行动》[EB/LO].2015-03-20[2017-04-20]. http://zhs.mofcom.gov.cn/article/xxfb/201503/20150300926644.shtml.2015.03.30.

③中华人民共和国教育部2016教外[2016]46号教育部关于印发《推进共建"一带一路"教育行动》的通知[EB/LO].2016-07-13[2017-04-20]. http://www.moe.gov.cn/srcsite/A20/s7068/201608/t20160811_274679.html. 2016.07.15.

（一）完善各项政策定，加强政策支持力度

完善各项政策，有利于营造良好的政治环境，从而确保各项工作顺利开展。中国方面应制定完善相关政策，以加强对泰国本土汉语教师培养的支持力度，其中包括留学政策、语言资源服务政策、人才交流政策、项目培训政策、资金政策等。充分了解泰国对本土汉语教师培养的规划，适时调整措施，出台"一带一路"沿线国家本土汉语教师培养方案，做好政策支持工作，营造和谐稳定的教育环境。

（二）加大各类语言产品的研发力度，提高语言服务能力

语言服务在国际交流上扮演着重要角色，语言需求刺激了语言产品的发展，语言产品的增多提升了语言服务能力。"一带一路"沿线国家和地区的建设与发展离不开语言服务，这必然刺激对语言产品的需求。因此，应加大各类语言产品的研发，如语言教材、教学辅导资料、课件、音频视频课程、工具书、电子词典、网络学习资源、语言学习软件等，从而为泰国本土汉语教师培养提供完善的语言产品，以帮助其顺利开展本土汉语教师培养工作，进一步提升语言服务能力。

（三）培养复合型人才，提供高水平的人才服务

人才服务是促进国际教育交流合作的有力措施，加大培养多功能型、复合型人才力度，不断提升人才的综合实力水平，成立人才资源库，以应对"一带一路"沿线国家日益增长的人才需求。通过培养精通"泰语＋汉语"及多种语言的复合型人才，为泰国本土汉语教师培养提供高水平的人才服务，以便与泰方教师共同开展汉语教学、培训、学术研究等，不断提高泰国本土汉语教师能力水平。

（四）发挥"互联网+"优势，提高教育质量

"互联网＋教育"是新时代教育发展的高速公路，发挥"互联网+"优势，创新教育模式，是当今教育发展的优势所在。中国应结合"一带一路"建设规划，充分发挥"互联网＋"优势，创新汉语培训模式，发展互联网远程教育，以线上线下培训相结合方式助推泰国本土汉语教师的发展。

（五）"送学上门"+"请学入户"，开展合作办学

加强与泰国的学术往来，既要主动"送学上门"，也要积极"请学入户"，不断加强学术交流与合作，促进汉语教学的发展。《教育行动》指出：鼓励中国优质职业教育配合高铁、电信运营等行业企业"走出去"，探索开展多种形式的境外合作办学，合作设立职业院校、培训中心，合作开发教学资源和项目，开展多层次职业教育和培训，培养当地急需的各类"一带一路"建设者①。借此，实施与泰国开展多边合作办学计划，把本土汉语教师培养作为重点合作办学项目，充分发挥合作优势，提升教师培训水平，全力打造本土汉语教师培训品牌。

（六）发挥民间力量，拓宽教育经费来源

资金保障是各项活动顺利开展的重要砝码，中国应充分发挥民间力量、企业优势，拓宽教育经费来源。可以通过国家资助、社会融资、民间捐赠等多种渠道，拓宽教育经费来源，做大教育支持格局，从而保障对泰国本土汉语教师发展的支持。

综上，中国应一如既往地坚持教育对外开放政策，主动承担责任，加深与泰国教育的合作关系，共同构建教育合作框架。加大对泰国本土汉语教师培养的政策支持力度、语言服务力度、人才服务力度等。充分发挥我国高校优势、社会力量优势、互联网优势，不断拓宽教育援助经费来源，充分保障教育政策的实施。

五、结语

构建"一带一路"教育共同体，共创人类美好生活新篇章，是教育部的积极倡议。在此背景下，大力培养本土汉语教师将会是有效缓解本国汉语教师师资短缺，同时也将是沿线各国在今后发展的重要举措。因此，中国与泰国应携手前进，加强战略规划对接和政策磋商，探索教育合作交流的机制与模式，增进教育合作交流的广度和

---

①中华人民共和国教育部.教育部关于印发《推进共建"一带一路"教育行动》(教外〔2016〕46号)的通知［EB/LO］.2016-07-13［2017-04-20］.http://www.moe.gov.cn/srcsite/A20/s7068/201608/t20160811_274679.html.

深度,追求教育合作交流的质量和效益,互知互信、互帮互助、互学互鉴,携手推动教育发展,促进民心相通,充分发挥各自特点优势,形成最大合力,从而促进其本土汉语教师培养的快速发展。

参考文献

[1]陈坤源.泰国中小学本土汉语教师专业发展中的问题与对策研究:以曼谷为例[D].北京:中央民族大学,2012.

[2]冯忠芳.泰国中小学本土汉语教师发展的历时考察与标准研究[D].北京:中央民族大学,2011.

[3]柳谦,张晓颖,侯彦霞.浅析国际汉语教师本土化培养[J].劳动保障世界(理论版),2013(08):135.

[4]关梦婉.泰国汉语教师专业发展的现状及对策研究:以曼松德昭帕亚皇家师范大学为例[D].重庆:重庆大学,2011.

[5]国家发展改革委,外交部,商务部.推动共建丝绸之路经济带和21世纪海上丝绸之路的愿景与行动[EB/OL].2015-03-30[2017-4-20].http://zhs.mofcom.gov.cn/article/xxfb/201503/20150300926644.shtml.

[6]国家汉办新闻中心.曼松德孔子学院民教委本土汉语教师培训隆重结业[N/OL].2015-10-29[2017-04-20].http://www.hanban.edu.cn/article/2015-10/29/content_620639.htm.

[7]国家汉办新闻中心.清迈大学孔子学院举办泰国教育部本土汉语教师高级培训班[N/OL].2016-04-12[2017-04-20].http://www.hanban.edu.cn/article/2016-04/12/content_637647.htm.

[8]国家汉语新闻中心.曼松德孔子学院举办2016年本土汉语教师培训[N/OL].2016-06-13[2017-04-20].http://www.hanban.edu.cn/article/2016-06/13/content_647012.htm.

[9]国家汉语新闻中心.曼谷近百名本土汉语教师参加赴华研修选拔考试[N/OL].2017-01-25[2017-04-20].http://www.hanban.org/article/2017-01/25/content_672011.htm.2017.01.25.

[10]中华人民共和国教育部.2014年全国来华留学生数据发布[EB/OL].2015-03-18[2017-04-20].http://www.moe.gov.cn/jyb_xwfb/

gzdt_gzdt/s5987/201503/t20150318_186395.html.

［11］中华人民共和国教育部.2015 年全国来华留学生数据发布［EB/OL］.2016-04-14［2017-04-20］.http://www.moe.gov.cn/jyb_xwfb/gzdt_gzdt/s5987/201604/t20160414_238263.html.

［12］中华人民共和国教育部.2016 年度我国来华留学生情况统计［EB/OL］.2017-03-01［2017-04-20］.http://www.moe.gov.cn/jyb_xwfb/xw_fbh/moe_2069/xwfbh_2017n/xwfb_170301/170301_sjtj/201703/t20170301_297677.html.

［13］孔子学院总部.孔子学院年度发展报告2011—2016［R］.［2017-04-20］.http://www.hanban.org/report/index.htm.

［14］李腾.泰国已有 500 余所学校开设中文课［N］.光明日报,2009-03-15.

［15］吴应辉,龙伟华,冯忠芳,潘素英.泰国促进汉语教学,提高国家竞争力战略规划［J］.国际汉语教育,2009(01):39-47.

［16］余显伦,冉超.2012 年中国汉语志愿者教师项目启动仪式在泰举行［EB/OL］.2012-05-11［2017-04-20］.http://news.xinhuanet.com/overseas/2012-05/11/c_123115849.htm.

［17］余显伦,冉超.1600 多名中国赴泰汉语教师志愿者 15 日起陆续到任［EB/OL］.2013-05-15［2017-04-20］.http://www.chinanews.com/hwjy/2013/05-15/4822277.shtml.

［18］赵世举."一带一路"建设的语言需求及服务对策［J］.云南师范大学学报(哲学社会科学版),2015,47(4):36-42.

［19］赵燕华,韩明.泰国本土汉语教师培训现状及对策分析［J］.广西师范大学学报(哲学社会科学版),2013,49(4):140-146.

［20］张妙真.泰国公立学校汉语教学现状之研究:以曼谷市公立学校为例［J］.北方文学旬刊,2014(3):210.

［21］中华人民共和国教育部.教外〔2016〕46 号教育部关于印发《推进共建"一带一路"教育行动》的通知［EB/OL］.2016-07-13［2017-04-20］.http://www.moe.gov.cn/srcsite/A20/s7068/201608/t20160811_274679.html.

"一带一路"背景下广西传统文化 与民俗的生存和发展

——以灌阳县唐家屯为例

南宁师范大学 刘媛媛

【摘 要】本文通过对广西桂林市灌阳县仁义村唐家屯进行实地调研,并多方走访当地民俗学家,对本地传统民俗的生存现状做了全面的了解,并以唐家屯的传统婚俗为例,以党的十九大为契机,结合"一带一路"背景,对广西传统民俗的生存现状和发展前景进行总体的分析。

【关键词】一带一路;传统文化;生存发展

桂林市灌阳县位于广西壮族自治区东北部,生态优良,物产富饶,是广西重点生态功能区。灌阳县始建于西汉时期,至今已有2000余年的历史,具有深厚的人文底蕴,同时还曾在抗日战争和解放战争中发挥过重要的作用,是一片染透革命烈士鲜血的土地。唐家屯是灌阳县内保存较为完好的古村落之一,于2014年入选第三批中国传统村落名录,其承载的厚重历史沉淀,也将得到最大的发掘与传承,为社会主义新农村的建设添砖加瓦。

笔者于2017年4月对唐家屯进行实地考察,采用了田野调查、访谈和回访的研究方法,发现灌阳县传统民俗如今的保存状况十分堪忧,包括洞井瑶寨、仁义村唐家屯在内的传统村落由于经费缺乏、保护不善,已经逐渐残毁,许多历史遗迹如驿站、祠堂已逐渐破败不堪,历史遗存资源已经开始消失或者面临消失。

一、文献与现实

在正史文献中,关于灌阳地区最早的记载见于《宋书·州郡志·零陵内史》[①]:"零陵内史,汉武帝元鼎六年立,领县七……泉陵子相,汉旧县,洮阳县相,汉旧县。零陵子相,汉旧县。祁阳子相,吴立,明帝泰始初渡湘东,五年复旧。应阳男相,晋惠帝分观阳立。观阳男相,吴立。永昌令,吴立。"

据《后汉书》记载:"零陵郡,武帝元鼎六年置。"[②]可以推知,内史是相当于郡守一级的行政官员,各县最高的行政长官称为"男相"或"令",根据上文所引《宋书》中的记载,"泉陵子相""洮阳侯相""零陵子相"皆为汉代所设旧县,"祁阳子相""观阳男相""永昌令"则为三国时吴国所立,"应阳男相"为东晋惠帝时立,所以同属零陵内史治下的观阳(即今灌阳),其应该为三国吴国时所立。

根据《灌阳县志》记载,仁义村始建于明代万历年间,是灌阳县文市镇昭仪村举人唐世宾离任四川渠县知县回乡后择居于此,始成村落,迄今已有 400 余年。该村自立村以来,村民重视村落长远规划,顺应地理,尊重自然,讲究环境风水,注重功能布局,古建筑形制、结构博纳众长,古民居规模宏大,释、道、儒三教包容共存,私塾、武馆并茂,民风淳朴,崇文尚武,形成了独具地方特色的古村落。

村中古祠堂正门题有楹联 "池如新月堤如带, 山似屏风水似城",正是该村景观的真实写照,该村落古建筑按坐西朝东设计,村口正前方设有一月牙形池塘——井塘,村正前方(200 米处)南北 2 个小山冈(峦山凸和台上)间筑起一道高、宽各约 3 米,长近 200 米,

①沈约.宋书三十七卷:二十四史第六册[M].北京:商务印书馆,1958:6345.
②范晔撰,唐李贤注.后汉书卷一百一十二[M].北京:中华书局,1965:3485.

形似明代以前官袍上的玉带的弧形风水堤，从而使村落的地形由倒"U"变为长"O"形。村四周远山环抱，水绕全村，信手可掬。村落最初以祠堂为中心，以"双井字"巷道（四纵四横）将全村规划为 25 个方块，每个方块为一宗建房用地，每宗地为一个独院但不单独设围墙。祠堂外二十四宗建房用地平分给 6 个房头（全村分为六大房，每房四宗用地），在村落四角主道口设立门楼。可以看出村子落成时，独具匠心的设计和长远的目光，从今天的建设眼光来看，这样的村子仍旧风水尤佳，且具有很强的观赏性和便利性，对村落的长久保存可谓功不可没。

笔者联系到当地民俗学家、县委宣传部的唐廷勇同志，在他的带领下进行实地探访，发现原本的 6 处古门楼基本已经不存在，只余脚下的几块长条麻石上依稀可见当年大门的痕迹。村中的道路大多为青石板和五色鹅卵石"钉子"路，民居大多比较破旧，但仍然保留了原本的风貌，古韵犹存。破败的房子，爬满藤蔓的石墙，形态各异的木窗，在保存基本完好的古宅中还可见精雕细琢的木雕画。这里的建筑大多已经残毁，有价值的文物和建筑所剩无几，但村中依照"四纵四横"而建的古宅，却井然有序，依稀还是当年的模样。

二、"一带一路"背景下新的契机

共建丝绸之路经济带和 21 世纪海上丝绸之路（简称"一带一路"），是以习近平同志为核心的党中央统揽全局、顺应大势做出的倡议决策，是着眼实现"两个一百年"奋斗目标和中华民族伟大复兴的中国梦，为进一步提高中国对外开放水平而提出的重大构想。广西作为"一带一路"的重要一环，在"一带一路"倡议的进程中坚持文化先行的思想，有效地推动传统文化的传承与现代文化的创新，通过进一步深化与沿线国家的文化交流与合作，促进区域合作，实现共同发展。

广西壮族自治区第十一次党代会提出：坚定不移推动开放发展，构建四维支撑、四沿联动新格局——强化四维支撑，向南开放，拓展同以东盟为重点的"一带一路"沿线国家合作;向东开放,提升对粤港澳台及"长三角"等沿海发达地区开放合作水平;向西向北开放,增强服务西南中南地区开放发展功能;向发达经济体开放,主动对接先进生产力。

"一带一路"是伟大的倡议,它惠及沿线各国乃至世界,倡议中很重要的一条就是民心相通,民心相通主要靠文化,靠交流。各国历史、文化、宗教、社会制度不同,相互之间的了解和沟通特别重要。只有了解别国的文化才能产生尊重,产生了尊重才能产生学习和借鉴的需求。而在这方面,沉淀了前人智慧的文物、文化遗产能发挥重要作用。

民心相通、文化交流说起来简单,做起来却需要精心准备。民族的就是世界的,"一带一路"好比是一艘船,只有大家同舟共济,才能开辟一条新的发展道路。在此背景下,广西传统文化的传承与发展也面临着前所未有的机遇和新的挑战,看似封闭的小村庄,由于青壮年劳动力的离去,留下老人留守家中的祖屋和田地,渐渐成为空心村。但随着时代的发展和交通的便利,人们往来城市与乡村之间也越来越便利,遇到婚丧嫁娶或逢年过节等大事,年轻人也越来越愿意回到村里来举行,加快了城市文明与传统文化的交融,为古村落带来了新的生机。在灌阳县仁义村唐家屯,就还保留着在祠堂举行传统婚礼的习俗。而"一带一路"这一具有广泛亲和力和历史感召力的文化符号,使得中国的传统文化逐渐发扬光大,传统成为新时尚,越来越多的年轻人愿意选择传统婚礼的模式,为传统文化带来了新的生机。

三、唐家屯传统婚俗现状

(一)筹备阶段

在婚礼的筹备阶段,女方正热热闹闹地准备嫁妆,男方也不闲着,要迎娶新娘子进门,需要很多的准备工作。婚礼之前,男方不仅要根据女方的宴客人数,送去"五品",即猪肉、猪脚、猪腰肚、猪心肺和鱼,还有各项热闹有趣的活动,准备婚宴当天的一些食材。

打糍粑是唐家屯几百年流传下来的习俗,大凡有喜事,人们就会搬出家中的碓舂和木槌,一起制作糍粑。手工打糍粑很费力,但是做出来的糍粑柔软细腻,味道极佳,因此受到人们的广泛喜爱。

打糍粑的工序并不烦琐,但却十分费力。首先要将糯米用清水浸泡,然后用饭甑蒸熟,再放到碓舂里用木槌用力反复捶打,足足要打一个多小时才能做好。打好后做糍粑也非常讲究,一般是用手沾茶油或蜂蜡,将打好的糍粑捏出团,再用手或木板压出形状,要做得玉圆光滑,这样做出来的糍粑不仅软糯香甜,同时又具有观赏性,非常受人欢迎。

糍粑不仅好吃,还蕴含着不少的好意头,糍粑黏结成团,喻示着全家和睦团结;糍粑香甜,喻示着生活甜蜜幸福;糍粑呈大小圆形,喻示着人们"有缘"、喜庆、吉祥和团圆,当然吃着圆圆的糍粑就自然象征全家和和气气、团团圆圆、平平安安了。因此,在喜庆的日子里,糍粑就成了唐家屯人离不开的一道美食。

糍粑做好以后,男方一般会宴请主要亲戚和媒人,将糍粑印上"囍"字,或是包上红纸,送给媒人,称作"谢媒",表示感谢媒人促成这门好亲事,也寄寓着婚后生活甜甜蜜蜜、团圆美满的美好愿景。

(二)离娘茶

在灌阳县唐家屯,不管谁家有重要的事,需要招待亲友时,都一定不会少了打油茶这项活动,热情好客的主人家会拿出专门的小炒锅,架起炉火,做上一锅浓香的油茶。如果天气寒冷,主人家还会在油茶中加入生姜,为客人驱寒。

灌阳人接待贵客,第一杯茶一定要煮甜的,寓意甜甜蜜蜜,接着再加入绿豆、香菇、萝卜干,在锅中反复进行捶打,再加入开水和猪油,就可以炖出一锅又香又浓的油茶了。

香浓的油茶底浇上提前准备好的炒米和花生,热气腾腾地端到客人面前,让客人热乎乎地喝上一碗,暖心暖胃。如果是贵客,油茶总共要喝六碗,寓意六六大顺,除过第一碗糖茶,还要喝上五碗油茶才能满足,客人往往在喝过一两碗之后,就会向主人辞杯,表示已经吃饱,而热情的女主人一定会邀请你再喝几碗,五杯下来,方不再劝。

如果遇到实在喝不完的情况也可以向主人说明,但是主人往往会认为这是客气的话,还会热情地劝你多喝,这时候,只要将筷子横放在茶碗上以表示自己不是出于客气是真的已经饱了,这样,主人接收到"暗号"就不会再劝了。

由于油茶口感油腻,主人家有时还会在油茶里加上米醋泡过的红辣椒,亦可以使得油茶的颜色更加鲜艳好看,客人如果不爱吃辣,可以将这颗辣椒留在碗底,主人在添茶时也不会介意。如果客人吃掉辣椒,主人便会以为客人好辣,在下次添茶时会为客人重新添上辣椒。

而在传统的婚俗中,油茶同样扮演着重要的角色,要出嫁的姑娘在离家之前,家中的母亲一定会为她烹上一碗浓浓的油茶,当地称为"离娘茶",喝了离娘茶,就意味着女儿要离开娘家成为夫家的人了。姑娘在出嫁的这天总是又喜又悲,喜的是即将与心上人一起开始新的生活,悲的是要离家过门不能再陪伴在父母身边。喝着一碗碗醇香浓厚的离娘茶,想着即将离开母亲的呵护嫁做人妇,悲愁喜乐的心思一齐涌上心头。感受着母亲无尽的舐犊情深,聆听着母亲最后的谆谆教诲,字字句句记在心头,伴随着浓浓茶香,一碗又一碗,一遍又一遍。

(三)迎亲当天

在迎亲的前一夜,男方要举行一场名为"扮郎"的活动。"扮郎",顾名思义,就是打扮新郎的意思。迎亲当晚要摆一桌酒,宴请的都是父母、姑舅等直系亲属,"扮郎"当晚,新郎可以坐在主位上,并且由新郎的父亲亲自斟酒,这是父亲的"放权",表示承认儿子已经长大成家,可以顶门立户了,而儿子却不能喝这杯酒,必须推辞掉,表示父亲仍然是一家之主。唐家屯人喝酒,讲究"茶三酒四",即茶要饮三杯,酒要喝四杯。因此,新郎在喝过四杯酒之后,就要偷偷地离席而去,将主位让给舅舅,唐家屯有句老话"娘亲舅大",在传统婚礼中,舅舅可是扮演着非常重要的角色的。

次日一早,新郎就可以穿上新衣去迎娶新娘了,新娘离开娘家,需要家中一个未嫁的女孩为新娘撑伞，慢步走出家门，表达离家的不舍之情。出门之后，孩子们仍不舍新娘离去，心急的新郎只好拿出彩头红包，才能接走新娘。

成婚当天，新婚夫妇必须经过三道程序才能成为真正的夫妻。首先是双方家长的认可，在彼此家庭的支持下，办理结婚手续，成为合法夫妻。接着，在迎接新娘进入夫家大门之前，夫家先要摆好一桌祭品，祝告新娘的族中祖先，表示新娘已经长大嫁人，从此是夫家的人了，由夫家的宗族祖先庇佑，死后入夫家的宗祠，这在当地称为"祖先送嫁"。经过了这些仪程，才能顺利地将新娘迎进家门。接下来，就要在屯中大摆酒宴，大宴亲朋。唐家屯人摆酒宴，也是有规矩的，通常会在家中和宗祠两处摆酒，家中用于接待男方和女方的亲眷，即内客与外客，宗祠用于招待前来参加婚礼和帮忙的亲朋好友。宗祠中还设有戏台，酒宴上一般配有司礼和司乐，为客人助兴。

（四）婚宴

唐家屯人遇到大的喜事或者宴请重要宾客时，宴席通常会有十道既定的菜色，用大碗装盛，称为"十大碗"，表示主人待客的热情真诚，这是本地民间酒席的最高规格代表。

"十大碗"花样繁多，用料讲究，出菜顺序根据仪式的进度不断变化，寓意吉祥，简洁而不简单。客人在食用每一"碗"菜时配以相应的传统音乐，喜庆节约不浪费。

"十大碗"一般是六荤四素，科学搭配，营养均衡。第一碗一般是"粉丝"。用较细长的粉丝做成，形式多变，可以烹炒或者煲汤，寓意"细思（丝）""细心""长思（丝）"，寄予新人长长久久、子孙绵延的美好愿景。

第二碗为"鸡肉"。称为"头牲""头菜"，此碗中一般有鸡头在内（与最后一碗的鱼尾相呼应），是十个碗中的头一碗荤菜，象征鸡鸣是一天白天的开始。

第三碗是"心肺"（或"圆子"）。喜宴男方办酒为心肺。用猪心、猪肺同做一个碗。表示夫妻同心，有心有肺；女方办酒第三碗为"圆子"，意为三元及第。

第四碗为"肚片"。用猪肚做成,意为做人要有肚量,要大肚能容。

第五碗为虾米。用小河虾、香芋丁、肉糜、时豆等做成。一般为汤菜,此菜为宴席中承上启下的一个菜,提示大家吃完此碗菜后小憩一会儿。

第六碗为"酥肉"。也叫"大肉",用上等猪五花肉做成,此菜单块较大,灌阳话"肉"与"六"同音,第六碗"大肉"意为六六大顺。

第七碗为"圆子"。意为"七子团圆"多子多福;女方办酒则为"心肺",寓意同上。

第八碗菜为猪脚。意为亲戚朋友之间多来往、多走动,同时也相互提醒喝酒要适量。

第九碗为"黄花"(或"青带")。用黄花或海带(称为"青带")做成。意为新婚新人为黄花男、女,子孙传承传千年万代。

第十碗为鱼。这是最后一碗,此碗中一般要有鱼尾,意为鱼仔摆尾,同时"鱼"与"余"同音意为时间有余,有留客人久座一会儿的意思。

(五)新妇茶

中国各地皆有喝"新妇茶"的习惯,而在唐家屯的传统婚礼中,"新妇茶"又独具特色,在当地被称为"吵媳妇娘茶"。新娘正式嫁入夫家,要为公公婆婆敬茶,即媳妇娘茶,愿一生孝顺二老。而婆婆喝下媳妇娘茶,表示接受媳妇成为家中的一分子,而街坊邻居们进行的"吵媳妇茶"活动,则表达着村民们对新娘的热情欢迎和对小两口的美好祝愿。

新娘初嫁入屯中的这天晚上,一般要邀请街坊邻居们喝新妇亲手烹煮的油茶,使得大家尽快的熟悉起来,同时也表示热情善良的村民们的接纳与欢迎。这天晚上,新婚夫妇一般会请大家喝油茶,同时吟诗作赋,或是做些简单的小游戏,烘托热闹的气氛。当然,既然将新娘视作一家人,有时村民们也会使点小"坏",在煮油茶的锅上动手脚为难一下新娘,或者将漆黑的锅灰抹在新娘漂亮的脸蛋上,这些善意的玩笑为大家带来欢笑,同时也缓解了新娘初到夫家的紧张情绪,帮助新娘更好地融入新环境,开始新生活。

四、弘扬优秀传统文化是推动"一带一路"倡议的重要力量

实施"一带一路"倡议，离不开文化的支撑与推动，"一带一路"大力倡导"共商、共建、共享、共赢"的理念，秉持"和平发展、开放包容、互惠互利、合作共赢"的文化价值，都与传统文化有着密不可分的关联，坚持"和而不同"的理念，推动不同文化之间的和平共处，相互包容，中国传统文化中奉行的"和"思维，体现在价值观上则是重和谐、贵和一，但同时也并不否认差异性与多样性。"和而不同"的"和"就是强调这种多样性，举凡自然、社会、人生乃至人类文明都存在多元化格局，都因为其具有多样性而拥有了合理存在的基础。在"一带一路"倡议的实施中，要想建立"命运共同体"，就必须坚持"和而不同"的价值原则，相互尊重，平等对待，相互尊重差异，求同存异，聚同化异，在"一带一路"的命运共同体中，使得传统文化得到更好的发扬，同时吸纳其他文化和新文化，相互影响，兼容并包，在新时代和新背景下紧握发展机遇，为传统文化的发扬提供新的契机。

"一带一路"这一平台，对传统文化产业的发展可谓有着极大的影响，很长一段时间以来，中国传统文化产业缺乏继承与发展的激情，更缺乏"走出去"的勇气。"丝绸之路"是一个有着悠久历史和深厚文化内涵的文化概念，其身后是中国的悠久历史和沿线各国各地区的文化记忆和文化符号，因此中国传统文化本身具有极其广大的市场。在"一带一路"的背景下，中国传统文化得以引起更多方面的注意，优秀传统文化得以保留和发扬，对于唐家屯而言，亦是一个新的契机，使其成为灌阳县的特色文化品牌和文化符号，将文化产业培养成为区域经济的支柱产业，进而走出广西，走向世界。

唐家屯作为传统村落，至今仍保留着古朴的民风和传统的婚嫁礼俗，现在的唐家屯儿女们也在不断努力，致力于古宅、古巷、古井、古墙及墙上的古画、古木雕等历史遗迹的留存与修缮，为传统村落

的保护和传统文化的继承与弘扬,开拓出更为广阔的明天。

五、结束语

中国还有许多像唐家屯这样的传统村落,在历史的长河中,它们或岌岌可危,或湮灭不闻,能够有幸保留下来的百中无一。在新的历史条件下,利用"一带一路"平台,推动传统文化的继承和发展,可以说是一个刻不容缓的课题,必须对这些民族文化的载体进行准确的把握,方可形成切合社会主义核心价值观、符合新时代需求、具有生机和活力的文化宝藏。

参考文献

[1][梁]沈约.宋书三十七卷[M].北京:商务印书馆,1958.

[2][宋]范晔撰,[唐]李贤注.后汉书卷一百一十二[M].北京:中华书局,1965.

[3]王群韬.灌阳县年代考略[J].广西地方志,2014(3)168:43-45.

[4]王义桅."一带一路"机遇与挑战[M].北京:人民出版社,2015.

[5]国家发展和改革委员会,等.推动共建丝绸之路经济带和21世纪海上丝绸之路的愿景与行动[EB/OL].新华社,2015-03-28.

[6]隗斌贤."一带一路"背景下文化传播与交流合作战略及其对策[J].浙江学刊,2016(02):214-219.

浅析"一带一路"背景下语言文化的传播

——以广西民族语言文化为例

广西大学　韩停停

【摘　要】当前中国积极投身"一带一路"建设,这为我们的优秀传统文化走向世界提供了广阔的舞台。广西的语言与文化具有独特的风貌,作为曾经的海上丝绸之路的重要见证者、21世纪海上丝绸之路与丝绸之路经济带有机衔接的重要门户,广西在传播自己的民族文化方面,具有得天独厚的地理优势和历史优势。本文将从以下几个方面展开论述:广西民族语言文化传播的重要性和有利条件;传播的内容——打造广西民族文化精品;传播的具体途径。本文的亮点是充分发挥广西节庆的特点来打造广西名片,从影响精英到带动民间关注,有效地传播广西的民族语言文化。

【关键词】广西名片;节庆;精英到民间;媒体

　　任何文化都离不开语言载体,而优秀的民族文化是一个民族能够不断奋发向上的根基,为民族发展提供取之不尽的灵感与源源不断的精神能量,是民族凝聚力和创造力的重要表现,也是经济发展的重要支撑和保障,当今世界也越来越重视文化产业的竞争。中国是个多民族国家,有些民族人口很少,但是这些民族的语言文化是中华民族文化中极其重要的部分,其特有的文化使得中华民族文化更加多样与丰富。我们现在要树立文化自信,建设文化强国,扩大中国在世界上的影响力,让世界深入了解如今的中国,就必须推动我们的民族文化"走出去",让世界上更多的人听到我们的声音。在某种程度上,区域文化和少数民族文化的传播对中华文化的发扬光大有着极其重要的意义。

一、重要性和有利条件

广西壮族自治区境内,生活着壮、汉、瑶、苗、侗、仫佬、毛南、回、京、彝、水、仡佬等 12 个世居民族。在长期的历史发展过程中,这些民族没有失去自己独特的文化血性,有自己的传统服饰、宗教信仰、节日习俗等。推动广西民族语言文化传播,不仅仅能够保护和传承这些少数民族的文化遗产,不让这些财富被历史淹没,还能凝聚众心,增强广西人民的民族文化认同感,维护地区稳定,有利于国家建设。同时,文化的传播可以刺激旅游业和文化产业的发展,为广西的经济发展做贡献。

在传播自己特有的语言文化方面,广西有着非常独特的优势。从地理位置上说,广西是中国唯一与东南亚国家既有陆地接壤又有海上通道的省区,是中国与东南亚国家之间的重要通道,广西可发挥地缘优势,面向邻近国家立体的展示中国的当代形象,讲述中国悠久的历史,让这些国家对中国有更深层次的认识,这有利于"一带一路"在沿线国家的有序推进。从历史上看,广西是古代海上丝绸之路的发源地之一[①],是内陆和海外、东方和西方的贸易和文明碰撞融合的重要见证者,在今天"一带一路"、重走海上丝绸之路的背景下具有特殊的意义。同时,中国—东盟博览会、中国—东盟商务与投资峰会、中国—东盟文化论坛等众多的平台已经或即将搭建,中国政

[①]《汉书·地理志》:"自日南障塞、徐闻、合浦船行可五月,有都元国;又船行可四月,有邑卢没国;又船行可二十余日,有谌离国;步行可十余日,有夫甘都卢国。自夫甘都卢国船行可二月有黄支国……有译长,属黄门,与应募者俱入海市明珠、璧琉璃、奇石异物,赍黄金杂缯而往。"中华书局,1962年版,1671 页。

府也提供许多优惠政策，如果广西紧紧抓住这些机会，那么推动中华优秀文化和广西本土文化走出国门、走向世界的道路会是一条宽阔的道路。

二、打造广西文化精品，提高知名度

在广西民族语言文化的传播过程中，传播什么内容和怎样传播是非常重要的课题。如果说埃菲尔铁塔与浪漫主义让人立刻想到法国、富士山与樱花让人立刻想到日本、长城与礼仪让人想到中国，那么可以说这些事物和文化的宣传是成功的，虽然它们并不能代表这些国家的全部，但完全可以作为这些国家的一张精美名片，展示出独特的、让人印象深刻的一面。广西也需要这样一张名片，我们首先要做的是整理好广西的语言文化，发现其中的亮点。

首先，广西是一个多民族聚居的省区，除了上述 12 个世居民族，还有满、蒙古、朝鲜等 40 个民族。这些民族在长期的历史发展中，有自己的民族服饰、传统节日、宗教信仰、饮食文化和生活习俗等，它们都具备很高的研究价值。12 个在广西世居的民族中，除回族使用居住地的汉语方言，其他民族都有自己的语言。广西是个十分宝贵的语言资料库①，单单少数民族的语言文化就弥足珍贵了。很多少数民族的语言文化随着快速的科技发展和全球化的冲击变得缺乏生命力，如何对其进行传承与创新是非常重要的课题。传播广西少数民族的语言、文化，首先要做好普查工作，加大对少数民族语言和文化的研究力度，在保护中进行研究和传承，并积极地寻找少数民族语言、文化的出路。其次要打造文化精品要对文化进行创新，广西的语言文化经过开发可以形成文化产业，从而提高广西民族语言文化在国内、国际的知名度。如发掘广西少数民族语言文化中的规律和有趣的现象，比较这些语言文化和东南亚语言文化的异同，研究开拓区域文化研究领域；将广西文化中，特别是少数民族

---

①来源于广西地情网。

文化中的传说与神话以图书或视频展演的形式吸引多方关注;充分利用博览会、艺术文化交流会等平台,巧妙设置议题,多角度、多层次地展示广西民族文化中有价值、有吸引力的部分。

考察广西地区的节庆活动、宗教信仰及其历史由来等,这样我们可以接近广西民族文化最核心的部分。广西节庆活动非常丰富,形式也多种多样。如"三月三",不同地区对于"三月三"的定义不同,节日的叫法和习俗自然也大相径庭。"三月三"是壮族最古老的情人节,也有"歌圩节""歌仙会""窝埠坡""窝坡"等叫法。"三月三"不仅是广西壮族人民的重要节日,也是汉、瑶、苗、侗、仫佬、毛南等世居民族的重要节日。这个节日的参与度高,影响力大,当然会吸引很多中外友人前来观看。2014年"壮族三月三"申遗成功,将广西壮族及各民族文化成功地推上了国际舞台,可以在"三月三"期间组织民族文艺活动,除以对歌为主,还演出一些富有民族特色的文体节目,将"三月三"打造成为具有国内外影响力的民族文化品牌。除了"三月三",广西还有布洛陀文化旅游节、骆越始祖王祭祀大典等活动,也要抓住机会充分挖掘、推广。

2000多年前,一条以中国徐闻港、合浦港为起点的海上丝绸之路,连接了东西方的贸易和文明,如今的合浦汉代文化博物馆集合了多件历史孤品,始终保持着独特的历史研究价值,还有合浦大型汉代墓葬群及其附近的大浪古城、草鞋村这两个汉城遗址的发现,这些都助力北海市成为历史文化名城。这段珍贵的历史也给予广西浓厚的历史文化底蕴。对于历史留下来的文物,要竭尽全力进行保护,积极发掘和保护"海丝遗存",为"海丝申遗"全力以赴,弘扬这种文化的同时更好地书写海上丝绸之路新篇章。要建立和完善长效的工作和合作机制,促成联合申遗办公室,加强与专业技术团队的合作,深化海上丝绸之路主题研究,结合其他学科研究,全面系统地梳理、确定遗产申报点,充分发挥海上丝绸之路的品牌效益,加强国际国内合作,真实展现古代中国的风貌,真诚传达现代中国的正能量。汉文化博物馆附近,还有一座汉闾文化园,其中的每一座建筑和景观都是仿汉风格,可以将之打造成广西汉文化旅游的"地理标志"。

另外,广西合浦还有东坡亭、大士阁、东山寺、西洋建筑等历史名胜,积极发掘这些历史文化,打造带有广西印记的独特的名胜文化。此外,在汉代墓葬中出土了大量来自波斯、斯里兰卡等"古丝路"沿岸国家的陪葬品,在越南有以铜鼓为代表的青铜文化,而铜鼓又是广西的一种标志性的文化符号①,这些共同的文化也可以作为广西文化与异质文化交流的切入点。对大家共同感兴趣的事物进行研究,利用这种文化认同感来传播广西的语言文化,也不失为良策。此外,广西的边关文化、山水文化、美食文化等,可以利用地缘优势,赢得周边国家人民的关注。

三、传播途径

文化人类学家 R.林顿把文化传播过程分为三个阶段:一是接触与显现阶段。一种或几种外来的文化元素在一个社会中显现出来,被人注意。二是选择阶段。对于显现出来的文化元素进行批评、选择、决定采纳或拒绝。三是采纳融合阶段。把决定采纳的文化元素融合于本民族文化之中。这种说法对于传播广西的语言文化有借鉴意义,在此,本文把以下两个方面作为广西语言文化传播的重点手段。

1. 文化内宣,增强本土群众认同感

在北海市,秉承着"从娃娃抓起"的文化传承理念,为提升青少年对当地文化的认知,北海市少儿图书馆策划以"海丝"文化为主题的小海螺故事会,这种类型的活动有助于调动大家求知的积极性,在文化传播过程中多多益善。费孝通先生曾说:"生活在一定文化中的人对其文化有'自知之明',明白它的来历、形成的过程、所具有的特色和它发展的趋向,自知之明是为了加强文化转型的自主能力,取得决定适应新环境、新时代文化选择的自主地位。"这种"文化自觉论"不仅仅对于加强本土民众对于自身文化的认同感、准确定位

---

①中国广西壮族自治区博物馆,中国广西文物考古研究所,越南国家历史博物馆.越南铜鼓[M].北京:科学出版社,2011.

民族文化特色、增强文化自信有重要意义,在语言文化的传播上也颇具借鉴意义。

孔子曾说:"今吾于人也,听其言而观其行。"[①]文化涉及一个民族的精神意识、思维方式、价值观念等,文化传播有传播者也有接受者,接受者都有自己的判断标准和辨别是非的能力。对广西各具特色的少数民族语言文化、传统历史文化、旅游文化等非物质遗产来说,本土民众的认识、了解和认同,在某种意义上也是文化传播过程中非常重要的一环。因为文化是一种软实力,它不可能完全依赖硬性的宣传达到完美的传播效果,更重要的是文化自身的吸引力、感召力、传染力,这些因素在传播中影响力巨大。因此,应在广西壮族自治区内广泛开展有关当地历史、语言、文化的教育、宣传工作,将本地区的语言文化植入群众的意识中,使这些文化在这片辽阔的大地上生根发芽,其魅力也会由内而外焕发出来,为走向世界舞台打好基础。

2. 加强对话,使民族文化在互动中传播

"一带一路"不是中国一家的事,而是各国共同的事业;不是中国一家的利益独享地带,而是各国的利益共享地带。不同民族和地区的语言文化都有其个性,在全球化的浪潮下,异质文化间的交流难免会发生碰撞,加强对话、互动沟通可以消除文化间的冷漠和隔阂,我们不能指望广西的语言文化在单向灌输中得到传播。2016年"越南语与壮侗族语言的关系"讲座,就是以交流互动为基础的文化传播,不仅使这两种语言都得到了传播,中越两国的友谊也更上一层楼。此外,中越两国还有共同的铜鼓文化,广西与越南的铜鼓文化更为密切,我们可以以此为切入点,深入交流两国文化,使广西的语言文化在越南受到欢迎。文化散布过程取决于文化的实用价值、难易程度、文明声望、时代适应性和抗逆性等多种因素,"一带一路"文化传播与交流合作牵涉到多主体、多层次、多领域,相应的,我们也应建立全方位的文化交流机制,有效利用政策

①杨伯峻.论语译注[M].北京:中华书局,2009:44.

工具，充分整合资源优势，为广西语言文化提供与其他文化交流的平台。

三、针对精英和民间的不同传播方式

改革开放后，中国发生了翻天覆地的变化，快节奏的现代化生活中，没有哪本书能完整地描述现如今的中国，因而外国的人们对中国的认识是碎片化的，甚至还停留在 20 世纪的中国印象里。最直观的了解中国的方式就是来到中国，切身体验一下中国人的生活方式。但并不是所有的外国人都有机会来到中国的土地上，呼吸 21 世纪中国的空气，我们的文化传播方式也要因人而异。

"一带一路"可以更多地提供机会让前线的"精英"阶层首先了解中国。"一带一路"建设的有序推进，语言人才功不可没。中国外文局教育培训中心已经在广西南宁建立了分中心，支持广西面向东盟开展翻译人才培养，以便更好地发挥翻译人才桥梁和纽带的作用。广西高校接收外国留学生的能力越强，越有利于广西语言文化走出国门。我们可以举办广西少数民族文化展览、回顾汉代"丝绸之路"、广西少数民族节庆等活动，让身处广西的外来者切身感受到广西人民的热情和广西文化的魅力。"精英"们把这些经历分享给他们所在的国家、地区，同样可以传播广西民族的语言文化。

国之交在于民相亲，"民心相通"是"一带一路"合作重点——"五通"中的最大挑战。文化交流有益于"一带一路"沿线国家深层次的合作，中国向世界传达善意，人们只有真正了解"一带一路"是惠及大众的，才会更加积极的支持"一带一路"。中国的文化传播面向更庞大的外国"非精英"人群，效果才能达到极致，优质内容在哪里都会受到欢迎。我们要充分利用面向平民的影视与文学、报刊与书籍等媒体传播广西独特的语言文化，在新的时代背景下，要对传统的传播模式进行创新。长期以来，我国出版"走出去"的主要方向是发达国家，而随着"一带一路"倡议的提出，中国与"一带一路"参与国家和地区特别是发展中国家的出版合作与交流迅速增加。广西师范大学出版社的《民宿之美》标志着中国出版"走出去"进入了一个新阶段,即"全球组稿,国际发行"。2010年,广西设立了专门面向东盟的国际频道,到今天,广西电台已经建成包括影视剧、图书译制、音频节目生产、双语杂志发行、旅游产品开发在内的东南亚多媒体译制传播中心。我们要充分发挥媒体的传播力量,通过市场化运作,扩大规模,利用广西与周边国家的地理相近、文化同源的优势,制作更多有关广西文化的精品,形成对外传播产业。另外,网络文学的发展和旅游优惠政策等也可以为广西文化"走出去"提供良机。

四、结语

广西的语言文化是中华文化极其重要的一部分,在时代大背景下,广西在各个方面都较之以往更有优势去传播自己的特色文化。"一带一路"是机遇也是挑战,广西的文化传播也面临着大多数文化传播遇到的困难,如广西少数民族的语言、服饰、习俗等受到全球化的冲击,在于异质文化交流与合作中受到质疑等。这条路任重而道远,我们更应该乘风破浪,让更多的人了解广西,让中国以广西的语言文化感到骄傲。

参考文献

[1]韩湖初.合浦汉墓群　见证汉代的繁荣"海丝"[J].大众考古,2015(07):50-52.

[2]费孝通.文化自觉的思想来源与现实意义[J].文史哲,2003(3):15-16.

[3]吴友富.对外文化传播与中国国家形象塑造[J].国际观察,2009(1):8-15.

[4]隗斌贤."一带一路"背景下文化传播与交流合作战略及其对策[J].浙江学刊,2016(3):214-219.

[5]蔡尚伟,车南林.刍议"一带一路"上的媒体合作[J].今媒体,2016,01(24):4-8.

［6］肖珺.新媒体与跨文化传播的理论脉络［J］.武汉大学学报（人文科学版），2015，68（4）：122-128.

［7］苏慧慧.广西少数民族语言生态及其对文化软实力的意义［J］.高等函授学报（哲学社会科学版），2012，27（12）：34-36.

浅析仫佬族"古条"歌的主题及语言特色

广西大学　彭　运

【摘　要】"古条"歌是仫佬族民歌的一种,属于叙事长歌,拥有固定的歌词和形式,适用于婚嫁、祭祀等重大场合。"古条"歌的故事以英雄为主题,体现了仫佬族的精神;英雄崇拜的背后其实蕴含着仫佬族人民的精神需要;"古条"歌的歌词雅俗相融,叙事平铺直叙,形式变化多样,体现了仫佬族人民的创新精神。

【关键词】仫佬族;"古条"歌;英雄崇拜;精神力量;语言特色

仫佬族属于中国的山地少数民族。仫佬族于元末或明初就聚居在广西境内。仫佬族有自己独特的语言和文化,其中歌谣艺术尤为突出。仫佬族人民善歌,每逢重大节日,总要载歌载舞一番,所以仫佬族民歌具有载歌欢庆、颂唱神灵、赞颂业绩、纪念英雄等功用。

仫佬族的民歌题材丰富,主要分为"古条"歌、口风歌和随口答①,在以上三种民歌中,"古条"歌尤为具有艺术特色。"古条"歌作为一种传统的叙事长歌,歌唱题材多为从远古时期就开始流传的神话故事以及妇孺皆知的英雄事迹等。例如《伏羲兄妹》《木洛大王》《吕蒙正》《刘三姐》《八寨赵金龙》等,都属于"古条"歌中比较典型的作品。

①龙殿宝,吴盛枝,过伟.仫佬族文学史[M].南宁:广西教育出版社,1993:123.

一、"古条"歌的汉文化色彩

"古条"歌是仫佬族民歌的主要类型之一。所谓"古条"，其实就是从古流传至今的意思，所以"古条"歌属于长篇叙事歌，其形式、句数、主题、歌词等都相对固定。规范的样式使古条歌呈现出与众不同的庄严气息，"古条"歌的主题是讴歌英雄，这些英雄包括仫佬族神话中的创世英雄，同时也涉及汉族神话、历史故事中的英雄。故事里那些艰苦创业、英勇无畏的传奇英雄，也成了激励仫佬族人民不断前进的精神力量。"古条"歌一般适用于比较庄重严肃的场合，例如在婚嫁仪式上，就会有专门的唱师来唱古条歌，内容既包括对先祖功德的纪念歌颂，也包括对新人的祝福以及对在场青年人的劝诫。

从上文所列举的"古条"歌代表作品中，我们可以看到仫佬族的"古条"歌有着明显的汉文化色彩。在与汉族长期共处的过程中，仫佬族的民歌吸收了汉民族的文化，如梁山伯与祝英台的坚贞不渝、汉族宰相吕蒙正的刚正不阿、孟姜女的专情贤德都成为他们的歌颂对象。这些汉族传说中品性高尚或情比金坚的故事人物，被仫佬族人民改编为"古条"之后，人物身份和故事情节做了一定的改动，在故事主题上也增加了仫佬族人民独特的认知和思考。

例如在"古条"《孟姜女与范郎》中，从人物身份来看：孟姜女不是汉族传说中从瓜里诞生的小姐，而是浣纱的美貌村姑；范郎不再是躲避徭役的书生，而是种田的年轻后生。这些变化使故事人物更加接近仫佬族人民的日常生活，同时也说明仫佬族人民在吸收汉文化的同时依然保持着自己的独创性。再从故事主题来看：汉族孟姜女的故事主要意图在于揭露和鞭挞秦始皇的暴政，同时歌颂孟姜女对爱情的忠贞；而仫佬族"古条"歌里的孟姜女故事则突出表现孟姜女对丈夫的思念和深情。《孟姜女与范郎》全歌共三十六首，其中抒发孟姜女思夫之情的歌《十二月望夫》就多达十四首。诸如"六月望夫日子长，孤单独自是孟姜……""十二月来结雪山，要去寻夫不怕难"等歌词，这些朴素的言语背后承载着孟姜女对范郎的一腔柔情①。

二、"古条"歌故事分析

仫佬族的先民把英雄事迹以及爱情传奇改编为"古条"歌,这些歌词不仅是仫佬族先民智慧的结晶,同时也是仫佬族精神的体现。

(一)"古条"歌深处的英雄主题

仫佬族的山歌记录了仫佬族人民的日常劳动生活,记载着他们对人生的思考和认知,这些内容充实、风格多样的山歌,实际上存在着一个共同的主题:讴歌英雄。而拥有传统手抄底本且形式固定的"古条"歌,无疑是体现这种英雄主题的典型代表。"古条"歌的主题就是歌颂流芳百世的英雄,在传承下来的手抄底本中,我们可以看到,仫佬族先民在创作古条时往往会用长达几十首歌的篇幅来歌颂某位贡献卓著的英雄,例如《伏羲兄妹》②。

《伏羲兄妹》篇幅较长,全歌层次分明,歌中开篇即唱道:"开天辟地唱盘古,天下复人唱伏羲。伏羲兄妹恩情大,世上很少得人知。"短短四句歌词,道出了仫佬族人对伏羲兄妹的崇敬和感恩。在仫佬族先民看来,伏羲兄妹的功绩堪比盘古开天辟地。接着叙述的视角转向故事发展的始末:"落雨三年六个月,水泡天门漫山巅。兄妹住进葫芦里,茫茫漂在天地间……满目荒凉全变了,起伏山野无人烟。"从这几句歌词,我们可以看到,灾难的起因是大雨三年不止,导致洪水泛滥,人类遭遇灭顶之灾。伏羲兄妹乘葫芦流浪,成了唯一的幸存者。"过了三年水退下,葫芦落在西眉山……兄妹结婚松树下,生下一个肉团团……过了三早出去看,四处山头绕人烟。"兄妹成婚,再造人类,被洪水席卷的人间终于得以休养生息。这首歌最后再度歌颂伏羲兄妹为人类繁衍生息所做出的伟大贡献,升华主题,实际上已经

①龙殿宝,吴盛枝,过伟.仫佬族文学史[M].南宁:广西教育出版社,1993:93.

②龙殿宝,吴盛枝,过伟.仫佬族文学史[M].南宁:广西教育出版社,1993:56.

灵活运用了对比、首尾呼应等写作技巧，可以说具备了一定的文学价值和审美价值。

（二）"古条"歌中的仫佬族精神

仫佬族"古条"歌传唱的内容包括英雄故事和爱情传奇，与汉族的各类英雄相比，仫佬族英雄们的丰功伟绩存在共同之处：他们的事业都与垦山创业、勇斗霸权有关。在这里的英雄中，有的为了保卫仫佬山乡，与官兵抗争最终献出了生命；有的揭竿而起，虽失败，却依然光荣。这些故事展示了仫佬族人民对仫佬山乡的热爱以及守卫这片土地的坚定决心。开山垦地与仫佬族的繁衍生息密切相关，他们热爱劳动、勤劳勇敢的美好品质也通过"古条"歌里的故事得到充分的体现。

仫佬族"古条"歌里所歌颂的爱情故事，故事主人公也大多是勤劳质朴的劳动人民，而非文雅的才子佳人。例如上文中所提到的"古条"歌《孟姜女与范郎》，范喜良种田需要找马，偶遇了在藕塘边浣纱的孟姜女，于是结下了情缘。这些情节与汉族传说中的孟姜女已经有了明显的区别，但这些改动更贴近仫佬族人民的日常生活。他们在自我娱乐的过程中，下意识地赋予了故事主人公勤劳质朴的美好品质。或许对于仫佬族人民来说，亲自参与生产劳动的故事主人公，要比吟风弄月的才子佳人更具有魅力。

三、英雄人物形象与英雄崇拜

在现存的"古条"歌中，所歌颂的英雄多达上百位，这些功绩不同、性格各异的英雄，在形象上有着共同之处。这种英雄崇拜其实是源于仫佬族人民的精神需要。英雄的大无畏鼓舞着他们，能够使他们产生巨大的心理共鸣。

（一）英雄人物形象分析

"古条"歌的内容丰富，歌颂着不同类型的英雄。例如开天辟地的盘古、精通神术与皇帝斗智斗勇的木洛大王，这些英雄人物的形象是存在着许多相似性的。

首先，英雄来自人民群众，同样从事生产劳动。其中最典型的当属歌仙刘三姐。在仫佬族的"古条"唱本《刘三姐》中,刘三姐是个勤劳又爱唱歌的村姑,后来在河边砍柴时被坏人所害,但是掉下山崖后,"三姐坐船悠悠去,留下歌声满人间",最终"唱出了一代好歌风"[①]。

其次,英雄要有不凡的能力。"垦王"朵菲天生神力,能够在南方的深山老林中率领族人开山垦地;在州官催逼租税时又能率众反抗,宁死不降。而在《灶王歌》中,灶王不但能在纸上画出大闹京城的神马,还能在一夜之间种出满船白菜,获船家资助进京,最终降服神马,使得李王禅位,成为人民的新领袖[②]。

最后,英雄还要有奉献精神。仫佬族人并不推崇单打独斗的个人英雄主义,他们所赞颂的英雄,都是以集体利益为主,重视民生、不畏强权,最终战胜了恶势力,或者化作山峰等物,镇住恶势力,保护了仫佬山乡的安宁。由此可以看出,仫佬族人民不仅需要传奇的英雄,更需要强大的人民领袖,带领着他们开山拓土,过上幸福的生活。

(二)英雄崇拜后的精神需要

仫佬族人民崇敬英雄、讴歌英雄,在他们的神话传说中,有为了领导仫佬族人民反抗冬头抢田霸地最终付出生命的"七里英王";有领导仫佬族人民开垦土地并保卫仫佬山乡,最终化作垦王山压死官兵的"垦王"朵非;有勇斗恶龙最终化为凤凰山守护仫佬山乡水源的凤凰姑娘……对于仫佬族人民而言,这些与恶势力抗争并且舍弃一己之身的英雄,值得他们世代传颂,同时也足够成为他们直面生活磨难的精神力量。

在"古条"歌《龙哥与凤姐》中,歌词表达了仫佬族人民对生活的美好愿望。仫佬族青年龙哥凭借自己的聪明才智赢取了地主家的女儿凤姐。成婚后,凤姐被贪恋美色的皇帝抢走了,龙哥在白水牛的协助下,到京城夺回被皇帝抢走的妻子凤姐,并登上皇位,使劳动人民

①包玉堂.仫佬族民歌的格式和韵律[J].河池师专学报,1987(4).
②韦苏文.广西民间文学[M].南宁:广西人民出版社,1996:89.

不再受到赋税徭役的压迫剥削。歌的结尾唱道："有理敢把皇帝反，贫穷百姓不受欺。"①可见仫佬族人民在潜意识中敢于质疑皇权，所以他们歌颂敢于和皇权做斗争的英雄龙哥。这种不畏强权的英雄气概，实际上也是仫佬族民族精神的重要组成部分。他们不把皇权视为至高无上的存在，只要劳动人民"有理"，而皇帝昏庸无道，那么劳动人民是可以造反的。

仫佬族人民崇拜这些开山垦地、勇斗恶霸昏君的英雄，除了英雄本身令人钦佩外，更重要的是仫佬族人民在精神上需要这些英雄的勇气和毅力。根据《仫佬族简史》的记载，仫佬族人民经历了一段漫长而曲折的发展过程。从他们的历史发展轨迹来看，仫佬族先民自秦始皇进军岭南后，先从百越族群中分化出来；唐代时，仫佬族先民聚居地受到中央王朝政治、经济、文化等多方面的影响，仫佬族先民的原始社会开始逐渐解体，进入封建领主制社会。在这之后，王朝的更替对仫佬族先民的聚居地无疑是产生了巨大的影响。在这片土地上，仫佬族人民经历了历朝政治集团的更迭，经历了水灾、瘟疫、匪乱等天灾人祸，却依然聚居着。从原始社会逐步进入封建社会，要完成这一系列转变，无疑要经历一番曲折艰难的探索。所以仫佬族人民崇拜英雄、需要英雄，意志坚定、大公无私的英雄们启发着、鼓舞着他们；这种大无畏的精神力量同时也能够激励他们在穷山恶水中开垦出属于自己的一片天地。

四、"古条"歌的艺术特色

在仫佬族民歌中，"古条"歌的歌词风格独特、文化含量极高；在叙事方法上主要采用平铺直叙的手法，兼以比、兴；而在形式上丰富多变，具有较高的审美价值。

---

① 龙殿宝，吴盛枝，过伟.仫佬族文学史[M].南宁：广西教育出版社，1993：110.

（一）"古条"歌歌词：雅俗相融

仫佬族的民歌整体语言风格是比较通俗的,例如走坡节歌坛中青年所唱的情歌:"田中白鸭是谁鸭? 塘里白鹅是谁鹅? 红花结头哪村妹,我想邀她唱山歌。"邀唱的歌词直接、明了,富有挑逗性。但是"古条"歌在这种俚俗的基础上,又汲取了汉唐文化的精华,在歌词创作上做到了俚俗与古人的高度融合,既能让听众感受到仫佬族民间口头文学的魅力,又能感受到"古条"歌厚重的汉文化积淀。如《八寨赵金龙》(节选)①。

> 金龙原在永州府,住在江华县里人。
> 先打刀枪招兵马,八寨峒里闹阵阵。
> 金龙金凤同金花,千般武艺练到家。
> ……
> 兄弟合力又齐心,人人奋勇出奇兵。
> 文官武官被杀死,百姓慌乱心里惊。
> 杀得道光兵马退,金龙兄弟好英雄。
> ……
> 有勇无谋莫造反,无谋造反也难成。
> 瑶兵败退八寨去,二家进退两头难。
> 江山仍是道光管,金龙造反也枉然。

这是一首近古时期的叙事歌,描写的是广西东部瑶族人民在首领赵金龙的带领下起兵反清的事迹。从节选部分的歌词来看,这首"古条"歌内容通俗易懂,但可以看到明显的古代文言文的影子。例如评价赵金龙起义失败的歌词:"有勇无谋莫造反, 无谋造反也难成。"这两句歌词的书面语色彩较为浓厚,却又并不显得晦涩难懂,而且点评得十分精辟,令人不禁拍案叫绝。由此可见,仫佬族人民并不排斥汉族文化中曲高和寡的"阳春白雪";恰好相反,他们十分重视汉文化,并且热心地从中汲取养分,灵活运用到自己的歌谣文化

———
①龙殿宝,吴盛枝,过伟.仫佬族文学史[M].南宁:广西教育出版社,1993:103.

中,使得"古条"歌的歌词呈现出雅俗相融的特点。

(二)"古条"歌叙事:平铺直叙

不同于即兴创作的随口答还有斗嘴斗智的口风歌,"古条"歌的歌词通常都是由仫佬族先民中佚名歌手自行创作并世代相传的,因此具备较为系统完整的叙述风格。

由于"古条"是根据一些神话传说或英雄事迹来改编的,整个情感基调比较厚重,不似口风、随口答那般俏皮,所以通常都是平铺直叙的叙事风格。叙事层次清晰、结构也比较完整,有一条贯穿全歌的主线。例如在依饭节中祭盘古时所唱的《唱盘古歌》①:

> 何人制天又制地?何人制水制江湖?
> 又是何人制江里?几人结起过天图?
> 龙王制天又制地,尧王制水制江湖。
> 李王九年制江里,三人结起过天图。
> 天下又是何人制,制出凡间几国人?
> 伏羲姊妹制天下,制出凡间六国人。
> 高山松柏是谁种?江边杨柳是谁栽?
> 石板架桥是谁架?五湖四海是谁开?
> 高山松柏仙人种,江边杨柳水推来,
> 石板架桥老班架,五湖四海九龙开。

歌词采用问答的形式,在一问一答间,围绕着天地万物的起源问题,描绘了一幅众神共同创造世间万物的画面,线索清晰,结构完整,这也正是"古条"歌与众不同的艺术特色。

此外,"古条"歌的许多歌词是根据仫佬语的语法来写的,名词一般跟在形容词的后面,以依饭唱本中的梁善利侯王的唱段为例:

> 侬姑挑桶去要水,得见兄我又转回。
> 侬姑便回对母说,兄我死去又见回。
> 母我不信出来看,正是子我又得回。

---

①龙殿宝,吴盛枝,过伟.仫佬族文学史[M].南宁:广西教育出版社,1993:103.

　　　　子我里身照样旧，底脚又穿又干袜。

　　　　……

　　　　母我欢喜讲杀猪，父我欢喜讲杀羊。

　　　　……

　　　　人间人若不敬信，我就放药下底江。

　　　　……

　　　　今日兄我做大会，八郎送福到家你①。

　　在上面这段唱词中，"兄我""母我""子我""父我""底江""家你"等词，根据汉语的正常词序来看，其实就是"我兄""我母""我子""我父""江底""你家"等。因为这些唱本是由仫佬族的唱师进行演唱，故而就按照仫佬语的语法习惯来进行抄写，这类现象在"古条"歌中并不少见。

　　（三）"古条"歌形式：变化多样

　　仫佬族民歌追求字数、句式腔调等方面的变化，从民歌句数来对民歌进行分类，可以分成四十二种歌名和七十八种句式。其中仫佬族民歌最流行的是四句腔的格式，即每首歌由四个句子构成，这种格式在仫佬族民歌中使用频率最高，既能单首成篇，也能连唱几十甚至几百首，构成一首长篇的"古条"歌。

　　"古条"歌同样也是形式多变，每条古歌少的有几十首，多的可达上百首，一般押脚韵，以双句押韵为主。例如在"古条"歌唱本《刘三姐》②中：

　　　　直字下面添八脚，直添八脚报妹真。

　　　　余下山歌且莫唱，且唱三姐她出身。

　　　　刘三姐住柳城县，家在北乡古谢村。

　　　　父母生她三姐妹，人生一世不为婚。

　　这几句唱词中，"真""身""村""婚"都是押韵的，属于双句押脚

---

　　①龙殿宝，吴盛枝，过伟.仫佬族文学史[M].南宁：广西教育出版社，1993：111.

　　②包玉堂.仫佬族民歌的格式和韵律[J].河池师专学报，1987（4）.

韵。总而言之,形式多变的"古条"歌格式,展示了仫佬族人的创新精神和审美趣味,集中体现了"变"的风格。

结　论

仫佬族具有丰腴饱满的歌谣文化,根据内容可分为"古条"歌、随口答和口风歌三种,其中"古条"歌的艺术特色尤为突出。适用于较为隆重的场合,如婚嫁仪式或者依饭祭祀大典中。"古条"歌追求句式唱腔等方面的变化,作为仫佬族民歌中极具艺术特色的一种类型,有固定的句式和唱本,题材丰富,传世作品也较多,一般是根据神话故事和英雄事迹改编而成。

综上所述,讴歌英雄是"古条"歌深处的主题,这种英雄崇拜的背后,包含着仫佬族人民自身的精神需求。同时,"古条"歌还具有一定的文学审美价值,语言上雅俗相融,形式上变化多样,叙事风格主体上平铺直叙,又适当地加入一定的修辞技巧,能够给予人一种特殊的美感。

参考文献

[1]韦苏文.广西民间文学[M].南宁:广西人民出版社,1996.

[2]覃悦坤.广西民俗汇纂[M].南宁:当代文艺出版社,2007.

[3]龙殿宝,过伟,等.仫佬族文学史[M].南宁:广西教育出版社,1993.

[4]何述强.风兮仫佬[M].南宁:广西民族出版社,2010.

[5]韦骥.广西罗城山歌变迁[D].湖南:湘潭大学,2014.

[6]包玉堂.仫佬族民歌的格式和韵律[J].河池师专学报,1987.

[7]何述强.山梦为城[M].桂林:广西师范大学出版社,2010.

[8]钟纪新.歌海寻芳[M].南宁:广西人民出版社,2009.

"一带一路"背景下广西民族传统文化传播对策研究

南宁师范大学　封　闪

【摘　要】"一带一路"倡议,彰显出我国当代外交"亲、诚、惠、容"的新理念,打开了我国对外改革开放"走出去"的新格局。广西应积极借助"一带一路"的东风,发挥其作为"海上丝绸之路"始发港和多民族聚居的区位优势,找准定位、合理规划,制定与时俱进的民族传统文化交流对策:一是转变传播理念,挖掘文化潜力,形成"洼池效应",提高文化吸引力;二是利用"一带一路"倡议红利,积极开拓国内外传播受众群体;三是加强学校教育,培养民族传统文化专门人才和非遗传承人,提高传播主体的素质和数量;四是畅通现有传播渠道,发掘更多传播渠道;五是梳理和丰富民族传统文化内涵,丰富传播形式和内容。通过以上五点对策,更好地传播广西民族传统文化,促进地方经济、政治、文化和社会发展。

【关键词】广西民族传统文化;传播受众;传播主体;传播渠道

2013年9月7日,习近平主席在哈萨克斯坦纳扎尔巴耶夫大学发表演讲时,提出了用创新的合作模式共同建设"丝绸之路经济带"的倡议;2013年10月3日,在印度尼西亚国会发表重要演讲时,习近平主席又明确提出了中国与东盟国家共同建设"21世纪海上丝绸之路"的构想。这标志着"一带一路"倡议拉开了序幕,引起了国际反响。2015年3月27日在海南博鳌亚洲论坛上，中国国家发展改革委、外交部和商务部联合发布了《推动共建丝绸之路经济带和21世纪海上丝绸之路的愿景与行动》；在中共十九大上，习近平总书记所做的报告中指出，中国开放的大门不会关闭，只会越开越大，要以"一带一路"建设为重点，坚持"引进来"和"走出去"并重，遵循共商共建共享原则，加强创新能力开放合作，形成陆海内外联动、东西双向互济的开放格局。到此，"一带一路"倡议正式进入建设实施阶段，同时也标志着我国由之前的"引进来"转变成积极地"走出去"时代的到来。

"一带一路"旨在促进经济要素有序自由流动、资源高效配置和市场深度融合，推动开展更大范围、更高水平、更深层次的区域合作，共同打造开放、包容、均衡、普惠的区域经济合作架构。历史上，随着社会经济的转变、地理环境的变迁和政治宗教的演变，丝绸之路的空间走向和具体路线也不尽相同。故而，"丝绸之路"在今天的意义不是固定的路线、固定的空间，而是一种带有抽象意义的文化符号和文化含义。显然，"一带一路"使用的是"丝绸之路"的文化内涵，即和平、友谊、交往、繁荣。

广西在历史上有"海上丝绸之路"起点港口的"合浦港"，也是东南亚的重要门户，应该充分发挥广西与东盟国家陆海相邻的独特地理区位优势，要立足独特区位，释放"海"的潜力，激发"江"的活力，做足"边"的文章，全力实施开放带动"一带一路"建设，推进关键项目落地，夯实提升中国—东盟开放平台，构建全方位开放发展新格局。其中，民族传统文化的有效传播应是重要之一环。广西拥有独特的地理和民族历史文化资源，和东南亚国家地理位置相近，更方便广西传统民族文化的国际传播和认同，和"一带一路"互相支持、通力互助。应积极借助"一带一路"的东风，发挥其作为"海上丝绸之路"始发港和多民族聚居的区位优势，找准定位、发挥优势、合理规划。

一、转变传播理念，形成"洼池效应"

长期以来，即使国家对于非物质文化遗产继承人有相应的物质补贴和政策激励，但是年轻的少数民族同胞依然选择外出打工，而不是留在村寨传承本民族传统的历史文化。加之受到西方主流文化的冲击和汉文化的影响，少数民族的一些基本文化要素正在逐渐削弱，少数民族文化生存的土壤逐渐缩减。这种现状亟须改变。首先，我们应该树立文化自信和文化自觉。民族文化是我们优秀传统文化重要的组成部分之一，广西特有的"刘三姐"传说、铜鼓、左江花山岩画等，和西方的主流文化和流行文化一样，都极具文化魅力，有特色的文化就是有价值的、值得传播和发展的文化，我们应该也必须有我们自己的民族文化自信。其次，应该转变传播理念。不是被动地等待政府的扶持和人们的自觉，而是积极地"走出去"，少数民族文化传播应当树立"走出去"的意识，转变少数民族文化传播视野局限性，培养文化自觉。最后，积极发展本民族文化，与时俱进，形成"洼池效应"。洼池效应，又称"凹地聚集效应"，现在通常所说的"凹地效应"，就是指某个地方具有某些特征或优点，从而对某些事物产生一种吸引力，导致这些事物向这个地方聚集。意思就是说，积极挖掘和发展本民族的优秀传统文化，形成对外的文化吸引力"拉力"，主动吸引外部世界对民族文化感兴趣，向广西聚拢。

二、利用政策红利，开拓国内外传播受众

在"一带一路"背景下，广西应充分利用已经获得的国家政策红利，进一步做好民族传统文化传播工作。第一，利用南宁作为中国—东盟博览会永久举办地的优势，政府牵头，做好与沿线国家的桥梁作用，开展城市友好交流合作，利用政策红利，与东南亚国家重要城市互相结为友好城市，以人文交流为主，积极开拓国外受众。第二，利用民族自治区域的优势。广西与越南等国家的一些语言与传统文

化习俗相通相近，民心相通，有利于传承"一带一路"友好合作的宗旨，广泛开展学术论坛、人才交流、文化互推等，深化双边合作，开拓受众群体。第三，充分发挥民间组织的力量，加强民间特别是基层民众层面的交流合作。第四，利用网络平台和新媒体技术等新技术新手段，积极传播优秀的民族传统文化，发掘和培养更多的受众群体，让更多的人了解民族文化，从而爱上传统文化。

三、加强学校教育，扩大传播主体

传统的民族非物质文化遗产通过"口耳相传"的古老方式一代一代传承下来，在今天，由于人们生产生活方式发生了巨大的变化，非遗传承人"青黄不接"，老一辈的传承人不断老去，新一辈的年轻人不愿意学习传统技艺。有鉴于此，一方面，应加大学校教育力度，加大政府对于教育的资金投入，吸引社会资金助力学校教育，在学校尤其是民族地区学校，开设专门的传统文化课程，培养专门的传承人才，培养一大批既懂得少数民族传统文化又懂得现代传播学的综合人才，更好地在现代社会传播和发展传统文化。另一方面，利用"一带一路"倡议机遇，扩大与东南亚国家合作办学的规模和范围，沿线国家间经常性互办艺术节、文化年、图书展等，联合申请世界非物质文化遗产，通过这些留学生及民间友好交流人士，共同传播和传承优秀的民族传统文化。

四、畅通原有传播渠道，发展更多传播渠道

现有的传播渠道集中在民族地区内部的代代相传和发展旅游业，借助民族地区特色旅游，吸引更多外来人口。一方面，随着"一带一路"建设的推进，广西民族地区不应局限于现有的国内旅游，而是要加强旅游合作，和周边国家互办旅游宣传月等，共同打造具有"一带一路"特色的国际旅游产品和精品旅游线路，吸引更多的人关注、了解、喜欢民族文化。另一方面，积极开拓发展新的传统文化传播渠

道。利用互联网思维和新媒体技术,让传统的民族文化打破以往的时空限制,让更多的人足不出户就可以了解神秘的遥远的民族文化。丰富传播样式,如广西是山歌的海洋,刘三姐的传说家喻户晓,"三月三"还有传统的山歌节,中华人民共和国成立后改编的彩调剧《刘三姐》在全国影响深远,现如今,可以考虑将传统的民族音乐、服饰、历史等文化元素糅合进流行音乐、电影、动画等中去,形成新的民族文化传播渠道。若能在这方面做大做强,可谓是双赢之举,不仅使得我们的音乐、电影等更有辨识度和价值,也在客观上方便了传统民族文化的传播和发展。

五、挖掘传统文化价值,丰富传播内容

清代羊复礼记录广西地方民俗和少数民族民风时写道:"风俗俭朴,勤耕作。虽丰年未尝侈食用,凡耕获皆通力合作,有古风。绅士衣冠,皆中法度,村氓男子裹帕,妇女短衣长裙,跣足。"广西历史上就是少数民族聚居地,故而文化资源多样丰富,如刘三姐、彩调剧、"三月三"山歌节、左江花山岩画、铜鼓文化、骆越文化、东南亚同宗同源的文化等。刘三姐的传说家喻户晓,"如今广西成歌海,皆是三姐当日传",唱歌一事,在古代广西少数民族生活中具有重要地位,明末清初著名文学家屈大均笔记《广东新语》卷十二《诗语》:"东西两粤皆尚歌,而西粤土司中尤盛。"所谓"西粤土司",即指广西少数民族地区。山歌也渗透在广西人民的婚丧嫁娶等活动中,清汪森《粤西丛载》卷十八《蛮俗·择配》引《图经》:"宾州罗奉岭,去城七里。春秋二社,士女毕集,男女未婚嫁者,以歌诗相应和,自择配偶,各以所执扇帕相博,谓之博扇。归日,父母即与成礼。"至今在"三月三"山歌节,人们依然载歌载舞,保留着传统。

广西还有丰富多彩的节庆文化。如正月有迎春、汲新水、祀祖先、跳扁担舞、"收六畜魂"、元夜看灯等。二月有火把节,《岭表纪蛮》第二十二章《节令》"二、八两月之二十四日,为火把节,盘鲜祭祀,食生肉。小儿持火把喧笑戏舞于市,其热烈之景况,不减于中州之上元

节(此唯邻滇之边地一带有之)"；"作星"祭花婆。三月有"三月三"浪花歌、清明祭墓、祭五圣。五月有端午节赛龙舟，端午饮雄黄酒、菖蒲酒、吃粽子、门插艾草，有牛魂节。六月有祭田公田母，收牛魂、调庙。七月有祭青苗、躲鬼节。八月有中秋拜月赏月吃月饼。九月有登高、赛会。十月有祭都贝大王、送寒衣。腊月有烹牲煮粽，祭神辞岁。据宋范成大《桂海虞衡志·志器》："铜鼓，古蛮人所用。南边土中时有掘得者，相传为马伏波所遗。其制如坐墩，而空其下，满鼓皆细花纹，极工致。四角有小蟾蜍，两人舁行，以手拊之，声全似鞞鼓。"至今铜鼓还有传承，此外还有面具、藤制品等。

广西地区还有独具特色的岭南风光，特色动植物，少数民族的音乐、服饰等文化，也有历史上的贬谪名人，如唐代文学家柳宗元，宋代苏轼、秦观、黄庭坚，旅桂南明君臣等，留下了许多的人文景观和历史文化遗迹。

守着如此丰富的特色文化遗产，我们要积极挖掘其中的历史、文化和现实意义，做好建档保护工作，除了必要的博物馆、展览馆和研究机构之外，最重要的是在当今新时代，不是一味地原样传承，而是不断丰富发展其文化含义，做到与时俱进、"活态传承"。"问渠哪得清如许，为有源头活水来"，这才是传统民族文化生生不息的关键。

参考文献

[1]中共中央宣传部，等.习近平谈治国理政[M].北京：外文出版社，2014.

[2]国家发展改革委，外交部，商务部.推动共建丝绸之路经济带和21世纪海上丝绸之路的愿景与行动[R].北京：外交出版社，2015.

[3]万鹏，景玥.关于十九大，你必须知道的"关键词"[EB/OL].人民网，2017-10-18[2017-11-11].http://cpc.people.com.cn/19th/n1/2017/1018/c414305-29595155.html.

[4]刘卫东."一带一路"倡议的科学内涵与科学问题[J].地理科

学进展,2015,34(5):538-544.

[5]习近平.广西有条件在"一带一路"建设中发挥更大作用[EB/OL].证券时报网,2017-04-21[2017-11-11].http://news.sina.com.cn/c/2017-04-28/doc-ifyetstt3811283.shtml.

[6]李达.新媒体时代少数民族文化传播的困境与策略[J].湖北民族学院学报(哲学社会科学版),2015(2):113-117.

[7]羊复礼.镇安府志[M].台北:成文出版社,1997:45.

[8]杨东甫,杨骥.笔记野史中的广西[M].桂林:广西师范大学出版社,2012.

"一带一路"背景下广西民族文化传播研究

南宁师范大学　赵　莹

【摘　要】广西有汉、壮、瑶、侗等 12 个世居民族,民族文化资源丰富,但也存在着文化继承困难、传播不畅等现实问题。在"一带一路"的时代背景下,广西应重视挖掘当地民族文化资源和文化心理认同基础,加强相关文化对比研究,积极寻找文化创新点,解决继承难题,重拾文化自信,同时采取产业化、品牌化等发展策略,才能推动广西民族文化的进一步传播与发展。

【关键词】广西民族文化;"丝路"传播;艺术产业化;旅游品牌化

一、广西民族文化"丝路"传播的背景

(一)"一带一路"倡议的由来

"丝绸之路"贸易被视为早期经济全球化的历史实践,中国商人通过丝绸之路将中国的丝绸制品、茶叶、瓷器等重要产品销往世界各地,同时商人们也将丝路沿线各国的特色食品、珍宝、器具等各种充满异域色彩的商品带回中国。丝绸之路为古代东西方之间经济、文化交流与发展做出了重要贡献,因此曾被誉为全球最重要的商贸大动脉。"一带一路"借用了古代丝绸之路的历史符号,旨在融汇古今,加强中国与"一带一路"沿线国家的经济合作,在政治互信、经

济融合、文化包容的基础上，谋求与沿线各国成为经济共同体、命运共同体和责任共同体。

（二）广西在"丝路"中的地位

自 2013 年"一带一路"倡议正式提出以来，沿线各国之间的经贸往来愈益频繁，各国之间相互联系、相互依存的程度也在不断加深，越来越成为你中有我、我中有你的命运共同体。广西要建成面向东盟的国际大通道、形成西南中南地区开放发展新的战略支点以及"一带一路"有机衔接的重要门户，其根本在于利用自身独特区位优势。在落实"一带一路"倡议进程中，广西人民更是"丝路精神"最直接的传播人与践行者。通过经济、社会的深入交往与融合，各国之间的语言与文化交往更加频繁，从某种意义上讲，正是不同的语言及文化间的沟通与融合，造就了"一带一路"沿线国家经济上协作互助的人文基础。

广西是拥有少数民族较多的地区之一，世居广西的 12 个民族，除回族使用居住地的汉语方言，其他均有自己的民族语言，它们分别是壮语、瑶语(包括三种语言)、苗语、侗语、仫佬语、毛南语、京语、彝语、水语、仡佬语。如此丰富的人文底蕴、得天独厚的区位条件，共同铸就了广西民族文化在"一带一路"经济建设和人文交流中的特殊地位，只有通过文化品牌塑造与文化产业输出，才能真正促进沿线国家的人文交流，使沿线各国真正超越文化的藩篱，自主融入中国倡导的"共有、和谐的命运共同体"。文化繁荣，是国家和民族兴旺发达的重要支撑和体现。没有文化发展，便没有国家民族的兴盛。习近平指出："我们要坚持道路自信、理论自信、制度自信，最根本的还有一个文化自信。"为了使广西在"一带一路"中发挥积极作用，我们需要认清当前的全球化形势，建立民族文化自信，在进行各国之间的商贸往来与文化交流时，增强本民族文化对全球化发展的推动作用。

二、广西民族文化"丝路"传播的基础

（一）挖掘民族文化资源，增强文化心理认同

1. 民族文化资源整合

广西得天独厚的民族文化资源是中国其他许多地区所无法企及的，12 个世居于此的民族中，每个民族都有其独特的民族特色文化。众所周知，中国少数民族人民中从来不缺乏艺术血液的流淌，而已经与旅游产业结合并得到良好开发的民族文化资源只占广西丰富文化资源的很小一部分，还有多种民俗歌舞、民族器乐、地方戏剧、民族工艺、特产美食、特色运动等文化资源，它们内容形式多样、品种丰富，都有着很大的传播空间。

广西民族文化可以大致分为七种类型：一是文艺类，它包括民族语言文学、民族音乐、民族舞蹈、民族戏剧、民族美术等；二是习俗类，其中包括生活习俗、婚姻习俗、节日习俗、丧葬习俗等；三是工艺制造类，包括民族服饰、特色工艺品、特色民族建筑等；四是民族特产类，包括民族美食、特色动植物产品；五是民族医药类，包括各种民族特色药品、药方及诊疗思想；六是民族宗教信仰；七是民族运动。要将广西境内的 12 个民族文化一一列举并归类是一个浩大的工程，在此无法罗列出所有民族文化的各个方面，但是这并不否认任何一种民族文化形式对于广西文化多样性所做出的贡献。下文只列举部分影响力较大的民族文化。

（1）文艺类文化。不得不提的是壮族的民歌，唱歌是壮族人民生活中不可或缺的内容，壮乡被诗人称为"铺满琴键的土地"，当然还有不少像刘三姐、黄三弟这样被称为"歌仙""歌王"的著名歌手，有许多壮族民歌如《山歌好比春江水》《什么结子高又高》被世人广为传唱。有一种很有特色的文化形式是苗族的盘歌。在盘歌中，一般是男方先唱，男女双方通过对唱，显示自己的才能。如果男方输了，女方便用水将男方泼走（泼水在苗家不是恶意，而是一种善意的洗礼），如果对方对答如流，唱得情投意合，男女双方则有可能会因此

订婚,订婚时人们会吹起芦笙跳起舞,通宵达旦为这对青年人贺喜。还有一种很有民族特色的演唱形式是侗族的"大歌",它起源于春秋战国时期,至今已有 2500 多年的历史,是侗族地区一种多声部、无指挥、无伴奏、自然和声的民间合唱形式。此外,广西各民族还有许多当地独有的乐器,如壮族的天琴、京族的独弦琴、苗族的芦笙等,每一种民族乐器都有属于自己的音色,拥有独一无二的音乐曲风,是民族音乐中不可或缺的一部分。

(2)习俗类文化。广西各族人民不仅在春节、端午节、中秋节等中华民族共有的节日中有着自己的庆祝方式,他们还拥有许多属于自己民族特有的节日。"三月三"就是一个独具特色的重要节日,这一节日因时在农历三月初三而得名,是广西壮族、瑶族、侗族、苗族等民族的传统节日,其中以壮族最为典型。"三月三"是壮族的新年,也是传统歌节,歌节不仅是弘扬民族文化的盛会,亦是民族经济交流的盛会。据记载,歌节已有上千年历史,壮族山歌的发展尤为突出,歌会十分盛行。到了清代,形成了数百人乃至数千人聚唱的大规模"歌圩"。2014 年"壮族三月三"申遗成功,将广西壮族及各民族文化节日推上了国际舞台。同时还有瑶族的祝著节、毛南族的分龙节、彝族的火把节等,各族人民会使用充满当地特色的庆祝方式来迎接属于自己的节日。

(3)工艺制造类文化。广西各民族人民普遍在刺绣、编织、雕刻等方面有十分丰富的历史传统与精湛的民族技艺。壮族人民拥有闻名中外的"壮锦",它是中国壮族传统手工织锦,以棉、麻线做地经、地纬平纹交织,用于制作衣裙、巾被、背包、台布等。据传壮锦约起源于宋代,主要产地分布于广西靖西、忻城、宾阳等地。现代壮锦中沿用传统的纹样主要有"二龙戏珠"、回纹、水纹、云纹、花卉、动物等20 多种,又出现了"桂林山水""民族大团结"等 80 多种新图案,富有民族风格。瑶族有着独特的蜡染技术,用蓝靛和黄蜡在白布上染出精美细致的花纹,制成了美丽的"瑶斑布",在瑶斑布上织绣的花纹图案主要有挑花、织花和绣花三种。明清之际就有"用五色绒,杂绣花卉"的记载,它是瑶族比较精美的手工艺品之一。还有侗族的

"侗布"，水族的"马尾绣"，苗族的刺绣与蜡染也是非常有民族特色的工艺。同时，瑶族、毛南族的竹艺编织技术也十分精湛，当地有许多特色的竹制品。毛南族人与水族人也善雕刻，他们的雕刻制品各有所长。除此之外，广西当地还有特色的民族建筑，不论是有长脊短檐式的屋顶以及高出地面底架的干栏式建筑，还是苗族的特色吊脚楼，都是为适应多雨地区的需要，代表了防潮湿的建筑形制。

（4）民族特产类文化。最吸引人的莫过民族美食。广西域内以水稻种植为主，各民族美食中几乎都包括糯米类食物。壮族有粽子、五色糯米饭和熏肉，瑶族有打油茶、艾叶粑，苗族有血豆腐、酸汤煮鱼，侗族有糯米粥、腌鱼，仫佬族有菜包、风味牛肉条，毛南族有白切香猪、豆腐肴，回族有葱爆牛肉、砂锅羊头，京族有风吹饼，水族有鱼包韭菜、九阡酒，彝族有荞粑、白水煮乳猪，仡佬族有辣椒汤、糯粑粑。每一种特色美食中都包含着一个民族的历史与文明，"舌尖上的广西"也是不可多得的民族文化。

（5）民族医药文化。广西域内的各族人民在长期的生产活动和与疾病、伤害做斗争的实践中，积累了丰富、宝贵的医疗经验，这些经验早已成为中国传统医药宝库中的一部分。有许多广西少数民族药品、药方、诊疗方法与诊疗思想对中国医药与中华民族健康事业的发展有很大的影响。壮药历史悠久，毒药和解毒药的广泛应用，是壮医的重要诊疗特色和突出贡献，壮族聚居地区由于复杂而典型的地理环境加上特殊的气候条件，造就了十分丰富的药材资源。据调查，仅广西境内，中药品种就达 4623 种之多（其中植物药 4064 种、动物药 509 种、矿物药 50 种），在全国名列第二，其中壮医常用药达千种以上。瑶族诊疗方法除了望闻问切，常用的还有甲诊、掌诊、舌诊、耳诊和面诊等。苗医在长期的临床实践中，创造了简便、廉价的治疗方法 20 余种，其中外治法尤为丰富，并体现了深厚的民族特色和治疗特点。常见外治法如放血疗法、刮治法、爆灯火疗法、生姜叭法、滚蛋疗法、熏蒸疗法等。彝族人民在诊疗思想上强调无病早防，有病早治是彝医预防医学思想的中心内容。民间有许多预防方法，如常洗矿泉浴预防皮肤病、风湿病，外搽烟油防山蚂蟥、虫蚁，佩带雄黄或家中养鹅防蛇,等等。

(6)民族宗教信仰文化。不同民族也有不同的特点。壮族、瑶族、侗族、毛南族、京族都属于有着多神崇拜信仰的民族,山神、土地神、水神、井神、树神、石神、火神、雷神均是崇拜的主要对象。有一些民族如苗族、彝族、水族、仡佬族,他们信仰的仍是本民族长期形成的原始宗教,它包括自然崇拜、图腾崇拜、鬼神崇拜、祖先崇拜等。还有一些受外来文化影响较多的当地民族,如汉族、仫佬族、京族都深受佛教和道教的影响,当然他们的佛教、道教信仰也受到了当地文化的影响。

(7)民族特色运动。壮族人民有传统的抛绣球运动,除此之外壮族人民喜闻乐见的体育运动还有"磨秋"、板鞋竞技、踩风车等。仡佬族的文体活动主要集中在春节期间开展,内容有打"篾鸡蛋"、"磨秋"、抱龙蛋、打鸡等。打"篾鸡蛋"是仡佬族一项古老而独具特色的群众性体育运动,已被民族部门列入少数民族传统体育竞赛项目。仫佬族有许多民间游戏和体育活动,舞草龙、抢花炮、群龙珠等运动项目都妙趣横生。毛南族人民在农闲节庆之间会依天时地利举行一些体育项目,它们主要有"同填"、"同顶"、打陀螺、打棉球、"地牯牛"、抛沙袋、走三棋等。其中"同填""同顶"还曾参加过广西和全国少数民族传统体育运动会并获奖。

2. 民族文化心理认同

一般来说,人们的文化自信,源于其在世居地的生活点滴与时间积淀出的亲切感和归属感。随着历史的发展、时代的变迁,每一种文化都不再是孤立发展,各民族之间深入频繁的社会交往与多元文化的密切碰撞,使得广西域内各民族文化得到了千载难逢的发展机遇,同时各族人民也面临着保护民族文化独特性的历史挑战。加强文化自信绝不是一句口号、一句空言,而是这个时代赋予广西各族人民的历史重任。

具体来说,践行文化自信,首先,应加强本地区人民的民族文化心理认同。广西民族文化内涵包括广西民族语言、民族文学、民族音像影视作品、民族节日与传统、民族美食、民族艺术或工艺等内核成分，当然还包括民族文化产业、民族语言产业、民族艺术产业等一系列的文化外延产品。如此丰富的民族文化，只有在本民族人民高度认同的态度中才能有现实的发展基础。想让特有的民族文化在中国文化乃至世界文化之林中拥有属于自己的一席之地，就必须使其在本民族内尤其是在新生代青年人当中具有广泛的群众基础。只有各民族全体人民做到对民族文化的珍视与继承，才能拥有将其发扬光大、推向世界的根本基础。那时候，文化自信自然也会从中兴起。

其次，民族文化自信的生成也基于对文化的创新与发展，我们应该用取其精华、弃其糟粕的态度对待每一种文化。对于民族文化中的糟粕部分，我们理应将其剔除，对于民族文化中的优秀部分，我们也应该结合新的时代内容与特色，将其发展成为人民喜闻乐见的新形式。比如广西靖西的新靖镇旧州村是远近闻名的"绣球村"，在它历史悠久的绣球生产基地中每年可生产超过 20 万个绣球，并销往世界各地。从小小的绣球中，我们既可以了解到实实在在的"堆绣"工艺文化，也可以从中感悟广西壮族年轻男女之间的感情寄托与吉祥祝福。不断创新的抛绣球运动也已然发展成为广西少数民族传统体育运动会的竞赛项目，这也体现了壮族人民积极的人生态度与价值追求。为迎接中国—东盟博览会胜利举办，壮族人民制作了直径 2 米以上的超大型绣球，为传统的绣球文化融入了不少新的时代气息。

（二）加强文化对比研究，提升民族文化认知

1. 民族文化的独特性

"文化是民族的血脉，民族是文化的载体"，文化没有优劣之分，每一种文化都有它们专属的独特性，不同民族拥有不同的文化基底，也有属于自己的独特发展之路。只有加强广西民族的文化与其他民族的文化的对比研究，才能够显示出其自身的独特性，在独有的文化继承与发展当中，更能彰显文化自信的来源。

2. 在文化对比中增强文化认知

广西民族文化中有许多与众不同的成分，因此需要加强中外文化对比研究，才能把本民族人民习以为常的民俗文化深挖和升华，找出其产生的基础、发展的源头及其当代性特色。以广西壮族的饮食文化与西方民族饮食文化对比为例，他们在饮食结构、饮食禁忌、配酒品种与文化等方面都存在很大的差异。首先是饮食结构方面的差异，由于广西有着悠久的农耕文明历史，稻作文化丰富，这使得广西各民族人民多以稻米为主食，辅之以肉食、菜食。稻米又分为粳米和糯米两种，壮族人民一般会将粳米制作成米饭、米粉、米粥等食物，而将糯米制作成粽子、糍粑、糯米饭等。与此相反，西方欧美民族将各种红肉、白肉作为主食，辅之以面食、米食。其次是不同的民族文化在饮食禁忌方面也各有其特点，其中包含了许多文化讯息。如西方民族多以牛肉为主食，不食狗肉，认为犬类是人类的朋友（也许源于犬类在捕猎活动中的重要作用）。而在广西壮族，农耕文化中一直伴随着牛的耕作奉献，人们尊重牛，不杀牛或者食用牛肉。再次是广西壮族与西方民族的酒文化也有差异。由于不同的生产方式，酿酒的种类是不同的，壮族是以稻作为主的农耕民族，常酿的酒有米酒、红薯酒、药酒等；而西方民族多种植大麦，所以啤酒最为常见，其次便是葡萄酒，葡萄酒多见于较为正式的场合。不同民族的酒文化与餐桌礼仪更是差别甚大，需要继续做深入的研究。

促进文化对比工作的开展，有利于某种文化的独特性被人们认识与了解，进而由内而外地激发出文化自信的动力。广西各民族文化需要得到进一步的整合，不论是民俗节日、婚丧习俗、宗教信仰、体育运动还是艺术文化，都可以与其他民族文化做对比研究。经过深入的对比分析之后，才能把握自己文化中的血脉来源，认清影响文化要素发展的根本因素，最终创新民族文化的发展模式。

（三）解决继承难题，重拾文化自信

1. 民族语言继承难题

民族文化中虽然已有很多优秀成分被人们很好地挖掘、继承、发展，但是还是有一部分民族文化不能适应新社会的全部需求，开始出现衰落的迹象。民族语言在民族文化中有着极其重要的地位，且有一定的代表性，现以广西民族语言的继承、发展情况为例，提出民族文化中的发展难题与解决方法。

西部大开发战略之后，广西的城市化进程不断加快，出现了一系列从未有过的改变：农村人口大量向城市迁移，职业与产业结构不断调整，土地及地域空间分布格局持续变化。人们有普通话作为沟通的工具与桥梁，这使得广西的城市化进程有序发展。但是与此同时，城市化进程的不断推进改变了许多人的居住地与生活习惯，带来了方言、少数民族语言使用人口的减少，这使得一些语言处于传承濒危状态。这些变化打破了广西境内 12 个世居民族在语言使用上的多语平衡状态。诚然，这种现象是由多重原因共同造成的，比如，由于规定普通话作为当地的教育语言、传媒语言、工作语言和民族交际语言，使得各地、各民族语言的使用频率相对减少；进城务工人员数量逐年增加，他们被迫放弃使用方言或民族语才能融入新的城市工作和生活之中；为了减轻孩子学习负担等原因，新一代的父母不愿意让自己的孩子学习方言从而主动放弃对方言或民族语的继承；等等。在这样的城市化背景下，在各民族大融合、大交流的时代中，经济发达地区的文化常常会对经济发展落后地区的文化产生影响。广西各民族文化对汉族文化的吸收是在各民族文化交流中不可避免的，但是保持本民族文化的独特性，依然是当地文化传承工作的重要内容，而且这项工作关乎当地民族的发展与未来。

2. 加强文化自信

我们需要用新的体制机制让民族语言得到良好的继承与传播，使得民族语言不要成为或有可能成为"语言的化石"，只留存在民族语言数据库与文献中。首先，应加强广西当地中小学中方言或民族语的课程教学，让民族语言也能成为特定课堂的教学语言，与普通话共同作为当地民族交流的语言工具。增加中小学学生的方言学习是一件重要的民族语言传承的工作，只有本民族语言在新一代青少年中间继续发挥沟通价值，才有让方言或民族语有继续向全世界传播的可能。其次，应在当地开通更多的民族语言广播、电视节目，并增加此类节目的播放时间，让民族语言在实际生活中真正发挥其传递信息的功能，让人们在娱乐中感受属于本民族的、独特的文化魅力。最后，也是最重要的一点是完善语言立法，在推广普通话的同时，把少数民族语言的使用提高到落实民族区域自治法的高度上来，让少数民族语言在本地区有更多的用武之地。

三、广西民族文化的"丝路"传播策略

(一)做好顶层设计，加强相关研究

顶层设计原本是一个工程学术语，但是它同样能够指导经济、政治、文化、生态等多方面的发展问题。想要做好广西民族文化的"丝路"传播工作，首先应统筹考虑项目的各个层次和各种要素，追根溯源，统揽全局，在最高层次上寻求问题的解决之道。其次要达到传播广西民族文化的目的，必须明确广西民族文化是什么、要传播哪些民族文化、怎么传播这些民族文化等问题。只有在确定文化传播指导方针的基础上加强相关项目的研究，才能够实现借助"丝路"背景传播广西民族文化的初衷。

前文介绍了广西民族文化的七种类型，对各种民族文化有了一个初步的认知，这些民族文化中的精华部分正是我们想要传播的内容，然而对于这些纷繁复杂的文化类型，究竟要如何实现其文化传播呢？通过比对分析可知，虽说所有的文化类型都具有"观赏性"，但与其他六类文化相比，"语言文字"类文化更凸显"应用性"。由于语言文字是人类交际的工具，我们很难做到让说不同民族语言或不同方言的人们在他人翻译或语言学习之前完成良好的沟通，但受众在面对单纯的"观赏性"文化时则会较容易接纳与欣赏。比如，对于其他民族的歌舞表演、刺绣作品、医疗技术、民族美食等文化形式，即使我们在初次接触时不甚了解，但依然可以通过文化体验得到一定程度的文化享受。二者在接受度上的差异，使得其在传播策略上也应有所不同。所以，应该分为两部分来对广西民族文化进行规划和相关研究，设计出不同的"丝路"传播策略。

(二)广西民族语言的"丝路"传播策略——艺术产业化

在这样一个被誉为全球化 3.0 模式的经济背景下，广西民族语言在语言产业化发展中，拥有走向世界的旺盛生命力，与此同时广

西的民族语言也会为广西人民创造丰厚的社会效益与经济效益。通过对民族语言的产业化发展，尤其是在社会责任与经济压力下，它们才能被各产业从事人员系统地整合、利用与发展。在语言产业化的过程当中，也在不自觉中增强了当地民众对本民族语言的了解与掌握，这也使得语言文化的对外传播具有更深厚的基础。

1. 广西民族语言产业发展的方向选择

语言是人类思维与交际的最重要的工具，语言具有社会性，同一社会中的人们用他们的共同语来进行人际互动、信息传递，从而维系人们自身的社会属性；同时，语言也具有多样性，不同地区、不同民族的人们在各自的语言基础上，由于地理屏障、人口迁徙、社会割据等原因，加之语言发展的不平衡性，从而分化出不同的语言或方言。世界语言的多样性与语言的社会属性，共同决定了语言的经济产业价值。

目前在中国得到普遍良好发展的语言经济产业包括语言培训业、语言出版业、语言康复业、语言文字信息处理业、语言艺术业、语言翻译业、语言会展业、语言创意业、语言能力测评业等。根据市场的实际需求，可以将目前流行的语言产业对于广西民族语言产业的适用情况分为以下三类：一是急需大力发展的语言产业，主要包括语言艺术业、语言翻译业、语言出版业等；二是需要保持平稳较快发展的语言产业，主要包括语言会展业、语言文字信息处理业等；三是需要长远规划发展的语言产业，主要包括语言培训业、语言能力测评业等。第一类中的三种语言产业其实又可以合为一个流程，即"语言艺术的创作、翻译与出版"，其中的出版不仅限于文字资料的出版，还包括影视音像等任何一种语言艺术成果的正规发行。在第一类文化产业中最核心的产业为"语言艺术业"，这里将简述广西民族语言艺术业的现状并对其发展进行初步构想。

2. 广西民族语言艺术产业发展的现状

关于语言艺术的范围，贺宏志认为，语言艺术是以语言为手段而进行艺术创作的艺术形式，广义上的语言艺术包括书法、影视、文学、喜剧、广播等具有语言要素参与的艺术形式。所以我们不难理解，广西民族语言艺术包括一切以广西民族语言为要素的文学艺术形式。

近年来,将目标受众设定为国内观众的广西民族语言艺术产业,并没有在各种文艺类型上"全线开花",或者在所有语言艺术领域都取得良好的效益。目前产业效益较为突出的仅是民族语言广播影视的译制和播放。如开办了壮语卫星电视、壮语卫星广播,开播了壮语、侗语、苗语广播电视节目,2013 年 5 月由壮语、苗语、侗语译配的电影《天琴》首映,2014 年 12 月瑶语电影《举起手来》首映,2015 年 4 月由毛南语译配的数字电影《刘老庄八十二壮士》首映,等等。这在一定程度上弥补了当初没有此类民族语言节目的缺失,但是想要在经济全球化发展的时代背景下发挥广西当地民族语言产业的内在动力,让民族文化跻身于世界文化之列,这并不是一件可以一蹴而就的事业,更不是单凭一人之力、一企业之力能够完成的,需要各行各业人才资源以及政府政策的支持。

3. 广西民族语言艺术产业发展的策略

一是培养语言艺术产业的专业人才队伍。广西虽然地处国家西南边区,教育教学资源相比东部地区略有落后,但是依然有着丰富的教学资源。广西区内 76 所高校中,除广西艺术学院、广西演艺职业学院为专业的艺术类高校,还有 26 所属于综合类、师范类或民族类高校。同时,几乎每所大学高校都有文学院(或文法学院)、艺术影视学院等文艺类学院。丰富的文艺师资力量、源源不断的少数民族生源,都是打造广西民族语言产品的重要基石和保障。在语言艺术产品的传播过程中,一定是民族语言艺术产品的优秀文化内核吸引了大量的国内外读者与观众,人们在享受语言艺术中故事与情感的同时,在潜移默化中接受了文化产品当中的语言与价值观念,这使得民族语言从中得以广泛传播。所以,广西应培养更多优秀的民族文化继承人,并在"目标培养人才"熟练掌握至少一种广西民族方言的基础上,加强其专业素质与修养,争取发挥各家所长做出更好的语言艺术产业创新:影视艺术学人才创造出反映广西民族人民生活特色的影视类作品(包括剧本、舞台剧、电影、电视剧等),文学类人才创造出反映广西民族语言及本土文化的文学作品(包括小说、散文、诗歌等）。让文化产业在多维度上绽放光彩，使中外广泛的文化产业受众感受到来自广西民族的文化特色与艺术魅力。

二是选拔并培养优秀的文艺演出人员，用文艺演出人员的"附加值"提高民族语言文艺产品的知名度。广西应该打造属于自己的大型影视公司，制定有广西民族特色的文艺演出人员的选拔机制，广西电视台也应积极创办属于自己的电视艺人选拔节目，在节目中选拔出一批广受人民欢迎的优秀文艺演出人员，并通过对艺人的培养与宣传实现其文化宣传能力的最大化。利用这样的"明星效应"，民族语言艺术产品会有更大的国内、国际影响力，语言艺术产品的畅销会带来语言艺术产业的兴起，从而进一步使得民族语言有更广阔的发展传播空间。

三是以科技为引导，加强语言及其产业发展研究。以 2016 年10 月新产生的网络流行语"蓝瘦香菇"及其相关研究为例，"蓝瘦香菇"最初来源于一段网络视频：南宁一男子拍摄视频来表达和女友分手后的心情，并且在视频中强调自己失恋后"难受""想哭"的情愫。由于该男子的普通话并不标准，使用了带有明显"汉—壮"夹杂的独特方言口音来表达他"难受"和"想哭"的心情，画面凄婉而特异，于无形中却给受众带来了新颖别样的视听效果。以新兴科技产品为桥梁能够引起人们对壮语等民族语言的极大关注，同时，加强少数民族语言及其相关领域研究可以为广西民族语言艺术产业发展提供指导和持久的发展动力。

四是一切语言产业的发展都离不开政府与社会的支持。广西壮族自治区人民政府应制定相应的政策以保证广西各中小学及各高校的方言培训课程顺利举办，大力支持高校内文艺专业学生的创作与实践，为师生提供更好的教育资源、创作培训以及设备支持，并为学生提供展示文艺才华的璀璨舞台，让学生在学习和实践的双重体验中增加自身的创作欲望，提高创作水平。

（三）广西民族"观赏性"文化的"丝路"传播策略——旅游品牌化

1. 民族文化"实物化"，推广文化载体

民族文化是一种抽象的概念，它需要具体物质的承载才能够被人更好地了解或学习。例如,民族语言需要文字的记载才得以保存,民族工艺文化在具体的手工艺作品中才能够集中体现,民族艺术文化只有在歌舞表演中才能被世人欣赏,民族历史文化只有在历史遗留的古建筑或古工艺品中才能被人领略。总之,一切文化都不能以本身单一的文化形态保存或者传播,文化的发展需要借助物质载体的发展来实现。而将如此的文化载体向世界推广的方法有两种,一是将文化产品推向世界,做好文化产品的出口工作;二是将世界各地游客吸引过来,让他们真切地感受来自民族文化发源地的神秘磁场。广西古老多元的民族文化产品,只有与当地的旅游产业相适应,才能够实现其内在文化传播的最大化并带动旅游商品出口的增长。

广西拥有着得天独厚的旅游资源,沿江、沿边、沿海的广西,旅游景点达400多处,其中主要旅游项目又分为四种类型:一是桂林山水欣赏,二是海滨风光游览(景点包括北海银滩、防城港的金滩等),三是中越边境旅游,四是刺激探险体验(广西现已开发的探险旅游资源有资江探险、龙谷峡探险、百色原始森林探险等)。与此同时,世居于广西的12个民族,在历史长河中积累了难以计数的民族文化资源。在广西现有的旅游产业中,有很多文化资源已经得到了较好的开发,例如桂林山水文化、北部湾海洋文化、中越边境文化、红色文化等。但是广西的文化绝不仅仅是全国或者全世界游客眼中的"桂林山水、刘三姐对歌、银滩大海或是中越边境线"如此简单。有很多民族特色文化没有得到应有的开发与实物化,这里只收集、列举了广西各民族较有特色的部分文化形式,并对其如何融入旅游文化产业提出初步的设想。

2. 结合旅游元素,推广民族商品

通过前文对广西12个民族文化的分类介绍,我们可以真切地感受到民族文化的多元与精彩。而当前的任务是如何才能将如此多彩的文化借助"一带一路"的时代背景,更好地传递给全国人民与全世界人民,并且让多样的民族文化进一步创新和发展。广西作为一个经济欠发达地区,文化产业的发展基础相对落后,发展任务也更加艰巨。因此,对于发展观念的树立与更新、发展路径的把握与选择就显得尤为关键。具有良好自然环境与自然禀赋的广西，是生态优美、景点众多的旅游胜地，桂林、南宁、北海、柳州、玉林、梧州、桂平、钦州、百色、贺州、凭祥、宜州等城市均被评为全国优秀旅游城市。"绿水青山就是金山银山"，如果将民族文化与当地的旅游资源、旅游产业相结合，是一种发展并推广民族文化最合适不过的方法。众所周知，"吃、住、行、游、购、娱"是旅游的六大基本要素，那么我们要做的就是把广西多元的民族文化分别与旅游基本要素相结合。

（1）文艺类民族文化是旅游产业中最具吸引力的人文元素，它们可以与"购物、娱乐"两大要素相结合。具体来说，文艺类民族文化与旅游产业有两种结合方式：一种是针对民族语言、民族美术等文化形式，我们需要将这样的抽象文化形式与旅游工艺品相结合。将有民族特色的文字或绘画作品绘制在折扇、皮包、丝绸、竹制品、屏风等工艺品上；用民族绘画工艺为游客画肖像或剪影；将民族语言用当地民族特有的文字或翻译之后的汉字描绘或刻画在当地民族服饰或特色工艺品上，也可以出版宣传彩页或连环画进行销售。通过这样的结合方法，既可以增加工艺品的文化附加值，又可以增加民族文化在其他民族或其他地区的曝光度，有利于民族旅游产业和民族文化的发展与推广。另一种是对于民族音乐、民族舞蹈、民族戏剧等部分内容所提出的结合方式，因为它们的专业性、组织性更强，进行此类文化演出需要更为专业的文化公司、策划公司或正规的剧团、舞团的加盟。比较成功的典型是 2004 年 3 月 20 日上演的大型桂林山水实景演出《印象·刘三姐》，它将壮族民歌、漓江山水、广西少数民族文化等多元文化合为一体，将民族歌舞与民族文化融入山水之中，给游客一种出神入化之感，每位游客都在节目表演中沐浴着旅行带给自己的异族文化的新鲜美感。而如此的文化艺术表演形式，是应该被各个民族所借鉴与学习的。

（2）在旅游区内举办习俗类文化活动与民族运动类文化活动，可以让游客感受旅游要素中"娱乐"的重要性，并乐在其中。很明显，习俗类、运动类文化的表现形式与歌舞类有所不同，虽然在向各地游客展示文化习俗或民族运动的时候会有表演形式的存在，但是在这类文化的传播过程中,更重要的原则是让游客这一群体真正融入其中。只有让每一位游客真正地融入民族文化的现实表现形式之中,他们才可以做到对这种民族活动的感同身受。如果可以将各民族的文化习俗或体育运动进行节目编排或情景设定,让它们形成每天的固定节目,那么就可以做到让全国、全世界的游客,不论选择哪一天来到广西,都可以感受到壮族人民"三月三歌节"的欢乐气氛,体会到被称为"东方狂欢节"的彝族"火把节"的独特魅力,发现抛绣球活动的趣味与运动价值。

(3)工艺制造类文化可以与旅游要素中的"住宿、购物"相结合。广西瑶族、侗族等民族拥有十分有特色的干栏式建筑,苗族、瑶族人民有半干栏式的吊脚楼,仫佬族人民有砖瓦结构的地炉房屋,彝族有特色的瓦房、土掌房、闪片房、垛木房、茅草房等房屋建筑。如果将旅游目的地的民宿或者其他宾馆、酒店的建筑类型与内饰装潢,融入更多的民族风格,这将不仅为游客提供更多元的民族文化体验,同时也可借机让这些古老的民族智慧在新的时代中大放光彩。此外,在工艺制造类文化中有一项是绝对不容忽视的,那就是民族工艺品的加工与制作。许多广西民族工匠,将自己毕生的心血注入民族工艺的传承之中。广西各民族几乎都有自己特色的民族服饰,他们拥有独特的蜡染、编织、雕刻、刺绣等技艺,能工巧匠通过精妙绝伦的技艺施展,让一件件特色民族工艺品跃然于众人眼前。在当下的旅游产业中,如果可以将民族特色工艺与现代技术相结合,然后对游客喜爱的工艺品进行成规模、高质量的生产制作,这样就能够让民族工艺文化更好地适应旅游市场。这不仅会为各少数民族工匠带来更多的经济效益,也会为民族技艺的传承带来新鲜的血液。

(4)在民族特产类文化中,饮食文化是非常重要的一部分,它满足了游客的"饮食"要求。民以食为天,一个地区、一个民族的饮食文化最能反映出这一地区的文化特质。饮食作为旅游要素中极为重要的一点,是某些游客离开居住地到达旅游目的地的主要目标之一。为了给来自世界各地的游客提供丰盛的民族佳肴,首先要保证有专业的厨师"坐镇"。民族餐饮业要建立一套完整的民族厨师培训、选拔机制，创建民族厨师培训学校，让有经验的大师傅走进课堂，将自己的传统烹饪技术传给新一代学员。当然随着时代的发展，民族风味食物的口味也不是一成不变的，在保证食材健康卫生的前提下，将民族特色食物的烹饪方法结合现代人口味进行一定的改造，民族美食将得到更好的推广。在民族旅游产业兴盛的背景下，饮食业不仅要打造出更多的农家乐或民族饭庄，为各地游客提供优质的"堂食"菜品、小吃，也要积极运用现代保鲜技术，生产出更多可以满足游客采购、质保的民族特产食物，让特色菜品的风味走向世界。

（5）民族医药类文化虽然不能明确地与六种旅游要素相结合，但是它作为世界特有的医疗文化，对各国、各地区游客的吸引力不容小觑。随着时代与社会的不断发展，诊疗思想与医疗技术也在不断进步，各族人民在各自的实践中不断摸索着属于本民族的治疗方法与配药技术。虽然并不是所有的中医疗法都有相对应的科学解释，但是各民族中医文化中的五行之说、经络之学、穴位之法、阴阳平衡等思想确实在全世界都有着广泛的传播与深远的影响。基于中医药文化在世界上的影响力，可尝试在旅游区内开设各民族的特色药铺，让专业的民族医师，用望闻问切抑或是"甲诊、掌诊、舌诊、耳诊和面诊"等特色民族诊疗方法，为来自世界各地的游客检查身体，并为患者提供特色的药方与药品。对于博大精深的中医理论，即便是中国人也常常能感受到它的神奇之处，医师在患者的脉象中便可感知其身体各部的健康状况，体验这样的诊疗技术对于外国游客来说无疑是一种"发现新大陆"般的惊喜。如果经过民族特色治疗最终使得各地游客达到解除病患的目的，届时，民族医师不仅借助旅游产业的资源发展了民族医药产业，同时也对广西少数民族的医疗文化进行了全球化的普及。

参考文献

[1]宋泽楠.广西开放发展"三大定位"的内涵分及实现路径[J].

广西社会科学,2017(8):22-26.

[2]樊中元.广西少数民族语言艺术产业和效能的发展[J].教育观察,2017(6):137-138.

[3]邓凤英.广西壮族民俗文化与西方民俗文化对比[J].广西教育学院学报,2015(2):26-2.

[4]刘丽静.城市化背景下广西民族语言生态平衡问题研究[J].广西社会科学,2014(12):65-68.

[5]樊中元.广西民族语言教育产业和效能的状况与发展[J].广西师范学院学报,2016(52):9-13.

[6]贺宏志.语言产业引论[M].北京:语文出版社,2013.

[7]杨绪明,陈德银,程茹佳.基于"蓝瘦""香菇"的新词语社会文化心理考察[J].广西师范学院学报,2017(4):168-174.

[8]管荟璇,林昆勇,陈汇璇.广西文化产业与民族文化资源的融合性研究[J].城市文化,2015(10):75-79.

[9]杜悦嘉,林昆勇.中国—东盟命运共同体建设背景下广西文化产业发展的对策研究[J].城市经济,2015(7):23-27.

广西毛南族分龙节习俗及其现代化研究

南宁师范大学　张南南

【摘　要】传统节日作为行为层面的传统文化，蕴含着广大民众的智慧与价值取向。分龙节是我国毛南族的重要传统节日，集民族优秀传统文化于一体的毛南族分龙节随着社会现代化的发展，非遗保护、民俗旅游等观念逐步影响着传统节日习俗，致使传统节日习俗在形式及节日内涵上也逐步发生着转变。通过调查掌握分龙节近十年的习俗转变情况并对现有习俗做出民俗志记载，便于在"一带一路"倡议背景下做好传统文化的发展与传播工作。

【关键词】毛南族；分龙节；习俗现代化

毛南族是中国人口较少的山地民族之一，民族语言为毛南语，通用汉文。毛南族主要聚居在中国云贵高原的茅南山、九万大山、凤凰山和大石山一带，广西环江毛南族自治县的上南、中南、下南一带山区更是被称为"三南"，素有"毛南之乡"的美称。分龙节为毛南族的传统节日，于 2009 年开始由政府逐步打造成了集旅游、非物质文化遗产传承于一体的大型节日。据调查，广西环江毛南族自治县政府 2017 年于 5 月 28 日在县城举办分龙节暨第三届世界自然遗产文化旅游节，而传统的分龙节则是在夏至后的第一个辰日举行，于是笔者及同伴于 2017 年 6 月 21 日至 23 日参加了环江下南乡举办的分龙节。

一、毛南族分龙节研究概述

分龙节为毛南族的传统节日,在《毛南族风俗志》①一书中,在第六章"岁时"中对分龙节有着详细的介绍;在《福禄寿禧　中国春节习俗典故》②一书中作者提到"毛南族虽然十分重视春节,但他们更加重视的是'分龙节',实际上类似汉族过春节"。

关于毛南族分龙节的研究论文数量虽不多,但涉及面较广,经归纳主要有以下三个方面:一是涉及节日习俗、内涵及起源方面的研究,如《五月分龙说庙节——毛南族分龙节及其文化研究》③、《毛南族分龙节的传统文化内涵及其当代价值研究》④、《毛南分龙节起源与形成新探》⑤等。其中《五月分龙说庙节》一文,对分龙节的节日时间和活动内容、节日服饰食品和贸易进行了详细的记载和描述,并对其起源和文化内涵进行了探讨;《毛南分龙节起源与形成新探》一文在前人的研究基础上对分龙节由来进行了脉络梳理,认为毛南族分龙节为汉族"分龙节"与毛南"庙节"融合的结果。二是涉及非遗及旅游相关的节日保护方面的研究,从非遗角度进行的研究有《毛南族"分龙节"的渊源、现状及保护》⑥、《浅论广西毛南族分龙节的保护现状及对策》⑦,从旅游角度进行的研究有

---

①蒙国荣,等.毛南风俗志[M].北京:中央民族学院出版社,1988.

②黎莹,黎北北.福禄寿禧　中国春节习俗典故[M].北京:大众文艺出版社,2002.

③卢敏飞.五月分龙说庙节:毛南族分龙节及其文化研究[J].广西民族研究,1992(03).

④黄建勇,于萍,廖碧霞.毛南族分龙节的传统文化内涵及其当代价值研究[J].市场论坛,2013(04).

⑤廖树群.毛南分龙节起源与形成新探[J].河池学院学报,2014(03).

⑥谢铭,覃自昆.毛南族"分龙节"的渊源、现状及保护[J].广西社会科学,2009(07).

⑦廖树群.浅论广西毛南族分龙节的保护现状及对策[J].河池学院学报,2016.

《浅论毛南族分龙的旅游开发的现状及对策》①、《人口较少民族传统节日文化旅游开发探讨——以广西环江毛南族分龙节为例》②。三是从美学角度对分龙节进行的研究,有《广西环江县毛南族傩面具艺术研究》③、《生态美学视域中的毛南族分龙节文化》④等,多是对傩面具、傩舞进行美学方面的解读。现有研究里对毛南分龙节习俗现代化及新旧习俗对比方面的研究鲜有涉及,笔者将从分龙节的现有习俗出发,对分龙节新旧习俗的转变以及其转变原因进行分析。

二、2017 年毛南族分龙节习俗

6 月 21 日下午 5 点,笔者到达下南乡街上。"纳牛"仪式在下南街后的波川路口举行,笔者错过了"纳牛"仪式,到达现场时只看到场地上杀好的牛,师公已经离开,只有屠牛的师傅和零散的几个观众。后据笔者调查采访得知,这头牛是由下南乡政府出资购买的,在"纳牛"仪式上将这头公牛牵到场地,由师公戴上傩面具、手持法器、念经文、跳傩舞,以请神献祭。后由专门屠牛的师傅屠牛,牛肉会在第二天的簸箕宴上分给每桌品尝。

6 月 22 日凌晨 5 点⑤,笔者随寄宿处的女主人⑥一起起床准备祭品,传统的节日食物有五色糯米饭、粉蒸肉等。女主人先将头天早上用金黄花、枫树叶和"发多"叶等植物泡好的五色糯米淘洗干净,

---

①廖树群.浅论毛南族分龙的旅游开发的现状及对策[J].广西广播电视大学学报,2015(02).

②江日青.人口较少民族传统节日文化旅游开发探讨:以广西环江毛南族分龙节为例[J].农业经济,2016.

③曹红玉.广西环江县毛南族傩面具艺术研究[D].北京:中央民族大学,2013.

④杜森秀.生态美学视域中的毛南族分龙节文化[D].南宁:广西民族大学,2015.

⑤因主人家住在下南街上做吃食生意,开的是一家粉店,所以起床略早于一般人家。

⑥覃善平,女,1969 年生。

蒸在锅里,然后着手切五花肉,将切好的五花肉和糯米粉按照一定比例调好,一起蒸在五色糯米饭的上面。约半个小时之后,女主人将蒸好的五色糯米饭和粉蒸肉盛出,放在祖先牌位前,点香祭祀。随后女主人便煮汤底、切肉、切粉,开门做生意。

原定的分龙节开幕暨祈福仪式于上午 9 点开始。笔者于 8 点 30 分到达场地,场地位于下南乡街后的波川路口。下南乡下辖 10 个村,附近各村、屯的代表带着祭品陆陆续续来到仪式场地。但因当天突降大雨,本应在路口汇合的来自 5 个村的舞龙队不得不在帐篷处躲雨,因而原定 9 点开始的分龙节开幕暨祈福仪式延迟到 11 点才正式开始。雨一直未停,村民们将帐篷挪至舞台即祭台正前方,各村代表将祭品放置在帐篷下分列排好进行祭祀祈福活动。师公们也在舞台上摆上祭桌,祭桌正中摆放牛头,牛头前摆放香炉。牛头左边摆放牛内脏,右边摆放牛腿,周边还放着五色糯米饭、鸡鸭猪肉等祭品。

上午 11 点,仪式由司仪主持正式开始。先是舞台上的 5 名师公手拿着法器唱经请三界公,于祭桌前边唱经边跳傩舞进行祈福;傩舞结束以后,由各村代表在舞台上对着祭桌上香祭拜祈福;2 名师公下台去各村摆放祭品处点祭品,师公点完祭品回到舞台进行唱经,请神龙前来进行分龙,由中南村(南昌村)、松现屯、新村、下南街上、坡川村 5 个村的舞龙队依次将黄、黑、白、红、紫 5 条龙带到祭台前进行祭拜,龙头朝祭桌方向拜三下,由三界公进行分龙,以祈求风调雨顺;分龙结束以后师公们进行第三次唱经,送神完毕,师公大声喊道"分龙喽"而后便将经过祈福的大米洒向众人,众人争相接这"福米",喻示着有好丰收、好兆头。

仪式结束以后大约 12 点,来自 5 个村的 5 个舞龙队在空场地上进行"分龙布雨"的舞龙表演。舞龙表演结束后雨已经渐渐停了,在舞台旁边的路口有编鸟粽比赛和毛南族非物质文化遗产花竹帽、傩面具的展示;同时还有百桌簸箕宴体验活动,由各村祈福队伍带来的民族传统饮食与外来宾客共同体验。

下午活动继续,在下南中学有着毛南传统体育、棋艺比赛及全民拔河比赛;在东华屯旁的菜牛交易中心有菜牛选美活动,在下南乡文化活动中心有山歌对唱活动。乡民们和游客们可根据个人喜好选择活动进行参与。下南乡街上的村民因做生意,并没有在中午进行长桌宴,而是在下午4点多进行。笔者有幸跟随男主人一起参加了下南乡街上的长桌宴,宴会在下午4点30分的长鞭炮声中拉开帷幕,桌上多是当地的特色美食,如五色糯米饭、粉包肉、血肠、白切鸭等,还有21日下午为分龙节祭祀而剩下的牛肉做成熟食分配给各桌。席上村民们相互敬酒,一起唱迎客歌,热闹非凡。

晚上8点的狂欢晚会即文艺表演也在波川路口的舞台进行,共表演了22个节目,既有现代特色的《青春的代价》、歌曲串烧等歌舞表演,也有极具民族特色的《迎客歌》《送客歌》及《花灵仙馆送花》等傩舞表演,还有来自下南中心校及下南波川幼儿园的学生带来的《感恩父母》《小手编织花竹帽》,又有村民们带来的《飘香毛南》《幸福山歌》等表演。大家载歌载舞,欢度分龙节。

三、毛南族分龙节习俗转变与分析

在此次的田野调查展开之前,笔者阅读了分龙节相关的文献记载及研究资料,然而从在下南乡对分龙节举行时的见闻以及对乡民们的调查走访中,笔者感觉这与之前笔者心目中对分龙节的想象不大一样。这种感觉源自笔者忽略了文献记载中的节日习俗与现在习俗的时间差,中国正处于飞速发展的阶段,时间所带来的改变是不可控的。在现代经济社会作用影响下,传统习俗逐步发生着改变,传统习俗的转变反映出在现代生产力状况转变的条件下人民的物质世界以及精神世界的转变。

(一)分龙节的习俗转变

笔者此次参加的分龙节节庆的活动时间为两天,第一天的活动主要有下午的纳福牛仪式,第二天的活动较多,从早到晚:早晨家祭,上午分龙祈福仪式、分龙布雨舞龙表演,中午的百桌簸箕宴体验活动、花竹帽傩面具等非遗展示、编鸟粽比赛,下午的传统体育竞技及棋艺比赛、毛南族菜牛选美活动、山歌对唱,晚上的民族特色节目会演。在这两天时间里面,前来参加分龙节的外乡人还可以进行自由行,领略毛南族发祥地的自然与人文风光。然而在卢敏飞1992年发表的《五月分龙说庙节——毛南族分龙节及其文化研究》和谢铭、覃自昆2009年发表的《毛南族"分龙节"的渊源、现状及保护》文中,分龙节的节庆还是传统的三天时间,其内容大致为:第一天庙祭,巫师在庙堂内念经请神;第二天椎牛仪式,传统体育竞技活动(同填、同拼、同顶),山歌对唱;第三天家祭,祭祀祖先、三界公,善待耕牛,出嫁女儿回娘家省亲,走亲访友。

从上述中我们可以明显看出分龙节习俗的变化,在文章开头笔者提及分龙节于2009年开始举办第一届中国环江毛南族分龙节,逐步将分龙节打造成集旅游、非遗传承于一体的民族节庆活动。环江毛南族自治县政府有意对分龙节习俗进行宣传打造,使得下南乡传统的习俗也发生着变化,在笔者现今看到的节庆中,原本三天的节庆现在只有两天的时间举办,祭祀在节庆中的时间比重大大缩减;福牛的选择也并没有像卢敏飞老师文章中提到的必须为白色公牛;回娘家省亲、走亲访友习俗消失;增加了分龙布雨仪式、舞龙表演、歌舞狂欢等活动,据村民们回忆,从2011年才开始有分龙节中的狂欢晚会,分龙祈福仪式以及用来进行舞龙表演中的龙也是近五年才由政府提供给村民的;增加非遗物品、民族特色活动的展示,以及观光旅游的安排;习俗也由原先的民间主导转变为乡政府主导。

(二)分龙节习俗转变分析

在传统分龙节习俗中,三天的节庆时间里面前两天都是用来进行庙祭的,第一天"由巫师在庙堂内念经请神,其余的三五个巫师身披斑斓法衣、头戴诸神脸谱面具,背负长鼓,在庙前空地上随着鼓乐声翩翩起舞。他们时而绕手朝拜、时而起伏碎步,以舞娱神、祈神、邀神"。第二天椎牛祭祀三界公。在农耕社会中,受生产力的限制,人们的祭祀活动多以实用性为主,多与生产、生活息息相关,如祈求丰收、家宅平安等内容。传统的分龙节祭祀是为了请三界公下凡,帮助人们合理分配水龙，以保当地风调雨顺、不旱不涝，能有个好的丰收。而随着近代科学的发展，人们逐渐了解风雨乃是自然现象，不可能依靠人们的意愿通过祭祀祈福就能改变；社会生产力方式的转变与发展，也使得毛南族人民不只是单靠农业耕种满足生活需求，进城务工从事经济劳作成为更多年轻人的首选，于是分龙节的文化内涵由农事祈丰到农闲娱乐成为必然。

在现今的分龙节中展现了非遗、旅游、民族文化展示的身影，分龙节成为承载着各种文化因素的文化空间，分龙节举办的时间正值农闲，水稻长势茂盛的时候，村民们便大肆举行"分龙祈福"的文娱活动，分龙节习俗正以"具有农闲娱乐、非遗展示、民俗旅游的文化空间"内涵逐渐取代传统习俗中"农事祭祀、祈求丰收"的节日内涵。对这种转变产生直接影响的因素莫过于中国旅游业发展所带来的经济影响以及国家对非遗保护的重视，自 2009 年以来，分龙节随国家的社会文化发展经历了"文化搭台经济唱戏"到"经济搭台文化唱戏"的转变。如同中国传统节日春节习俗的网络化、城市化、娱乐化的现代化演变一样，分龙节由农事祈丰到集非遗、旅游、娱乐文化于一体的活态文化空间的转变趋势既是对传统文化的一种保护，也是中国传统文化不断与时俱进的表现。

四、结语

分龙节由一个传统的农事祈丰节日转变为集非遗展示、民俗旅游、文化娱乐于一体的"活态文化空间"，这种转变是必然的，是传统文化与时俱进的表现。我们应主动适应时代发展的需要，开拓分龙节在现代社会中新的生机与活力，将传统毛南族文化元素与现代化进程有机结合，并时刻保持警惕，不断加强传统文化教育，不要让"商品化""利益化"过分充斥于节日的文化空间，积极引导民俗节日文化向着健康的方向发展，在"一带一路"的背景下做好传统文化的发展与传播工作。

参考文献

[1]黎莹,黎北北.福禄寿禧 中国春节习俗典故[M].北京:大众文艺出版社,2002:239.

[2]卢敏飞.五月分龙说庙节:毛南分龙节及其文化研究[J].广西民族研究,1992(03):66-76.

[3]蒙国荣.毛南族风俗志[M].北京:中央民族学院出版社,1988:152.

[4]谢铭,覃自昆.毛南族"分龙节"的渊源、现状及保护[J].广西社会科学,2009(07):13-17.

[5]廖树群.毛南族分龙节起源与形成新探[J].河池学院学报,2014(03):57-61.

[6]于会歌.中国传统节日习俗的现代传承[J].沈阳师范大学学报,2012(04):88-92.

[7]王杰.谈春节习俗及其现代化演变的文化内涵[J].长春教育学院学报,2013(11):18-19.

"一带一路"背景下广西民族语言
传播战略构建研究

南宁师范大学　　石融雪

【摘　要】作为目前社会文化建设的一项重要组成部分,语言文化传播建设尤其重要,在这其中更需要重视语言文化工作的传播机制建设。而语言传播是语言文化建设体系的重要内容,它有两个构建层面:同一文化系统内部的语言传播和不同文化系统间的语言传播。因此,从广西特殊的区情出发,借助外源式的"一带一路"经济发展模式,通过广西民族地区传统语言文化与新型语言文化传播的融合互动机制,探讨广西民族语言传播的战略构建策略,来建立健全民族地区语言文化传播制度体系,应对"一带一路"背景下民族地区语言文化的挑战,促进民族地区语言文化的可持续发展。

【关键词】"一带一路"背景下;民族地区;语言传播;传播机制

随着市场经济的迅猛发展,外来语言文化以及社会习惯的变迁,少数民族地区的语言传播要想在激烈的多元语言以及文化传播竞争环境中长久保存下去,除了需要在传统的优秀语言文化中找到精华,还需要在复杂多变的环境中吸取优良文化,通过融合互动使得语言文化及传播更具威力。与此同时,寻找"一带一路"背景下广西民族地区的文化传播价值凝聚点,必须与当前社会经济发生变革的进一步深化的背景相结合,了解民族地区的文化发展情况。通过各种方式来增强"一带一路"背景下广西民族地区语言文化的传播机制,以此能提升并传播好广西民族语言特色文化。

一、关于民族地区语言文化研究情况传播论述

在民族地区以及语言文化传播方面,有很多前辈都进行了细致的研究,基本上从互联网等新兴媒体、不同系统的语言文化传播、经济体系发展下的文化传播等方面入手进行了分析,下面对此进行论述。

从互联网新兴媒体方面入手,张政法(2013)、李峻岭(2015)认为虽然媒体形成了新的影响力,但语言传播主体作为具体实施者,会受到多方面的影响,例如社会环境、媒体、受众以及个人的要素等综合因素形成。刘尚超(2015)从国家形象的角度分析,互联网新兴媒体助推了中国的汉语言形象传播,可以构建国家形象,增强影响力。刘晓丽(2012)、魏晖(2012)以微博和网络传播发展下的语言文化分析,高涛(2016)随后从微信方面分析语言演变中的问题,应避免被束缚。张挺、武超(2017)从自媒体视域下来分析语言舆论的形成,认为在传播和引导中形成了语言的传播。司红霞(2017)从国际广播的发展策略中分析出,大多数国家都在积极提升本国语言影响力,并形成了专业组织机构,推动了语言的传播。

从不同文化系统之间的交流以及互动方面分析,郭熙、祝晓宏(2007)认为,海外华语传播很有必要,应以开放的眼光,促使语言文化进行传播并学习,正确认识国内语言文化。郑梦娟(2009)通过对英国、日本等八国语言传播策略、法律的传播工作新动态把握,认为他们在加强法律来推动语言的文化的发展和区域性传播。李艳(2014)以不同文化系统间的语言传播作为研究对象,通过在美所做调查认为需要有效的战略规划来推动汉语在国际之间的传播,找到并解决相关阻碍因素。王巍(2017)对俄罗斯的语言传播策略进行研究,从其传播目的、对象以及方式入手,认为孔子学院建设应结合其发展特点并依托国家战略,积极促进对外语言的传播发展。陆经生、陈旦娜(2016)认为语言测试可以有效地促进语言传播,其可以带动

测试管理机构形成语言标准,并重视历史文化基础。

从社会经济带动语言文化发展的角度分析,赵守辉、张东波(2012)认为在全球化趋势加快的驱使下,多方面的要素流动促进了各国文化的交流,衍生出较多的跨语言问题,应积极对这一语言国际化趋势增强战略规划。李琰(2015)从中亚国家与土耳其的语言发展关系入手,认为应该细化传播机构机制,形成非政府之间的学术交流。方艳(2016)从城镇化演变带动的新移民语言传播来进行分析,认为在城镇化进程中推动了新的人际关系并使得语言文化有新的交流和融合,提升了区域的沟通。赵国鹏(2017)认为科技发展与经济全球化的进程可以促进新的艺术观念及文化的传播,新媒体正是借助了科技和经济的发展才得以更好地推动语言文化的发展,两者之间互相融合。

综上所述,各位前辈都对语言文化传播进行了研究,从互联网新兴媒体、经济区域之间的交流来研究新的语言发展,不过对于民族地区的语言发展战略还研究较少,因此对于民族地区的语言文化发展,更需要积极面对新的挑战和机遇[1]。21世纪以来,我国积极融入国际之间的经济交流,"一带一路"的搭建更使得民族地区的语言发展面临着新的机遇,要积极借鉴其他国家和地区的语言传播策略,依托国家发展策略,对其进行布局升级,推进民族语言的可持续发展。

二、民族地区语言文化的传播机制分析

民族地区语言传播工作在"一带一路"倡议与语言文化发展情况下,需要对其形成较为完善的语言传播工作流程和传播机制,借助语言文化发展的机制作用,通过传播机制充实语言文化的非凡宝藏,能够很好地传导和推动民族地区在语言以及社会文化建设方面的工作。

---

①刘尚超.如何通过媒体语言传播来提升国家形象[J].西北民族大学学报(哲学社会科学版),2015(06):27-32.

(一)民族地区语言文化发展的认知

"一带一路"背景下的语言创造和认知。价值认知上需要对传统文化进行传承,而民族区域的语言文化更应该凭借"一带一路"背景下的价值认知传播方式来展现能量。特别是在与语言文化互相影响的环境下,价值认知会对民族地区的判断以及意识造成不一样的主观感受,由此带来新的价值理念,这样进一步使其相关区域内民族地区发挥出应有的力量。为了从时间和空间上扩大民族地区语言传播工作以及价值认知的范围,可以更好地对其进行传承,首要是抓住其主要特点。在"一带一路"背景与语言文化环境下,语言文化最大的特点是在价值上具有互动性,可以带动一个家庭乃至整个民族的发展,两者是在多年融合与进步的情况下,价值传播机制带动两者之间的维护,在认知环境时需要结合当前文化以及社会的情况予以调整①。

(二)民族地区语言文化的对接机制

在传统文化的对接机制层面,利用区际之间传承的文化内涵,可以使得民族地区语言文化接受更加有力。因为"一带一路"背景以及互联网文化发展的特殊性,大多数民族地区与其对接机制需要加强引导,特别是借助新媒体和网络文化。看待优秀而富有传统韵味的文化价值和内容,要强化民族地区对新型语言文化价值的认同度,这些都有很好的宣传价值,也对民族地区构成稳固的理想信念很有益处,需要对两者的语言文化对接机制加强重视。在传承优良的语言文化观念中,应该加大力度展现出民族语言文化传播的优良,还应该对效果较好的予以挑选,寻找到对中华民族进步所应有的方面,以此来带动向前进步。倘若与社会新媒体传播的语言文化传播提升与民族地区的现象不般配,就会形成各种各样的困难,进而会致使这一群体的语言文化传播形成偏误或者失真,更会使得全民族的语言文化培植和发展停滞不前。

---

①王巍.俄罗斯对外语言传播策略启示[J].学术交流,2017(03):220.

（三）民族地区语言文化的构建机制

从民族地区文化构建角度来说，对其予以壮汉双语培育时要事先了解其家庭情况，从而对其思想予以指引，而指引的成效也是评判民族区域文化传播任务的一个主要因素。在互联网以及"一带一路"背景发展的环境下，会使得这些语言战略实施过程与传统的处理方法有差异。如果处理不当，就会导致"一带一路"背景下语言文化传播不能有利进行。通过互联网以及新媒体这一平台，根据语言文化战略实施的最新情况，构建起相应的传播机制。对于民族地区语言传播工作，需要及时反映民族语言文化的作用，使其基本形成壮汉双语教育体系。而在民族地区的语言文化培植体系中，由于其关于民族语言的宣传与构建规范不太一样，这样就会对民族语言产生新的认知和影响，并且基于文化动态传播机制的特性，就更加需要注意使民族地区在文化传播发展过程中保持相对的一致性①。

（四）广西民族地区的语言强化机制

在关于"一带一路"背景下的民族语言文化强化机制方面，要想加强区内人民对语言文化的认同感，就需要加强推进广西民族教育事业科学发展，促进语言文化的转化机制，通过学校和社会教育的基础作用，辅助以语言情感教化，借以传统文化的渗透，进一步发挥语言文化在社会代际发展中的作用。在对民族地区语言传播工作方法方面，使用新型的互联网资源能够使得民族地区在面临不良文化宣传及诱惑面前处理显得更加自信。在自律约束方面，代表着地区社会文化的民族语言可以熏陶其每个区内成员的语言认知和发展，在面对多元语言文化传播的冲击下，需要凭借在传统语言知识和素养上的优势，发挥民族语言的力量，提升语言文化强化发展的能力，可以及时快速地使得民族文化传播更为有效，通过文化的力量来加强对民族地区的双语教育②。

①郑梦娟.国外语言传播的政策、法律及其措施刍议[J].语言文字应用，2009（02）：12-22.

②方艳.语言传播视角下的人际关系建构：以城镇化进程中新移民语言传播为例[J].新闻与写作，2016（03）：99-101.

三、"一带一路"背景下广西民族地区语言文化面临的挑战

随着"一带一路"背景下以及语言文化的发展,经济发展也在不断步入新常态。为了应对可能带来的新挑战,民族地区文化传播体系需要进行革新,特别是民族地区语言文化机制更加需要进行革新,以适应"一带一路"背景下迅速发展的状态。

(一)受限于互联网及外来文化

在互联网以及外来语言文化发展的环境下,使得民族地区的语言文化传承过程受到了影响,民族地区的新一代会更加乐于接受新的事物,这样的新形势下,对民族语言文化发展来说情况不容乐观。如果处理不当,就会影响到"一带一路"背景下语言文化传播的进展,甚至有可能被破坏,进而就会使得民族地区特有的传统语言文化传承被忽略。除此之外,互联网带来了新的文化传播体系,会导致民族地区优秀的传统文化遗产得不到弘扬。在民族语言文化中,"三月三"等传统节日已经成为广西民族文化的优秀组成部分,然而互联网及外来语言文化的冲击使得民族地区的文化传播产生了错位。某些对于民族地区文化传播的宣传方式较现代新媒体宣传手段相比显得略微滞后,对民族地区语言文化的发展认识不足,重视不够①。

(二)民族语言文化的传统价值转化体系缺失

价值转化的过程中应该注重价值转化的常规化,特别是对传统文化价值中的优良内容要进行完善。大多数情况下,由于价值转化存在缺陷,导致其与现代民族地区的观念存在差异,进而导致"一带一路"背景下的语言文化传播受到影响。在语言文化的宣传过程中,不能让家庭教化缺失,应该长期坚持自身家庭的优良家风。更加需要注意的是,"一带一路"背景下带动民族语言文化的交融,是对当代语言与社会文化的一种反应,如若不能及时对民族语言进行价值

---

①刘尚超.如何通过媒体语言传播来提升国家形象[J].西北民族大学学报(哲学社会科学版),2015(06):27-32.

转化,就会使得广西这些民族语言文化走向消亡或者被外来文化同化,造成特色语言体系缺失。在"一带一路"发展背景的推动下,语言文化传播是基于国际与国内地区的情况来互相影响的,倘若某一语言文化传播环境出现问题,进而会连带影响到语言文化传播的质量,不能使其顺利开展。

(三)语言文化与互动传播机制有待进一步完善

多元语言文化与互动机制是"一带一路"背景下语言文化的一大挑战,利用好多元文化可以促进民族地区语言文化的力量显现。在"一带一路"背景下,信息和语言文化资源也是全民族地区创造语言文化价值的核心资源,家庭成员之间尤其是民族地区与社会代与代之间的语言沟通更是十分关键,两者是其语言文化状况中相当关键的局部内容,也是语言传播机制稳固运转的要件。如若语言文化宣传部门在发挥民族地区的能动性方面存在宣传使用不当等问题,在互联网以及"一带一路"背景下不具备多元语言文化的竞争能力,就不能及时增强其在民族地区语言文化的人才培养,更不能促进语言文化的发展。在互联网以及外来文化发展的环境下,先前的语言互动机制无法与当前的民族地区语言接受环境予以适应,进而影响了"一带一路"背景下民族地区文化在语言文化传播方面的效率①。

四、研究民族地区语言文化传播的战略意义

(一)有利于广西民族语言文化的发展

在"一带一路"背景下,需要把整个民族地区语言文化工作作为一个系统来研究,有利于拓宽语言文化传播应用理论研究的视野。在民族语言文化传播系统基础上,需要将它的注意力集中在语言传播工作和文化提升中,因为这些都是构成广西民族语言文化不可分

①张政法.语言传播主体影响力构成解析[J].新闻与写作,2013(08) 67-69.

割的部分，由此来分析出外来文化中的内容和尽可能的影响因素，进而把语言文化指引中的环节和文化进步层面传播发挥效用。这也是关系到语言文化与民族地区文化指引系统中的一大环节，都会促进其正确进行语言文化传播的工作。通过"一带一路"背景下的经济带动和区际交流，代际之间的沟通和传承才会经久不衰，也要符合当前时代民族语言的发展特性，在新媒体的众多途径中，微信、微博以及 QQ 都可以成为"一带一路"背景下推动语言传播的形式。凭借这些新媒体与语言的交融互动，能够更为友好地构成社会主义语言文化的关键组成，特别是对事关中国梦建设的各个层面。

（二）有利于广西民族语言文化质量的提升

在提升语言文化的质量中，整个民族在传承中形成了新的发展环境，尤其是我们在过每一个节日的时候，如"三月三"等节日，都会形成语言与民族文化传播的融合，这也是宣传和凝聚民族语言力量的关键时刻。在"一带一路"背景下广西民族语言传播的环境下，节日作为一种与语言相互影响的互动机制，发挥极其重要的作用。民族地区语言文化正是在此背景下得以运行和持续发展的。"一带一路"倡议作为一种推动力，促进了全民族地区语言文化的质量，这套价值传播机制需要全方位的协调跟进，每个部门以及系统环节一旦出现问题，都会导致整个民族地区语言文化系统的质量出现问题。有鉴于此，需要结合环境发展情况，民族地区语言文化机制的强化需要以一种体系化、传播化的角度来处理，确保两者在当代中国的进步中发挥出应有的功效①。

（三）有利于冲破广西民族语言文化的困境

伴随多元文化与"一带一路"背景下环境的日益完备，互联网等新兴媒体急剧地成长也衍生了新式的文化发展与语言文化的全面进步，也给全民带来了新的机遇和发展空间。民族地区在外来文化和互联网文化冲击中也开始注重自我发展和价值构建，陆续认识到

①赵守辉,张东波.语言规划的国际化趋势:一个语言传播与竞争的新领域[J].外国语(上海外国语大学学报),2012,35(04):2-11.

语言文化以及文化对下一代乃至民族进步的重要性。然而，因为传统文化和当地环境制度等的限制，在两者之间的传播机制并未得到较好的转变。传统民族地区语言文化宣传的思想仍然不太乐观，在激励机制以及环境因素的制约下，传统文化以及封闭环境的影响，都使得部分人在文化传播上相对滞后，致使其在"一带一路"背景下以及在处理语言文化传播的时候发生一些问题。而在新媒体和优良传统文化的推动下，能够运用现有的有利前提来打破民族区域民族地区在语言文化方面文化传播构成中的指引和进步挑战。

五、"一带一路"背景下民族语言文化交流的战略构建

（一）强化广西民族地区之间语言文化融合

在"一带一路"背景下，特别是在多元文化与经济深化改革的浪潮中，应强化传统新闻机构和主要的新兴媒介的指引效用，把优秀的民族语言内容和文化相融合，对其为民族地区在价值构建环境中的调整找到精神文化上的辅助，可以在增强广西民族地区文化交流凝聚力的阶段，用语言文化力来不断提升其文化的核心力量。对于这些，全民首要的是需要认识到该区域语言文化对社会经济内容构建以及强健稳定的进步产生巨大的效用，可以构造出与之对应的融合体系。在多元文化与"一带一路"背景下的文化交流是一项成体系的全新理念，要持续提升该区域民族地区的各种层面的素养，使其从基本上认识到双语教育的重要性，根据实际情况拟订符合广西区内语言文化的系统规则，使其从根本上从文化渗入理念和意识里[1]。

（二）加强广西民族地区语言传播工作

在家庭教育与语言文化的互动交融传播机制以及强化制度下，应该构建起与之适应的"一带一路"理念体系和思想内容系统。需要

---

[1]李艳.在文化传播中拓展语言传播 以语言传播深化文化传播[J].语言文字应用,2014(03):125–132.

借助一切可以利用的资源来进行推动，特别是现在新媒体以及互联网技术的进步，使用新型媒体的力量来推动①。因此，在"一带一路"背景下，也要不断加强内部民族地区语言传播工作，同时在语言文化传播工作中，还需要不断地完善语言文化传播体系，提升该区域语言文化任务和宣传的效率，更加要重视民族地区在家庭教育下的文化传播理念构建和素养的提升。

(三)完善广西民族语言传播互动及强化策略

"一带一路"倡议下，语言文化的发展需要家庭成员的互动，通过几代人的传承，从而达成共识。"一带一路"倡议和理念经过交融沟通，在当前文化传播体系下能够更优地实现中国梦。为了增强其在当代民族地区人才培养、语言文化宣传以及新思想的宣传，进行了多层次的投入，并且在实际的发展中专注于思想培养以及其他管理活动方面。在互联网文化以及多元文化冲击的环境下，优化和利用传统的文化交融以及沟通方法与当前的民族地区价值接受环境予以调整，就会进一步推动新型民族语言文化在语言文化传播方面的作用。"一带一路"理念也在新时代环境下不断发展，在价值互动以及激励策略下，进而影响到其民族地区语言传播工作和认知的模式，可以尽最大可能缩小民族地区在时间和空间上的距离，从而使得"一带一路"背景下民族地区的文化传播得以提升完善，从而使得文化融合效率得以提升②。

(四)做好广西民族语言传播的交流和基础工作

要依托现有民族地区的语言力量积极推进针对"一带一路"建设需要的语言发展智库建设，还要努力使得"互联网＋"中汉语语言服务咨询平台和语言库构造，通过双语教学等配套措施制定与"一带一路"范围内周边国家相共融的语言策略并构建东盟区内外语言

①李琰.土耳其在中亚地区的语言传播战略及其对我国汉语国际传播的启示[J].民族教育研究,2015,26(02):139-144.

②张挺,魏晖.媒介与语言:网络传播对当代社会语言生活影响之考察[J].广西社会科学,2012(01):166-169.

政策的交流互动平台①。

在当前语言文化发展的复杂背景下,对跨境民族与跨境语言予以规划和推行战略政策研究,这既有助于消解广西区内跨境民族的语言文化冲突,也有助于"一带一路"政治、经济发展更好、更顺利、更快的实现。民族地区语言传播工作在"一带一路"背景下与语言文化情况下,需要对其形成较为完善的语言传播工作流程,借助价值对接机制的作用,通过传播机制充实语言文化的非凡宝藏,能够很好地传导和推动两者在语言文化以及社会文化建设方面的对接。

六、结论

"一带一路"背景下需要重视民族文化结构和文化转型升级,建立健全辩证的民族地区文化发展观,创新和保护具有异域风情的广西少数民族语言和特色文化。这样既能将区内具有通诉价值的语言文化通过多形式的媒体传播出去,又能为维护广西区内积极的社会文化形象带动积极的作用。以上是当代民族地区社会文化发展所要求的,对于一个民族乃至下一代的发展都是很重要的,并且也与社会主义语言文化是一脉相承的。

而作为民族地区的新型载体,语言文化有着很高的思想意识和社会价值,可以在实践中通过社会和经济文化传播来推动和促进人类的进步和发展。伴随着经济改革的进一步深化,在"一带一路"理念和倡议下,通过对当前信息系统化的民族地区语言文化挑战和对策进行分析,找出现阶段在民族地区语言文化传播机制薄弱的地方,有针对性地提出构建完善的语言文化体系,加强民族地区的语言文化传播工作,完善在传统文化与外来文化等多元文化交融下的改进优化方式。

---

①李琰.土耳其在中亚地区的语言传播战略及其对我国汉语国际传播的启示[J].民族教育研究,2015,26(02):139-144.

参考文献

[1]赵国鹏.新媒体艺术表现形态中的语言变化:评《全媒体视野下的语言传播艺术探究》[J].新闻与写作,2017(07):128.

[2]王巍.俄罗斯对外语言传播策略启示[J].学术交流,2017(03):220.

[3]张挺,武超.自媒体视域下的语言舆情:形成、传播与引导[J].语言文字应用,2017(01):51-60.

[4]司红霞.跨文化传播的广播电视语言教学类节目研究[J].当代电视,2017(02):60-61.

[5]陆经生,陈旦娜.语言测试与语言传播:以西班牙语全球传播战略为例[J].外语教学与研究,2016,48(05):745-754.

[6]王文君."互联网+"语境下广播电视语言传播的应对[J].青年记者,2016(24):66-67.

[7]高涛.大数据时代微信传播中的语言哲学:日常词语穷理的困惑与出路[J].当代传播,2016(04):88-91.

[8]方艳.语言传播视角下的人际关系建构:以城镇化进程中新移民语言传播为例[J].新闻与写作,2016(03):99-101.

[9]刘尚超.如何通过媒体语言传播来提升国家形象[J].西北民族大学学报(哲学社会科学版),2015(06):27-32.

[10]李峻岭.移动互联网时代电视主播语言传播范式走向分析[J].现代传播(中国传媒大学学报),2015,37(08):155-156.

[11]史煜.图像时代视觉化语言的传播与思考[J].传媒,2015(12):69-71.

[12]李琰.土耳其在中亚地区的语言传播战略及其对我国汉语国际传播的启示[J].民族教育研究,2015,26(02):139-144.

[13]李艳.在文化传播中拓展语言传播 以语言传播深化文化传播[J].语言文字应用,2014(03):125-132.

[14]张政法.语言传播主体影响力构成解析[J].新闻与写作,2013(08):67-69.

[15]刘晓丽.微博语境下语言传播的特点[J].当代传播,2012

（06）:91-93.

[16]赵守辉,张东波.语言规划的国际化趋势:一个语言传播与竞争的新领域[J].外国语（上海外国语大学学报）,2012,35（04）:2-11.

[17]张挺,魏晖.媒介与语言:网络传播对当代社会语言生活影响之考察[J].广西社会科学,2012（01）:166-169.

[18]王庆,武小军.论语言传播对基本词汇吸收新词语的影响:从四川方言惯用语说起[J].四川戏剧,2011（05）:140-142.

[19]郑梦娟.国外语言传播的政策、法律及其措施刍议[J].语言文字应用,2009（02）:12-22.

[20]郭熙,祝晓宏.海外华语传播与《中国语言生活状况报告》[J].语言文字应用,2007（01）:44-48.

优秀奖

YOU XIU JIANG

"一带一路"背景下广西民族文化建设研究

南宁师范大学　孔林香

【摘　要】"一带一路"是中国进一步走向世界的重要途径,这是世界范围内的大变革、大调整和大发展,既是机遇,又是挑战。广西是 21 世纪海上丝绸之路与丝绸之路经济带有机衔接的重要门户,地理位置极其独特和重要。广西也是一个多民族并存、聚居的地方,民族文化建设显得尤为重要。在"一带一路"的背景下,广西民族文化建设过程中取得了巨大成就,但同时也遇到了障碍和困境。在本文中,笔者将以"一带一路"作为大环境、大背景,对广西民族文化建设的困境以及解决这些不足与缺点的方法、对策做进一步的探讨。

【关键词】"一带一路";广西;民族文化建设;困境;对策

"一带一路"是"丝绸之路经济带"和"21 世纪海上丝绸之路"的简称。"一带一路"借用了古代丝绸之路的名号,虽然和以前在内容、形式、政策等方面都有极大的不同,但是目的相似,都是借助这个平台,加强与沿线周边国家在经济、政治、文化等多方面的沟通与交流、发展与合作。"一带一路"不仅仅只是国与国之间的交流与影响,对于中国国内各地区、各民族的影响也是不容小觑的。广西拥有独特的地理位置与众多的民族,"一带一路"这个大背景对于广西民族文化建设是一把双刃剑。

中国的民族众多,汉族占全国人口的绝大多数,其余的 55 个民族并称为少数民族,是中华民族的重要组成部分。在广西内的少数民族包括壮族、瑶族、苗族、侗族、毛南族、回族、京族等,少数民族总人数居全国第一。因此,汉族加上众多的少数民族所共同形成的广西民族文化是相当丰富多彩的。广西民族文化建设在蓬勃发展的道路上也遇到一些困境,一定程度上减缓了广西民族文化发展的步伐,使得民族文化建设一度进入了"瓶颈期"。政府、社会和广大人民群众希望广西民族文化建设得到长足、可持续的发展,就要在已经取得的成果基础上发现问题,然后对症下药,又好又快地解决问题,实现新的质变。

一、保护传统民族文化是广西民族文化建设的重要内容

传统民族文化是人们在长期生活和实践基础上所产生和累积的带有鲜明特色的物质和精神财富,是历史发展在民族留下的深深的烙印。传统民族文化是加深民族情感的纽带,是民族生存、发展的精神支柱,是推动区域民族乃至整个中华民族走向繁荣强大的精神动力。从历史发展来看,广西是一个多民族聚居、杂居、融合的区域,传统民族文化一直在这片土地上发展,遗留下的民族文化财富更是数不胜数。

广西抓住机遇谋发展,使传统民族文化得到很大发展,但也出现了一些问题。①广西传统民族文化内涵正在慢慢淡化。传统节日"三月三"以壮族为典型,各个少数民族和汉族都会一起庆祝。"三月三"本是山歌节和祭祀扫墓的节日,但是现在很多人借此假日出外游玩、聚会或是休息。②广西传统民族文化商业化日趋严重。广西本是民族文化生长的"富矿区",有数量丰富、形式多样的民族文化"产品",包括精神产品和物质产品。但是近年来,随着旅游业的发展,"金钱观念"和"物质观念"成了很多人追捧的对象。当人们到一个地方旅游时,首先映入眼帘的不再是自然的风光、朴素的民风、可爱的少数民族同胞,而是一个个小摊小贩,每个游客都成了他们眼中的金钱"猎物"。③广西传统民族文化发展走向单调和贫乏。与民族文

化商业化发展迅猛的情况相比，广西民族文化的发展就显得薄弱得多了。大多数人只是将可以市场化的文化产品保留了下来，而有些不适宜市场化、商业化的民族文化就慢慢被淘汰，退出历史舞台，消失在人们的视野中。花时间、财力、物力对传统民族文化进行创新、改造的人越来越少，民族传统文化的发展活力也就越发不足。

广西民族传统文化是中国优秀传统文化的重要组成部分，是各个民族习俗、信仰、文明等继续传承的载体。因此，保护民族传统文化的任务就迫在眉睫了，我们该采取哪些措施与对策呢？①整合与发扬广西传统民族文化内涵精神，重塑民族文化之魂。"三月三"既然流传至今，就说明它有吸引大众的能力，我们将民族文化的元素整合好再融合进去，鼓励民众参与山歌比赛，组织多种文化形式，弘扬祭祀祖先、传承孝道的民族精神，让大众了解更加深层次的"三月三"，在节日中感受到广西民族传统文化的魅力。②发挥政府和文化机构的引领作用，大力弘扬广西民族传统文化精神。在市场经济的作用下，人民大众很容易被金钱牵着鼻子走，价值观、世界观、人生观很容易发生偏差。所以就需要政府和相关机构及时出现，去纠正、引导，让整个文化市场走上正确的轨道，让大众走向正确的方向。③注重广西民族传统文化创新建设，维护民族传统文化多样性。单调和贫乏的文化总是缺乏活力和吸引力的，所以广西民族传统文化要想办法实现创新，让传统文化进行现代化转型。比如将苗绣运用到服装中去、将壮族民歌融合进现代音乐中等，要多种形式相结合，多种文化相碰撞，创造出贴近人民生活、符合人民欣赏趣味的文化产品。

二、维护广西民族文化安全是广西民族文化建设的重要前提

文化安全是整个国家安全的重要一环，广西民族文化安全又是文化安全的重要组成部分。文化安全是每个国家、民族在受到文化侵略、文化霸权、文化渗透时所面临的问题，需要引起我们的高度重

视。民族文化安全主要是保护自己民族的传统文化和意识形态不受其他外民族文化形态的侵犯，以便保证本民族文化保存固有的传统性并且继承延续至永久。

"一带一路"增加了广西与中国其他地区、世界其他国家的接触，经济、政治、文化等方面都受到了一定程度上的影响，文化交流机会增多、文化产品共享、文化教育合作等都是"一带一路"带来的机遇，但与此同时广西民族文化安全却面临着很大的冲击。①民族文化缺乏安全意识，存在民族文化被弱化的隐患。广西各世居民族之间文化观念差异较大，没有形成统一、稳定的"广西"特色。现在国外其他民族文化又随着"一带一路"大量涌入，很容易冲击本来就不十分统一、鲜明的广西本土民族特色，使之不能长久完整地保存下去，甚至有消失的危险。②广西民族文化软实力发展不足。文化软实力是现在评判一个国家、一个地区综合实力的重要指标之一，所以文化软实力之间的较量对一个国家、一个地区也有着举足轻重的影响。广西地处中国华南地区，整体发展都要稍慢于中国的大部分地区，经济、文化都是相对滞后，文化软实力的建设也就落后于其他地区。③广西民族文化内在发展的断裂和脱节。民族文化如果一直持续发展和传承下去，那么其他文化就不会轻易侵入，但是现在很多民族地区在发展的时候对自身文化缺乏重视和传承，很多优秀、多样的民族文化消失了，那么大众就会成为其他文化的受众和继承者。④广西民族文化教育资源的缺乏。在广西很多偏远、贫穷地区，教育的财力、人力、设备等的投入不足，很多的少数民族聚居的地方也缺乏教育资源。

"一带一路"虽然带来了一些问题，但是都是可以通过努力得到解决的。①加强中国特别是广西地区的民族意识形态建设。积极贯彻党和政府的各项措施，用中国特色社会主义价值观引领我们的思想和行为，牢牢树立以爱国主义为核心的民族精神，热爱自己的国家、民族、家庭，强化中国和广西独有的民族意识形态，避免受境外民族的干扰。②大力发展广西各民族的文化软实力。政府和其他机构要加大对广西文化的投入，邀请专家、学者参与进来，多组织文艺演出活动，对传统文化资源进行创新和改造。③找出某些民族的内在文化断裂点，抓紧时间进行修复、重塑，加大对于本民族文化独有意识和保护意识的宣传引导。让广西民族文化迅速发展起来，争取未来可以"走出去"。④加大政府对广西教育的投入，以政府对广西教育的投入为主，并争取各种社会资源，多管齐下解决教育资源不足的问题。政策上要加大偏远地区人才引进政策，增加吸引人才的条件，以弥补教育人才的匮乏。

三、完善经济、政治、文化等方面的政策措施是广西民族文化建设的重要保障

"一带一路"的实施，对于中国的沿线城市和地区的经济、政治、文化等方面都带来了很大的改变与影响。广西民族文化建设的发展更是需要经济稳定发展、政治稳定有序、政策上行下效、经济和政治全面有序发展，然后民族文化的建设才会获得经济支持、政治支撑。

在"一带一路"的背景之下，经济、政治的完善面临很多困境，这也进一步阻碍了广西民族文化建设的发展。①广西地区的经济分配不均衡，分配到广西民族文化建设的部分少之又少，很多文化建设活动缺乏资金，动力不足，即使有了发展，也是举步维艰。加上"一带一路"的实施，广西又要与其他很多国家进行经济上的往来，特别是东南亚国家，经济的运转就会更加困难。②在政策上，政府对于民族文化建设的力度不够大，对于很多具有代表性、典型性的民族文化活动的宣传力度不够，人民群众在参与的时候也缺乏制度上的约束和管理，常常达不到理想的效果。

那么，我们怎么趋利避害，怎么将"一带一路"的优点最大化、缺点最小化？①增加民族文化建设在经济分配中的比例。经济的发展要在工业、农业、文化等方面按需分配、按重分配，对于相关民族文化活动加大经费的支持，需要提供物质上的帮助，让非物质文化遗产和富有民族特色的文化活动延续、传承下来。②需要准确定位政府、

群众等在民族文化建设中的角色,在政策上也制定出相关法律、法规。政府要发挥指导作用,为民族文化建设提供各种政策保障;人民大众是根基,起着主体作用。我们要尽最大可能去协调政府与群众的关系,对于文化市场、文化产业也要实行适度准入原则,和谐发展。

四、建立完整、严密的广西民族文化理论和挖掘特色是广西民族文化建设的重要任务

"一带一路"的实施对于广西民族文化是一把双刃剑,也是一面镜子,我们通过外部可以看清楚自身民族文化建设中所存在的优点和不足。广西地理位置处于中国大陆的南端,民族众多,与东南亚国家相邻,这些既成就了广西独特、丰富的民族文化,又使得其发展深受各种干扰、冲击。

中国从古至今都讲究特色性、体系性和理论性,如果一部书同时拥有这三个方面,那么就会是一部传世名作;如果一种文化同时拥有这三个方面,那么这种文化就会被薪火传承、代代不息。这也就是广西民族文化建设面临困境与挑战的原因,因为广西民族文化建设在面对"一带一路"时,其文化理论系统性的不足,以及对于特色文化产品的挖掘缺乏,这些方面有待加强。

在"一带一路"的背景下,我们到底怎么做才可以让广西民族文化拥有特色性、体系性和理论性?我们的对策主要有三点:①加快专业人员的调查和整理工作,挖掘出各个地区、各个民族最富有文化特色的部分,然后把这些特色元素融合进产品中去,再做大做强特色文化产业。比如壮族织锦技艺、瑶族铜鼓舞,这些都是极有民族特色的,把这些扩大化,织锦可以形成手工业,运用到很多的产品中去。②整合现有的、离散的广西民族文化建设成果,将这些成果系统化、体系化,删掉不合理、失实的成分,添加缺失的部分。再将重组的结果找专家进行鉴定、分析,形成一套比较严谨科学、完整系统的理论,这样才可以继续传播和流传下去。③多举办民族文化活动、开展民族文化演出、组织民族文化活动,扩大民族文化的知名度,加大对

于广西民族文化遗产的保护。广西的非物质文化遗产有布洛陀、壮族织锦技艺、瑶族铜鼓舞、壮族嘹歌、壮剧、田阳舞狮技艺、那坡壮族民歌等，这些都是广西各民族所独有的。在人民群众的身边多开展民族文化活动，即使因为"一带一路"传送进来外民族的文化活动，也不能冲击本民族文化的地位。

"一带一路"旨在建立一个政治互信、经济融合、文化包容的利益共同体、命运共同体、责任共同体，广西在其中也是必不可少的重要一环，广西既是参与者，又是被影响者。广西民族文化建设保护好自身传统民族文化、维护文化安全、完善各种措施、挖掘特色、健全理论，在"一带一路"背景下的广西民族文化建设机遇与挑战并存，在困境中谋发展，一路前进。

参考文献

[1]周鸿,黎敏茜."一带一路"倡议与广西边境地区民族文化安全研究[J].广西师范学院学报(哲学社会科学版),2016,37(4):62-67.

[2]魏文松."一带一路"新契机下广西民族文化的发展与兴盛[J].法制与经济,2017(6):30-32.

[3]黄军."一带一路"倡议下广西民族文化发展的研究[J].桂林航天工业学院学报,2016,21(3):454-457.

[4]姜淼.全球背景下的我国民族文化建设[J].广西社会科学,2005(1):181-183.

[5]黄筱娜.百色市民族文化建设的实践与思考[J].沿海企业与科技,2011(2):73-81.

试析"一带一路"倡议视域下
文化共识建构的社会基础

桂林理工大学　　李孟星

【摘　要】在"一带一路"背景下,构建文化共识对世界各国的和平与发展、对我们国家的繁荣昌盛以及对个人自身的成长与发展都具有重要意义。文化共识构建的社会基础主要包括物质基础、制度基础和精神基础三层内涵。建构文化共识,要大力发展经济建设,打牢文化共识的物质基础;完善文化发展的管理机制,巩固文化共识的制度基础;树立大众的文化主体意识,奠定文化共识的精神基础。

【关键词】"一带一路";文化共识;社会基础

【基金项目】本文系 2017 年度桂林理工大学马克思主义学院硕士研究生科研创新项目"民族地区高校大学生网络政治参与行为引导研究"(MKS17001)阶段性成果之一。

自 2013 年 9 月习近平总书记提出"一带一路"倡议以来,"一带一路"倡议的深入发展备受国际社会以及沿线国家的广泛关注。"一带一路"倡议是新时代以习近平总书记为核心的党中央主动应对当今全球发展新形势以及统筹国内国际两个大局做出的重大决策。推进"一带一路"倡议的深入发展,不仅要加强沿线国家之间的经济合作与交流,而且还要重视沿线国家的文化交流与合作。2017 年 10 月 18 日,习近平总书记在党的十九大报告中指出:"没有高度的文化自信，没有文化的繁荣兴盛，就没有中华民族伟大复兴。"文化是一个国家、民族兴旺发达的不竭动力。文化作为联系"一带一路"沿线国家的精神纽带，有着浸润与推动其深入发展的积极作用。在"一带一路"倡议背景下，深刻地认识和分析文化共识建构的社会基础，并依托中国优秀的传统文化建构文化共识，是推进"一带一路"倡议深入发展的迫切需要。

一、建构文化共识的重要意义

在"一带一路"倡议背景下，构建文化共识对世界各国的和平与发展、对我们国家的繁荣昌盛以及对个人自身的成长与发展都具有重要意义。

（一）对于国际上达成构建人类命运共同体的国际共识具有重要意义

"文化是相互影响、相互传递的。"文化的影响与传递并不仅仅局限于本国内，文化是属于世界的，因为我们这个世界是一个命运共同体。2015年9月28日，国家主席习近平在第七十届联大会议上发表的《携手构建合作共赢新伙伴，同心打造人类命运共同体》重要演讲中，谈道："我们要促进和而不同、兼收并蓄的文明交流……文明相处需要和而不同的精神……不同文明凝聚着不同民族的智慧和贡献，没有高低之别，更无优劣之分。文明之间要对话，不要排斥；要交流，不要取代……我们要尊重各种文明，平等相待，互学互鉴，兼收并蓄，推动人类文明实现创造性发展。"习近平主席提出的"人类命运共同体"顺应时代的发展潮流，文化共识作为打造"人类命运共同体"的重要组成部分，具有重要的现实意义。

（二）对于国家内部达成团结稳定的发展共识具有重要意义

在当今时代，文化越来越成为一个国家综合实力竞争的重要因素。当前，在我们国家中国梦已经成为举国关注的一个话题。中国梦作为实现中华民族伟大复兴的全国人民的共识，其最大的特点就是把个人和国家、民族联系在一起。在任何一个国家，没有共识的文化就不可能得到大众的普遍认同,更谈不上成为国人凝聚力的源泉;如果在国家统一的问题上,没有足够的共识,那么国家内部就很难形成向心力,就会出现离散力大于凝聚力的现象。此外,随着经济全球化的不断深入发展,西方资本主义国家对我国意识形态的渗透也越来越猖獗,他们主要是想涣散我们国家社会主义文化的凝聚力,瓦解我们国家的民族精神。在此背景之下,我们国家大力发展社会主义先进文化,以社会主义核心价值观为共识,凝聚全国各族人民的力量,大力发展生产力。这对于推动我国实现中华民族的伟大复兴具有重要意义。

(三)对于个人之间达成价值观念的理性共识具有重要意义

当今时代,多元文化日益盛行,我们每一个人无时无刻不在饱受多元文化的影响。我们每一个人身处在多元文化的包围之中,如果我们个人没有甄别多元文化的本质的能力,不能对其进行有效的筛选,那么,我们个人就很容易迷失方向,很容易被社会中的各种消极文化所吞噬。多元文化带来了人们的文化观念与价值观念的冲突与摩擦,个人很难在纷繁复杂的多元文化环境中做出正确的判断与选择。而建构文化共识对化解多元文化之间的摩擦,引领个人的价值观念向着理性的方向发展具有重要意义。

二、文化共识与文化共识的社会基础

(一)文化与文化共识

"文化"一词,早在中国古代就曾被提到过。据相关资料记载,最早提到"文化"一词的,是西汉的刘向。他在《说苑·指武》篇中说:"圣人之治天下也,先文德而后武力。凡武之兴,为不服也,文化不改,然后加诛。"由此可见,在中国古代汉语体系中,"文化"常常与"武力"相对,是帝王将相用来教化臣民的一种手段。在现代社会,"'文化'一词通常有广义和狭义两种含义:广义的文化概念,是指人的有目的的活动的结果,即人们在物质活动和精神活动中所创造的一切,既包括物质文化,也包括精神文化以及社会的风土人情、习俗、风尚等一切'人化'的事物;狭义的文化概念,是指意识形态或观念形态,仅包括与精神生产有关的观念形态。"学者周小兵曾指出:"文化是在一定地域生活的人群经过长期实践而得到的经验的沉淀。"从这个角度来理解,文化没有优劣与好坏之分,都是基于一定的社会实践产生的。当然,从各种现存文化中所凝练出来的文化共识,反映的就是某一个实践主体对另一个实践主体的实践活动以及实践成果的理解与认同。"共识",即不同的群体对某件事或者某个事物所达成的共同的认识。当然,这种共识是在一定的交往过程中逐渐形成的,不是一蹴而就的。"所谓文化共识,简单说来就是不同文化群体在价值概念层面所达成的基本理解和认同。"也就是说,文化共识是各种文化之间相互影响的交集。文化共识与政治共识不一样,文化共识是政治共识的基础,不同的政治体制有不同的文化背景和文化精神,没有一定的文化共识,政治共识很难构建起来。孔子曰:"道不同不相为谋。"没有一定的文化共识,即使勉强形成某种政治共识,也是低层次的、脆弱的,经不起考验。"文化共识是前提性知识。"文化共识是包含在各种文化中的一种最基本、最基础的文化知识。比如,在数学学科中经常使用某个公理或者某个定理来解决一些问题,那么这些公理或者定理就是数学学科中的最基本的文化知识,数学学科作为形式科学的一种,在其发展过程离不开这些基本理论知识,当然,人文社会学科理论的建设也不能缺少本学科内的基本的文化知识。同时,我们生存的这个社会也离不作为最基本、最基础的文化知识的文化共识。

（二）文化共识的基本特征

文化是表现人不同于其他动物的重要标志,同时也表现了人与人、人与社会以及人与自然之间的各种复杂关系。文化共识是一个历史范畴,既有传统的继承性,又有时代的创造性。一方面,文化共识具有继承性。由于文化在人们的认识、实践活动中可以获得传播和延续,构成了文化的继承性。因此,作为文化的前提性、基础性的文化共识,也相应地具有文化的继承性。从纵向上看,文化共识的继承性是一个循序渐进的过程,它并不是简简单单靠建设几个文化教育基地、举办几次文化交流会议就能够传承下来的。而是要在外界环境相对稳定的前提下，加上长时间的积累，逐步形成的。从横向上看，文化共识的继承性主要表现在对传统文化的"扬弃"。对待传统文化，要取其精华，去其糟粕。对那些能够适应社会发展需要的，提取其中有用的东西，加以改造内化。对于那些阻碍社会发展的，要果断摒弃。另一方面，文化共识具有创造性。"文化本身具有社会的实践性，它参与人的认识、思维等活动过程，而具有创造性。历史上，文化就在继承中得到延续，在创造中得到更新，因而文化共识同样也具有传统的继承性和时代的创造性的特点。"文化共识的创造性主要表现在不同文化之间的沟通交流中。面对当今社会多元文化并存的现状，文化共识起到了促使不同文化主体之间进行有效沟通的作用。在此过程中，文化共识吸取了外来文化的先进成分，并结合自身长期积累下来的优势，将两者进行有机结合，进而在实践的过程中进一步得到完善和发展。

（三）文化共识的社会基础

人的属性是自然属性与社会属性的统一，人的本质属性是人的社会属性，也是在此意义上，才能说人是社会关系的集合体。文化是社会属性的载体，也是人与动物的根本区别：动物依靠本能生存，人依赖文化发展。以文化人的过程也就是人的社会化过程。文化共识的建构，实际上就是以文化人的过程。文化作为社会属性的载体，文化共识建构的社会基础应该就是指文化得以存在与发展的社会条件。"文化由表及里有物质形象、制度行为和精神理念三个基本层次。"相应的，文化共识构建的社会基础也有三个层面：物质基础、制度基础和精神基础。

1. 物质基础

物质决定意识，社会存在决定社会意识，经济基础决定上层建筑，物质条件是文化共识构建最为基础最为前提的条件。生产力落后的情况下，无法奢谈建构共产主义文化共识。经济基础作为物质基础的重要组成部分，在文化共识建构的过程中，扮演着重要的角色。随着市场经济体制改革的逐步深入，人们的思想观念、价值取向也在逐渐发生着变化。人们越发地认识到文化共识与经济发展密切联系的重要性。文化共识与经济基础是辩证统一的关系。一方面，文化共识具有创造性，具有一定的能动作用。人们可以充分发挥主观能动性将文化发展的基本规律运用到经济建设中，这样把抽象的文化共识具有的价值转化为具体的经济价值，进而能够推动经济社会持续健康的发展。另一方面，经济社会的发展又能够给文化共识的建构奠定丰厚的物质基础。总之，经济建设为文化共识的建构提供物质保障，文化共识的建构能够为经济建设提供思想保证和智力支持。这样能够促使文化共识与经济发展形成良性循环，两者相互影响，相得益彰。

2. 制度基础

"由个人的习惯、群体的习俗、工商和社会惯例以及法律和其他种种规则所构成的综合体的制度是文化在社会实存的体系结构上的体现；而一个社会的文化体系是历史传统背景下的种种制度在人们交流中所形成的综合体的制度。"制度既是文化积淀的产物，也是文化不断得以发展与壮大的保障，两者相互影响，相得益彰。比如，同样一种社会制度，在经过不同的文化陶染之后，通常就会表现出不同的特点。此外，当某种规章制度被确定下来之后，就会对人们的行为习惯产生很大的影响，在此过程中再利用某些具体的管理手段，加之被管理者经过长时间的自我内化，久而久之这种制度传达出来的信息就会被积淀成为人们的文化观念。"从归根结底的意义上而言，文化观念的形成和积淀，制度的形构和变迁皆源于人们的社会生产实践；就历史之链的某一环节而言，文化观念是制度的直接来源。不仅如此，文化观念的更新也往往先于制度的变革。新的文化观念与制度的磨合情况也需作具体分析，不同的制度变迁类型，制度变迁的不同阶段，文化观念起着不同的作用。"法律、制度、风俗、礼仪、宗教等是文化普遍意识的体现，对于个人的教化具有潜移默化的影响作用。在现实生活中，无论是政治意识形态，还是宗教信仰，都在努力用制度化的约束、信条化的规范转化人的言行，塑造与转化人的禀性。当然，在多元文化并存的当今社会，各种文化的发展都有着各自的管理制度,尽管各自的管理制度与其他文化的管理制度存在着一定的差别,但是,这些制度都是文化积淀的产物,它们都是文化共识建构的制度基础。

　　3. 精神基础

　　文化说到底要融入或者体现在人的伦理观、人生观、世界观、审美观之中,只有当文化融入精神基础之中,并且日益占据主导地位的时候,我们才能够说在社会中建构成了这种共识。比如,如果没有实现从伦理社会到公民社会的转变,法治文明是很难实现的。精神基础作为构成文化共识的重要基础,它对文化共识的构建起着至关重要的作用。在当今社会,文化共识难以达成的重要原因就在于精神基础这个层面没有被攻克。习近平总书记曾指出:"理想信念坚定,骨头就硬,没有理想信念,或理想信念不坚定,精神上就会'缺钙',就会得'软骨病'。"一个人或者一群人的精神文化一旦在自身大脑中形成,就会根深蒂固,很难在短时间内再被其他种类的精神文化所改变。也就是说,已经存在多年的精神文化只有在外界因素循序渐进的影响下才会逐渐发生变化,这需要一个过程。文化共识的精神基础主要是指存在于多元文化中的人们共同信守的基本信念、价值标准、职业道德,它是文化共识的核心,为文化共识的物质基础、制度基础提供精神动力和智力支持。

三、"一带一路"视域下夯实文化共识建构社会基础的基本途径

　　在"一带一路"倡议背景下,文化共识的建构将成为连接沿线各国友好往来的汇集点,将成为推动"一带一路"的新动源与新引擎,各国之间达成的文化共识也势必要在"一带一路"的进程中发挥着不可替代的作用。针对文化共识的社会基础三个层面的深刻分析,文化共识的建构相应地也应该从物质支持、制度保障、精神支撑三个方面入手。

（一）物质支持：大力发展经济建设，打牢文化共识的物质基础

物质决定意识，意识是对物质的能动反映。物质条件是文化共识构建的最为基础最为前提的条件。在生产力落后的情况下，共产主义文化共识也无从谈起。物质资料的生产是人类社会赖以存在和发展的物质基础。无论是哪一个国家抑或是哪一个民族，要实现文化共识必须要有一定物质基础的支持与保障。无论构建哪一种阶级属性的文化共识，从根本上说，这都取决于社会经济发展的总体进程。社会的发展取决于经济的发展，共产主义文化共识的构建，也是需要经济基础来支持的。只有经济水平不断提高，才能最大限度地逐步满足人民群众日益增长的物质文化需求。首先，要加快转变经济增长方式，提高国民经济竞争力。积极调解经济发展中出现的资源、能源浪费的现象，以及整改高污染、低收入的发展模式。牢固树立创新、协调、绿色、开放、共享的发展理念，依靠创新驱动发展战略，加快转变发展方式，着力提高经济发展的质量和效益。其次，要积极发挥市场在资源配置中的决定性作用，大力发展文化产业。文化产品是文化传播的重要载体。在文化消费的行为活动中，文化产品潜移默化地影响着人们的思想行为。比如，受到广告宣传的影响，人们运动之后就会想到买一瓶雪碧。"这样，大众通过市场消费行为确立了自己的文化基准，也进而确立了文化共识。"最后，促进各区域经济协调互动，实现共同发展。"一带一路"视域下要构建文化共识，就要积极主动地对外开放，充分利用国际国内两个大市场，进一步拓展经济发展的空间。

（二）制度保障：完善文化发展的管理机制，巩固文化共识的制度基础

习近平总书记在党的十九大报告中指出："要深化文化体制改革，完善文化管理体制，加快构建把社会效益放在首位、社会效益和经济效益相统一的体制机制。"要重视文化产业的发展，提倡创新创造，维护知识产权，为文化发展提供外部制度保障。一个有竞争力的共识文化，首先，要建立在一定的制度保障之上，并且积极倡导保护创造的文化产品。在当今社会，要重视文学艺术等创造性的劳动成果,维护其合法权益,保证其劳动成果不被侵犯。如果没有这样的制度保障,文化就不可能真正地实现创新与发展,文化共识也就更不可能实现。其次,要建立健全文化交流机制,整合社会上的各种文化资源,加强相互间的文化交流。不管是城市里的市民还是乡村里的农民,也不管是生存在上层社会的人还是生活在底层社会的人,他们都是推动文化发展的重要力量。如果文化发展脱离了来自不同地域或者不同阶层的人,共识也就无从谈起。最后,要建立文化传承的奖励与惩罚机制。而所谓的奖励与惩罚机制,正是一种维持文化正常发展的秩序,调整文化共识内部关系的一种法则。在文化发展的过程中,对于那些对文化的创新与发展做出巨大贡献的,要进行相应的奖励;对于那些破坏文化产品、阻碍文化发展的,要进行相应的惩罚。总之,"一带一路"视域下文化共识的建构需要制度保障。要从维护知识产权,建立健全文化交流机制,建立文化传承的奖励与惩罚机制等几个方面重点着手。

(三)精神支撑:树立大众的文化主体意识,奠定文化共识的精神基础

"一带一路"视域下建立文化共识,我们首先要树立大众的文化主体意识,坚持"以人民为中心的发展思想",不论是哪个国家,也不管是什么制度,在建构文化共识的过程中要突出大众的文化主体地位。我们所倡导的共识文化一定是建立在各个国家大众的日常生活的基础之上的,它与各国人民的生活有着密切的联系。这种源于人们日常生活的共识文化,不是某种政治意识形态的强加,也不是某些知识分子意志形态的教导,而是大众意象形态的自我型塑。文化共识的建构,很难由某种单一的政治力量主导,也不可能由某种精英意识主导,文化共识的建构必须由大众来实现,只有当大众成了文化共识建构的主体,才可能出现大众能够接受的共识文化。实际上,任何文化都不可能是外部强加的,任何通过规训手段得以生存下来的文化,都只是暂时性的文化,真正的文化共识一定是自生性的、大众的、世俗的共识文化,一定要由大众主体来建构。"一带一路"视域下建构文化共识,前提是树立大众的文化主体地位,尊重大众的文化意愿。人本管理作为一种新的管理理念,其科学性和实用性得到了广泛认同,它不仅是科学发展观的本质和核心,是文化共识建构的指导思想。通过人本化的管理和服务体现时代精神,进而来满足文化共识建构的需求。

归根到底,在"一带一路"倡议背景下,建构真正的文化共识,不是书面上理论体系的文化,而是各国百姓日常生活中遵循的文化,必须体现在百姓的日常生活中。同时,文化共识的实现是一个循序渐进的过程,不能急于求成。在"一带一路"倡议背景下,中国要以优秀传统文化的普惠性、包容性和共享性来展现自身在"一带一路"发展中的凝聚力和号召力,要让文化共识成为"一带一路"的新动源与新引擎。

参考文献

[1]毛泽东选集(第2卷)[M].北京:人民出版社,1991:663-664.

[2]习近平.决胜全面建成小康社会　夺取新时代中国特色社会主义伟大胜利[N].人民日报,2017-10-19(02).

[3]肖庆.交流增进互信文化凝聚共识:"第二届亚洲文化论坛"学术综述[J/OL].民族艺术研究,2013,26(06).

[4]陈强."人类命运共同体"的文化构建与"精神丝绸之路"[J].西北民族大学学报(哲学社会科学版),2016(04):104-109.

[5]杨荣翰.中国和谐文化建设理论与实践[M].北京:中国书籍出版社,2014(02):04.

[6]李秀林.王宇,等.辩证唯物主义与历史唯物主义原理[M].北京:中国人民大学出版社,2004:114.

[7]周小兵.真理的共识论与文化共识[J].社会科学辑刊,2003(02):22-26.

[8][11]邹广文.在对话中增进文化共识[N].光明日报,2014-04-09(002).

[9]周小兵.真理的共识论与文化共识[J].社会科学辑刊,2003(02):26.

［10］刘宗碧.文化共识:民族凝聚力的内涵［J］.学术研究,1992
(05):82-86.

［12］韦森.文化与制度［M］.上海:上海人民出版社,2003:45.

［13］任洁.中国现代化转型中的文化与制度关系之探讨［J］.中
共福建省委党校学报,2009(05):73-79.

［14］［16］习近平总书记系列重要讲话读本(2016年版)［M］.北京:
学习出版社,人民出版社,2016:106,128.

［15］葛红兵.有文化共识才有文化发展:也谈人文精神的建构
问题［J］.探索与争鸣,2006(06):9-11.

浅谈李清照词"香"的意象

南宁师范大学　金田草

【摘　要】《漱玉词》是宋代婉约派词人李清照的作品集，共收词 47 首。"香"这个词在全集中出现达 23 次之多，依据其所蕴含的意蕴，可将"香"分为"暖香"和"冷香"，这也是李清照前后期词作蕴含情感不同的表现。纵观李清照的人生以及词作，《漱玉词》中的"香"意象正是词人一生的写照。

【关键词】李清照；暖香；冷香

李清照是中国文学史上最著名的女词人，被誉为中国女性作家第一人，《漱玉词》奠定了她在中国词坛的大家地位。综观《漱玉词》，"香"意象始终陪伴词人的左右。有研究者指出，唐诗当中"香"意象已成为独立的诗歌题材。李清照引香入词，借香抒情，表现自我内心丰富的情感世界，带有强烈的主观色彩。透过"香"的意象，我们从其中不仅可以读出她前期词作的天真烂漫、明快清新之情，以及惜春悲秋、思离伤别中的淡淡忧愁，而且也能够读出李清照后期词作的苦痛之愁、悲戚沉重的感情，以及飘零苦难中的生活苦楚。这一切情感的变化都蕴含在"香"的意象中。

一、前期"暖香"之情

李清照,宋神宗元丰七年(1084年),诞生于齐州章丘(今山东章丘西北)的一个书香门第。父亲李格非官居礼部员外郎,是当时的后"四学士"之一。母亲王氏,是状元的孙女,也善写文章。家族前辈的道德文章,齐鲁大地的淳朴民风,泉城济南的明丽风光,使李清照从小就受到了良好的性情陶冶和文学熏染,因而"自少年,便有诗名"。前期安定美好的生活经历,使她的词作明快清新、语言轻松活泼,透过"香"的意象表现其快乐与闲适的生活。这时期词作中的"香"是沁人心脾,是"暖香"之蕴。例如:

绣面芙蓉一笑开,斜飞宝鸭衬香腮,眼波才动被人猜。一面风情深有韵,半笺娇恨寄幽怀,月移花影约重来。(《浣溪沙》)

这首词是李清照最早描写纯真爱情的词作,写一位娇羞多情的青年女子与心上人幽会并相约再会的情景。此时的李清照尚处在少女年纪,对美好的爱情充满向往,落到笔端,也丰富地体现了少女情怀细腻的心思。起笔即写出了青春女子独有的女性之美。"绣面芙蓉一笑开",芙蓉含笑而开,借物喻人,由静而动,为少女之容貌倍添精神。像这种描写手法,在王维的诗里最有体现,如"坐看青苔色,欲上人衣来"(《书事》)、"山路元无雨,空翠湿人衣"(《山中》)等。李清照将这种手法融会贯通,使其词中添上了一层女性的柔美,同时更多了一种似真似幻、难以言说的美妙意境。"斜飞宝鸭"写少女又贴花饰,又戴宝鸭。"香腮"则刻画出了一个着意打扮的初恋少女美好的音容。"眼波才动被人猜",写少女巧笑倩兮,美目盼兮,写出了女子的灵气神采。这首诗格调欢快,语言活泼,字里行间洋溢着一种青春的活力和恋爱的情趣,在李清照的词中别具一格。词中的女主人公,身处青春爱情之中,"绣面""香腮"是她青春时娇美的面容,更是李清照这一时期美好心境的体现。类似的另外一首:

雪里已知春信至,寒梅点缀琼枝腻。香脸半开娇旖旎,当庭际,玉人浴出新妆洗。造化可能偏有意,故教明月玲珑地。

共赏金尊沈绿蚁。莫辞醉。此花不与群花比。（《渔家傲》）

这是一首咏梅词，这首词作于宋徽宗建中靖国元年（1101年），此时的李清照18岁。何逊《咏早梅》："兔园标物序，惊时最是梅。衔霜当路发，映雪拟寒开。"梅花，盛开于冬春之交，最能惊醒人们的时间意识，使人们萌生新的希望。在《渔家傲》中李清照把梅花婀娜多姿的俏丽风韵，以及梅花傲对冰雪的高洁品格细致地刻画出来，表现了她超凡脱俗的崇高人格。通读这首词，有银色的月光、金色的酒樽、淡绿的酒以及那晶莹透彻的梅花织成一幅画，空灵优美。在这首词中作者上阕描写了寒梅初放时的神韵。"香脸半开娇旖旎"，李清照用了"犹抱琵琶半遮面"的美丽女子来形容在将开未开之时梅花的轻盈娇美，又用"玉人浴出"来形容梅花的冰清玉洁，明艳出群。作者用"香脸半开""玉人浴出"，形容梅花新蕾的秀美、娇艳，以人拟花，以花类人，倍添精神，引人入胜。"香脸""香腮"等这类暖香意象也正是李清照这一时期岁月静好的写照。此时期，即使写晚秋的词作也是清新、生动的画图。例如：

湖上风来波浩渺，秋已暮、红稀香少。水光山色与人亲，说不尽、无穷好。莲子已成荷叶老，清露洗、苹花汀草。眠沙鸥鹭不回头，似也恨、人归早。（《怨王孙》）

秋天给人们带来的常常是萧瑟冷落的感觉，自宋玉"悲秋"以来，一般骚人墨客笔下的秋景，总呈现出一种悲凉萧瑟之色。然而李清照这首《怨王孙》中的秋景，展现出的是一幅清新广阔的画面，词人不仅赋予大自然以静态的美，更赋予生命和感情。"湖上风来"首句起语不俗，作者看到秋风起，吹动了悠远的水波，宣告着深秋到了。而一句"红稀香少"，更是通过自然界色彩和气味的变化，进一步点染了深秋的景观。"水光山色与人亲"，不写人如何亲爱自然，反将大自然人情化、感情化，这样的描写又使深秋的季节别有滋味，它体现出了词人在游赏自然时那怡然自得的欢悦心情和她开朗乐观的内心世界。

宋徽宗建中靖国元年，18岁的李清照同太学生赵明诚结婚。赵明诚也爱好文学，尤其酷爱金石书画，是北宋著名金石学家。婚后，夫妻感情深厚,志趣相投。除赵明诚偶有出游外,两人不是在一起切磋文学,就是收购金石书画,并整理研究。但是好景不长,赵明诚结婚不久就要外出求学,李清照不得不与丈夫分离,于是李清照便将一腔相思之情寄予词作中。这时期的词作透过"香"的意象,虽然流露着惜春悲秋、思离伤别的情绪,但这种愁情大都是较淡的,而且是含有希望的。例如:

> 玉瘦香浓,檀深雪散。今年恨、探梅又晚。江楼楚馆,云闲水远。清昼永,凭栏翠帘低卷。坐上客来,尊前酒满。歌声共、水流云断。南枝可插,更须频剪。莫直待西楼、数声羌管。
> (《殢人娇》)

这是早期作者在后亭看到梅花开放有感而作。虽然词中可以看出作者的寂寥,但其描写之物刻画自然,没有半分悲苦之意,读来也让人感觉梅花亦人,人若梅。"玉瘦香浓"玉色的白梅花清瘦飘逸,散发着袭人的香气,作者感叹那雪压梅枝的美景已经不见,令人遗憾。恨探梅又晚,或许也只有在面对爱之甚深的对象时,才会发出"恨晚"的叹息,这里既写出作者爱梅之深,又足见作者遣词匠心之一斑。"云闲水远",能够相见作者此时仰望着白云闲散,俯视碧波涟漪,这样一种闲适恬淡的心境。词作的下片写是良友相聚、举杯飞觞、开怀畅饮、纵歌抒怀的场面。接着话锋一转,回到赏梅处来,"南枝可插,更须频剪。莫直待西楼、数声羌管",弦外之音是借物抒情,作者感叹光阴流逝,犹如花开花落,人生聚少离多,得意与相聚之时需尽情欢畅。整首词作,含带着淡淡的愁怀,而无凄冷之苦,"香浓"意象也暗含暖香意味。类似的一首词:

> 红酥肯放琼苞碎,探著南枝开遍未。不知酝藉几多香,但见包藏无限意。道人憔悴春窗底,闷损阑干愁不倚。要来小酌便来休,未必明朝风不起。(《玉楼春》)

李清照的这首《玉楼春》当属咏梅中的佼佼者,不仅写活了梅花,而且活画出赏梅者虽愁闷却仍禁不住要及时赏梅的矛盾心态。诗人以"红酥"比拟梅花花瓣的宛如红色凝脂,以"琼苞"形容梅花花苞的美好,都是准确细致地抓住了梅花特征。"不知酝藉几多香,但见包藏无限意"，"蕴藉""包藏"，用对偶句，写未开放时的梅花姿态。而"几多香""无限意"，又将梅花盛开后所散发的幽香、所呈现的意态细致地刻画出来，精神饱满，可见词人的灵心慧思。这样写梅花，从手法上看，独特、新颖，使行文之间充满一种跃动感；从内容上看，不仅凸现了梅花的外形美，更彰显出梅花的内在美——"香"和"意"。下阕由咏梅转写赏梅之人，诗人困顿窗下，愁闷不已，连阑干都懒得去倚。虽然心境不佳，但梅花还是要赏的，所以"要来小酌便来休，未必明朝风不起"，此句隐含着莫错过大好时机且举杯畅怀的意味。这首词与诸多咏梅诗词不同，不去写梅花的傲霜斗雪，俏不争春，而是写梅花的娇美、情意和词人的惜梅之情，和《殢人娇》这首咏梅词一样有着别出心裁之味。李清照在写相思的词作中，虽含有忧愁，但不是心灰意冷之思，而是带有希望的。比如：

> 红藕香残玉簟秋，轻解罗裳，独上兰舟。云中谁寄锦书来？雁字回时，月满西楼。花自飘零水自流，一种相思，两处闲愁。此情无计可消除，才下眉头，却上心头。（《一剪梅》）

这首词是李清照写给新婚未久即出家外出的丈夫赵明诚的，诉说了自己独居生活的孤独寂寞，急切思念丈夫早日归来的心情。上阕按照时间顺序，写了词人从昼到夜一天之内所做之事，所见之景，所生之情，透露了词人寂寞惆怅的心情和对丈夫家书的急切期待。首句"红藕香残玉簟秋"表面写荷花凋谢、竹席生凉，实质暗含青春易逝，红颜易老。用"香残"形容的荷花的惨败，暗含词人惆怅的心境，但又并非是苦涩的。"一种相思，两处闲愁"二句，在写自己的相思之苦的同时，由自己推想到对方，深知这种相思不是单方面的，而是双方面的。这样的相思带给作者的是有希望与期盼的相思。同样写思君的一首词，也暗含着希望的期待。比如：

> 薄雾浓云愁永昼，瑞脑消金兽。佳节又重阳，玉枕纱厨，半夜凉初透。东篱把酒黄昏后，有暗香盈袖。莫道不销魂，帘卷西风，人比黄花瘦。（《醉花阴》）

这首词也是作者婚后所作，抒发的是重阳佳节思念丈夫的心情。整首词烘托了一种凄凉寂寥的氛围，虽是表达作者深深思念丈夫的孤独与寂寞的心情,但其相思之愁正如"东篱把酒""暗香盈袖"这般,其愁是暗淡而不是痛彻心扉的。"暗香",通常指梅花。"疏影横斜水清浅,暗香浮动月黄昏"是北宋诗人林逋咏梅花的名句。这里则以"暗香"指代菊花。菊花与梅花相似,都暗示词人高洁的胸襟和脱俗的情趣。总之,李清照前期词作中"香脸""香腮""香浓""暗香"等意象词,构成了她前期词作"暖香"的感情色彩。

二、后期"冷香"之情

靖康之变,北宋灭亡,赵氏南渡,这一系列人生命运的剧变,彻底改变了李清照的生活,特别是赵明诚的死,给了她沉重的打击。经历了国破家亡、颠沛流离的痛苦,"冷香"是她这一时期心灵凄楚的写照。有研究者就曾说过,"香"的意象之所以是李清照一生的写照,是因为"香"的意象尤其是"冷香"所创造出来的意境效果与李清照整个悲凉凄惨的人生状态有很大的相似性。这时期的词作比如:

风柔日薄春犹早,夹衫乍著心情好。睡起觉微寒,梅花鬓上残。故乡何处是? 忘了除非醉。沉水卧时烧,香消酒未消。
(《菩萨蛮·风柔日薄春犹早》)

这首词写于李清照南渡后,抒写了词人对沦陷故土的浓重思念之情。上阕起首两句,描写在"风柔日薄"的清晨,词人换上春衫,一片"心情好"。而"梅花鬓上残",透露出来的是一种含蓄、朦胧、带有几分凄冷的心境和愁思。用"微寒"之感和残破的"梅花"意象,映射出词人内心深处的某种不如意和惆怅之感,紧接着下阕"故乡何处是?忘了除非醉",正是道出了词人不如意的缘由。借酒消愁,说明只有醉酒中才能把故乡忘掉,清醒时则无时无刻不思念故乡。末句写熏香燃尽,香气消散,酒还未醒,可见词人醉的深沉,醉深又说明愁重的缘故。用"香消"又"酒未消",作者频用"消"字使其词意沉痛。这一笔透过那袅袅香雾,借酒浇愁,我们看到的是词人那无时不有、无时不在的思乡心绪。又比如:

临高阁。乱山平野烟光薄。烟光薄。栖鸦归后，暮天闻角。断香残酒情怀恶。西风催衬梧桐落。梧桐落。又还秋色，又还寂寞。（《忆秦娥》）

这首词写作者南渡之后，遭家破人亡、沦落异乡等沉重打击，又目睹了山河破碎的惨痛事实。这首《忆秦娥》就是词人凭吊破碎山河，对死去的亲人和昔日幸福的生活所发出的祭奠之辞。词人的心就如"冷香"般清冷凄凉。词中描写了凄败的秋色，抒写了悲秋的情绪，用"断香残酒情怀恶"直抒胸臆，"断""残""恶"等几个字眼加深作者沉悲之痛。这时词人眼中的香是断的，加之残败的酒使作者的心情坏恶不堪。结尾处词人痛心疾首地喊道："又还秋色，又还寂寞。"可以看出她看到的悲戚、衰败的秋色，经历的愁苦、哀痛的寂寞，已经不知有多少次了。"断香残酒"以及两个"又还"的呼喊，其"冷香"色彩极其浓烈。细读全词，"冷香"画面是那样惨淡、萧瑟，情感又是那样凝重、沉痛，与作者早期那些抒写相思之情的哀婉却不失明丽的"暖香"色彩大有不同。这一时期咏梅的词作与前期写梅词中"香"的意象也有着明显的对比。比如：

藤床纸帐朝眠起，说不尽无佳思。沈香断续玉炉寒，伴我情怀如水。笛声三弄，梅心惊破，多少春情意。小风疏雨萧萧地。又催下千行泪。吹箫人去玉楼空，肠断与谁同倚？一枝折得，人间天上，没个人堪寄。（《孤雁儿》）

这首词明为咏梅，暗为悼亡，寄托了词人对不幸病故的丈夫赵明诚的深挚感情和凄楚哀思。"沈香断续玉炉寒"，此时室内只有时断时续的香烟以及香烟灭了的玉炉陪伴着主人公如水一样冰冷的情怀，沉香烟断，玉炉已寒，词人对亡夫刻骨铭心、永世难消的怀念之情正如这香一样凄凉。这时期最能体现其"冷香"意象的莫过于这首《武陵春》：

风住尘香花已尽，日晚倦梳头。物是人非事事休，欲语泪先流。闻说双溪春尚好，也拟泛轻舟。只恐双溪舴艋舟，载不动许多愁。

历来写愁之作颇多，"问君能有几多愁，恰似一江春水向东流"

（李煜《虞美人》），用的是比喻；"驾言出游，以写我忧"（《诗·邶风·泉水》），是直抒胸臆。同样是写愁，而李清照这首《武陵春》，却以其委婉的艺术手法，巧妙地表达了深沉复杂的内心感情，抒发了她面对国破家亡的满腔忧愁。"风住尘香"这四字写得极妙。作者不是从正面写风狂花尽、一片凄清的景象，而只是用"风住尘香"这四字表明这一场灾难后的结果，却令读者能想其"风住尘香"之前狂风摧花、落红满地的衰败画面。"尘香"又极具内容，尘土之香，可想见花落又遭践踏入土的惨败之景。风停了，香也沉了，落花满地，看似极静的画面里深藏着作者心如死灰的凄楚，极冷的画图里也是作者心冷的写照。"风住尘香"四字，不但含蓄，而且由于含蓄，反而扩大了容量，使人从中体会到作者丰富的"冷香"情感。与前期词作中"香脸""香腮""香浓"等"暖香"意象词相比，后期"香消""断香""尘香"等意象词极具"冷香"之味。

三、结语

李清照的一生都未离开过"香"，透过词作中"香"的意象，她将自己的内心情感与命运变迁结合在一起，"香"不仅是词人心中情感的寄托，更是她一生的心理写照。有研究者就曾指出在李清照词诸多意象中，"香"这种凡常的闺阁之物，在易安词中反复出现，成为词人内在情感、灵魂、风骨和精神的体现。

参考文献

[1]王仲闻.李清照集校注[M].北京：人民文学出版社,1997.

[2]段永升.唐诗香意象文化美学论[J].咸阳师范学院学报,2016(5).

[3]蹇晓丽.浅谈李清照词中香意象的意境效果[J].文学教育,2017(1).

[4]刘玮.李清照词之焚香意象考[J].兰台世界,2014(7).

"一带一路"背景下广西民族语言
和文化"走出去"的思考

南宁师范大学　黄晓玲

【摘　要】"一带一路"倡议的提出,构成了我国对外开放的新格局,构造了周边外交战略新框架,为广西民族语言和文化"走出去"提供了千载难逢的机遇,也为其"走出去"开展交流与合作带来更大的挑战。广西具有丰富的民族语言和文化资源,在"一带一路"背景下分析其特点,寻找突破点,制定切实可行的民族语言和文化开发制度,让其"走出去",走更远。

【关键词】"一带一路";广西;民族语言和文化;"走出去"

2013 年,习近平总书记提出了建设"丝绸之路经济带"和"21 世纪海上丝绸之路"的倡议。稳步推进"一带一路"建设,不仅有利于促进中国与沿线各国的经贸合作,而且有利于加强不同文化的交流互鉴和合作发展,从而促进交流合作的稳定繁荣①。广西是一个以壮族为主体、多民族聚居的区域,其丰富的民族语言和文化资源具有十分珍贵而独特的文化价值。加强对广西民族语言和文化的开发利用,制定切实可行的民族语言和文化保护及开发制度,让其"走出

---

①徐绍史.统筹国内国际两个大局的战略选择:深入学习习近平总书记关于"一带一路"倡仪的重要论述[J].求是,2015(19):10-13.

去",走更远。"一带一路"为广西民族语言和文化"走出去"提供了千载难逢的机遇,也为其"走出去"开展交流与合作带来了新的更大的挑战。如何抓住机遇做好"走出去"工作,是迫切需要认真思考和探究的问题。

一、广西民族语言和文化有"走出去"的资本

广西因为特殊的地理位置,与东南亚国家关系密切,作为汉代丝绸之路上不可忽视的一个环节,从历史出发,广西在文化交往和经济贸易与"一带一路"沿线各国特别是东南亚国家关系密切。

海上丝绸之路是古代中国与世界其他国家进行经济文化交流交往的海上通道。从中国东南沿海,经过中南半岛和南海诸国,穿过印度洋,进入红海,抵达东非和欧洲,构成世界性的贸易网络。其雏形自秦汉就有,三国两晋时期逐渐发展,于唐宋时期走向繁荣,明初达到顶峰,因明中期海禁而衰落。《汉书·地理志》中更明确记载汉代南海丝绸之路航线始发港就是合浦(今广西合浦县境内)、徐闻(今广东徐闻县境内),由此可知,现在的广西地区与东南亚国家在历史上就有着密切的贸易联系。

二、"一带一路"沿线国家是可靠的伙伴

"一带一路"目标宏远但具可行性,是要在欧亚大陆甚至在世界各国间,构建一个互惠互利的利益共同体、命运共同体和责任共同体,沿线各个国家资源丰富、优势各异,经济互补性较强,彼此合作潜力和发展空间很大。

(一)人口经济:人口众多,经济处于上升期

"一带一路"沿线国家涉及 65 个国家和地区,2017 年"一带一路"沿线国家 GDP 之和预测为 12 万亿美元,占全球 GDP 的 16.0%;人口总数为 32.1 亿人,占全球总人口的 43.4%;对外贸易总额为 71885.5 亿美元,占全球贸易总额的 21.7%,这些国家大多处于经济

发展的上升期，开展互利合作的前景广阔。经济搭台，文化唱戏，经济、政治的繁荣发展可以为文化交流提供保障，文化交流同时会反馈促进经济、政治的发展。广西因为特殊的地理位置，与东南亚国家关系密切，作为历史上海上丝绸之路的发源港，与沿线国家有着深厚的情谊。广西具有特殊的民族语言和文化，具有浓厚的历史意蕴，沿线国家也具有自己的文化特色，在全球化影响下，许多国家的本土性已经不复存在，也有很多国家还在默默坚持，中国和其他国家一样面临着巨大的危机，同样的压力和追求为交流提供了同样的意愿和默契。

（二）国家文化：国家众多，文化底蕴丰厚

"一带一路"构架横跨亚欧非，连接不同民族和地区，覆盖了古代四大文明圈，沿线国家众多，具有深厚的文化特色和文化底蕴。

1. 泰国是东南亚国家中文化特征最显著的国家

泰国的文化历史悠久，其文学、艺术、绘画都有其独特的风格。泰国重视维护自己的民族文化，觉得文化就是国格，对国家的稳定繁荣有重大的影响，甚至直接将文化与国家对等，国王普密蓬就说，维护文化就是维护国家。具体来看，泰国的文化可分为三个方面：语言文化、宫廷文化和传统文化。就语言而言，泰语最大的特点就是多元化，它的来源相当广泛，有巴利语、梵语、马来语、英语和汉语等多种语言形式，简单说它是一个语言的混合体；其次它有吸收借鉴的特点，基本语序与汉语一样都是主谓宾结构。宫廷文化则主要是指泰国的绘画、建筑、文学、戏剧和音乐，也是非常具有自己民族的特点。传统文化是指与农业和人文、制作日常必需品的工艺有关的习俗，同中国一样提倡尊老爱幼，传达一些基本礼仪。

2. 印度是人类文明的发源地之一

"一带一路"沿线经过印度。印度是人类文明的发源地之一，有着深厚的文化底蕴。这里有精美的绘画和雕塑，有世界上最长的史诗《摩诃婆罗多》，是佛教的诞生地，其在文学、哲学和自然科学等方面对人类文明具有重大贡献，对中国在内的周边众多国家产生过深远影响。

3. 俄罗斯融合了东西两种文化

俄罗斯的领土面积大，跨越欧亚两洲，因为地理优势，自然而然地融合了东西方两种文化，底蕴深厚。具体体现在以下几个方面：首先，文学艺术突出，俄罗斯的古典文学，被视为是世界文学史的"奇葩"，像普希金、陀斯妥耶夫斯基、托尔斯泰、契诃夫、高尔基，每一个都是鼎鼎大名，除了文学，其美术、戏剧也是源远流长，底蕴深厚。其次，俄罗斯宗教传统浓厚，宗教建筑风格独特，体现着一个民族对于美感的特殊体会。

"一带一路"沿线国家众多，辐射面积辽阔，横跨亚欧大陆，国家虽然众多，但是大多具有深厚的文化底蕴。

三、广西民族语言和文化"走出去"的思考

"一带一路"倡议给广西的定位是丝绸之路经济带与 21 世纪海上丝绸之路有机衔接的重要门户。广西具有独特的地理位置，具有独特的民族语言文化，具有可靠的沿线伙伴，具有"走出去"的资本，只要下定决心，利用好中国面向东盟开放合作的这个重要平台，围绕国家"一带一路"建设，一步一个脚印，拓宽广西文化"走出去"的渠道，抓住关键点，加大与"丝绸之路"沿线国家的文化交流与合作，必将打造广西文化"走出去"的新"丝路"。

（一）以歌会友，唱响中华

歌声无国界，沟通无障碍。应该大力举行唱歌等文艺活动，发挥广西民族特色和文化特色，以唱歌等文艺活动为引子，达到交流与合作传播广西文化的目的。

这方面有可取之处，广西有已经开始着手打造的文化名片，像南宁国际民歌艺术节就很具有标识性。这个艺术节自 1999 年创办，一直在坚持努力，通过弘扬民歌文化，达到中外文化交流的目的。其艺术节主题晚会"大地飞歌"更是精彩绝伦，以歌传情，以歌会友，既可以带动经济文化的发展，又为广西与东盟各国的文化交流与合作做出贡献。

当然以歌带动文化传播只是一个思路和方向，还可以引申到其他方面，比如讲故事，通过讲中国故事，传播中华文化。当然，为了更好地达到交流目的，要有针对性地举办活动，应该结合各国的实际情况，如果与东南亚国家交流，应该主打"东盟牌"，发挥地域优势，唱响中华。

（二）影视花开，媒体合作

电影是深受喜爱和欢迎的一种艺术形式，能在国家间交往中经常起到"铁盒子里的大使"的作用。电影运用得巧妙，会达到意想不到和事半功倍的效果。

首先，多译制电影，多向其他国家传播。

广西地理位置特殊，临近各个国家语言复杂，这就需要培养专门的电影译制工作者，有针对性地按照各个国家的语言译制优秀的国产电视电影向外传播，这是一个让世界了解中国的窗口，通过电影这个窗口，更好地传播中国文化、广西文化。广西各电视媒体译制的《三国演义》《北京青年》，电影《泰囧》《唐山大地震》等已在部分东盟国家成功播出，大受当地百姓追捧。

其次，多参与各国家电影的协同创作。

只有真正走出去落实，才能带动自己"走出去"。所以必须开阔视野，多参与到和其他各个国家的协同创作中去。在2014年中国（广西）—新加坡电影周期间，广西电影集团与新加坡方面就合作拍摄东南亚国家题材电影达成了协议，双方合作的第一部东南亚国家题材电影《再见，在也不见》已经摄制完成。通过这样的合作，将电影的窗口给放大化，既传达了东南亚国家的文化思想，又帮助了广西文化"走出去"。

此外，广播电台也是不错的选择。与东南亚国家甚至更远的其他国家建立伙伴关系，将广播电台节目推出去，逐渐有效地建立区域性国际传播体系，不断增强在东南亚地区的传播力和影响力。

（三）书香飘远，留学大热

1. 开展传统的出版业务

书籍是另一种传统的文化传播方式，阅读不止，书籍不灭，说明它具有很强的生命力。广西出版传媒是一支重要力量,目前为止,已经向东南亚多个国家输出版权 400 多种,成为全国向东南亚国家输出版权最多的出版集团之一,可见其有自身强大的优势,要充分利用出版优势,继续向东南亚各个国家开展出版业务,进行多元拓展与发展,试图打造"海上丝绸之路国际出版平台"。

2. 打造现代化书籍

科技的发展,互联网的便利,随着时代的发展,策略也应该紧跟时代。可以充分利用互联网技术,将传统文本的内容转变为电脑文字,甚至可以基于互联网的多媒体数字内容,紧跟时代,采取现代科学技术,将中华文化以图片、音频、视频多种形式传播,并将其译成多个国家的语言进行网络传播,这样就扩宽了传播途径,增强中华文化走向东南亚国家传播的生命力。

3. 积极促进留学生交流合作

目前来广西学习的留学生人数近 5 万名,其中东南亚国家留学生 3.7 万人,占比 78%左右,广西成为东南亚国家留学生留学的热门省区。同时东南亚国家已成为广西学生出国留学的首选地之一,广西与东南亚国家的留学生交流人数达到双向过万人。以广西师范学院为例,广西师范学院目前有 8 个东南亚国家的学生在校就读, 人数达 100 多人。该校每年派往东南亚国家留学的学生有约100 人。学校要更大力度地促进留学生交流合作,建立相关福利性的政策,让留学生们走进广西,让广西文化"走出去"。同时,积极推进孔子学院的建设,目前广西高校已经在东盟建立了 7 所孔子学院,这些孔子学院的建立深受当地百姓的欢迎。

广西具有丰富的民族语言和文化资源,加强对广西民族语言和文化的开发利用,制定切实可行的民族语言和文化保护及开发制度,让其"走出去",走更远。"一带一路"倡议的提出,构成了我国对外开放的战略新格局,构造了周边外交战略新框架,这一构架横跨亚欧非,连接不同民族和地区,覆盖了古代四大文明圈,"一带一路"为广西民族语言和文化"走出去"提供了千载难逢的机遇,也为其"走出去"开展交流与合作带来了新的更大的机遇,广西文化要主动出击,顺势而为,努力实践,相信必将大有作为。

参考文献

[1]徐绍史.统筹国内国际两个大局的战略选择:深入学习习近平总书记关于"一带一路"倡仪的重要论述[J].求是,2015(19):10-13.

[2]李占喜."一带一路"背景下广西民族电影产业研究[J].电影文学,2017(19):27.

[3]何成学."一带一路"背景下中国东盟文化中的广西元素及其思考[J].桂海论丛,2016(12):39.

"一带一路"背景下广西壮族文化
对外传播策略研究

南宁师范大学　　邓宇航

【摘　要】"一带一路"是党中央 2013 年提出的我国与丝绸之路沿线国家加强合作、共同发展的一种倡议构想。现阶段,我国"一带一路"建设正步入"黄金发展期",许多重点领域都取得了新的重要突破,为广西壮族文化的对外传播带来了有利的环境保护。在这一历史发展中,认清广西壮族文化对外传播,在国家"一带一路"建设中的自我定位,明确其具体形势与阶段任务,创新传播方式及行动方法,这几个方面构成了广西壮族文化对外进行有效传播的具体思路。

【关键词】"一带一路";广西壮族文化;对外传播;行动策略

2013 年 9 月,国家主席习近平在出访中亚国家期间提出了"建设丝绸之路经济带"的倡议构想,同年 10 月,他在出访东南亚期间又提出共同建设"21 世纪海上丝绸之路"的倡议构想。紧接着在党的十八届三中全会通过的《关于全面深化改革若干重大问题的决定》中,进一步提出要"推进丝绸之路经济带和 21 世纪海上丝绸之路建设,加快形成全方位开放新格局"①。

---

①中共中央关于全面深化若干重大问题的决定[EB/OL].http://www.sc.xinhuanet.com/content/2013–11/15/c_118164288.htm.

随着国家"一带一路"倡议的实施深入,广西作为古代海上丝绸之路起始点的重要战略地位显得越发突出和关键。如何在这个时代大背景下抓住历史机遇,实现广西在经济、文化等各方面的跨越性飞跃,是广西改革建设中绕不开的时代命题。

本文旨在以广西特色的壮族文化为中心,研究其在"一带一路"建设的国家大背景下对外传播的重要性及若干问题,并就此提出几点行动建议,以期为广西壮族文化在"一带一路"建设的传播交流中获得良好收效做出微薄贡献。

一、强调广西壮族文化在"一带一路"背景下对外交流的必要性

"一带一路"作为本届政府提出的重大国家倡议,是涉及亚非、亚欧甚至辐射太平洋沿岸部分国家的宏大规划,其目标是要建立一个"政治互信、经济融合、文化包容的利益共同体、命运共同体和责任共同体"。这个构想的提出表明中国开始立足于自身历史文化和实际情况推动中华优秀文明的新一轮世界交流。所以广西参与到"一带一路"对外发展的大局中不仅具有关键性的意义,对广西自身的开放建设也必将产生深远的影响。

(一)配合"一带一路"规划布局

我国提出的"一带一路"倡议规划,旨在借用古代丝绸之路的历史元素,高举和平发展的鲜明旗帜,积极发展与丝绸之路沿线国家的经济合作伙伴关系,共同打造"政治互信、经济融合、文化包容的利益共同体、命运共同体和责任共同体"①,这是一个以实现中国发展为动力,协同带动和促进沿线国家共同发展的国家级顶层规划。

从全国的整体布局来说,广西在"一带一路"中所进行的对外发

---

①乌东峰.人民日报专题深思:"一带一路"的三个共同体建设[EB/OL].
http://opinion.people.com.cn/n/2015/0922/c/003-27616140.html,2017-11-16/
2017-11-17.

展属于全局的重要部分,必须在如今的大形势下积极为国家总体倡议布局服务,因此这其中的壮族文化传播也应该服务于整个中华文明对外发展传播的总体布局要求。如何促进广西壮族文化与"一带一路"沿线国家优秀文化的融会交流,如何促进广西壮族自治区内的壮族及其他民族与"丝绸之路"沿线国家各民族实现互通往来,如何促进与沿线国家地区在经济、文化、社会等各方面建设达到互助互联,应该是广西在积极响应国家"一带一路"倡议规划过程中必须着力思考和应对的重要命题。

(二)响应党的十九大新时代"文化自信"号召

习近平总书记在中共中央第十九次全国代表大会上谈及新时代中国特色社会主义思想和基本方略时提道:"文化自信是一个国家、一个民族发展中更基本、更深沉、更持久的力量。""我们要推动中华优秀传统文化创造性转化、创新性发展,继承革命文化,发展社会主义先进文化,不忘本来、吸收外来、面向未来,更好构筑中国精神、中国价值、中国力量,为人民提供精神指引。"[1]这些涉及新时代中国文化发展的重要理论观点与当下"一带一路"倡议中的文化对外交流指导思想是相契合的。

"一带一路"规划为沿线国家地区的经济社会发展带来了极大的机遇和契机,广西壮族文化在对外传播过程中应积极响应党的十九大号召,树立起坚定的"文化自信"观念,把握住自身文化发展的来龙去脉,在与国外优秀民族文化交流的过程中不忘初心,坚守根本,既吸取精华,又展现自身魅力,让壮乡文化在"走出去"的过程中呈现出积极自信的良好姿态,成为经济社会对外发展建设的坚实助力。

(三)深化广西壮族文化的国际影响

在全球文化融合的新趋势下,要使广西在"一带一路"倡议规划实施中的文化传播互通达到预期效果,我们必须转换视角,扩大视

---

[1]郭伟伟.推动中华优秀传统文化创造性转化创新性发展[EB/OL].http://theory.people.com.cn/nl/2018/0820/c40531-30237866.html,2018-08-30/2018-08-31.

野,以更加包容开放的交流心态和更加理性科学的文化认同理念来进行对外传播。

因此,除了在与地缘接近的东盟国家进行密切人文交流,广西还应该将目光投放到更加广阔、更加遥远的海外地区。广西区内壮族文化代代相承,灿烂辉煌,内涵充实丰富,流传经久不衰,具有非常深远的影响力和辐射力,我们要抓住"一带一路"建设的历史契机,在对外传播中积极传播和展示独具特色的广西壮族文化,促进广西壮族文化与"一带一路"沿线国家各民族文化之间的融汇交流,以特色的地方民族文化交流为索引,搭建起中华优秀文明对外传播的桥梁,不仅服务了国家整体规划布局,同时也扩大了广西壮族文化在世界民族之林的影响,让世界人民更好地了解广西壮族元素,感受广西壮族文化的魅力和精彩。

（四）提高广西壮族文化对外传播能力

"工欲善其事,必先利其器"。要想在文化对外传播中取得预期的目标效果,则必须重视传播过程中的硬件及软件水平建设。精良完备的传播设施、高精尖的传播技术和与之相适配的传播人才队伍是取得文化对外传播优势的关键。

然而纵观目前情况,广西壮族文化对外传播的整体能力还处在持续完善发展中,文化传播能力和技术水平相对不高,整体实力偏弱。这比较明显地表现在:无论是广西区内的文化部门和媒体机构,还是中央级或其他省市的传媒体系,关于广西壮族文化传播的作品数量和质量方面都难以满足国内观众的需求;并且,在面向国外的传媒报道中,目前所开设的一些相关专题栏目的传播力和影响力也较为有限,距离目标效果仍有一段距离。因此,在如今"一带一路"文化建设的背景下,广西政府部门应该加强文化对外传播的重视和投入,及时更新指导方针,为文化交流发展的硬件传播设施提供坚实的保障和支持;同时我们也需要重拾心态,总结过往经验,提升自身素质水平,依据新时代新形势树立起新的传播理念,开创更加有效合理的传播规划,抓住历史机遇使广西媒体的整体对外文化传播能力和水平更上一层楼。

二、"一带一路"背景下广西壮族文化的对外传播策略建议

掌握必要的传播策略技巧,以期广西壮族文化在"一带一路"对外传播建设中取得良好的目标效果,首先需要认清在整体对外传播过程中广西壮族文化所面临的具体形势,明确其所肩负的具体历史任务,才能研究出与之相适应、更符合广西地区特色的行动方法。

(一)形势与任务

广西地处东盟十国最前沿的位置,背靠祖国,紧临南海,既是海上丝绸之路的起始点,也是路上丝绸之路一个绕不开的关键板块,这一区域优势使其在"一带一路"建设实施中被历史赋予了重大的使命,因此无论是开展经济贸易活动,还是进行建设性的文化交流,在这个国家顶级规划中广西都担负着重要功能。

广西壮族文化拥有丰富的民族、宗族和历史来源;它独具特色的饮食、建筑、语言文字以及原汁原味的壮医、壮锦、壮剧、铜鼓、壁画、节日习俗等文化成果都有着很高的艺术水平和研究价值,是我国少数民族代代相传的文化宝藏。大力挖掘广西壮族丰富淳厚的民族文化并采取科学有效的方法传播出国门,让东盟十国人民、亚洲人民,甚至是世界人民都能较为全面而深刻的了解、感受并欣赏其中的文化精髓与民族魅力,是广西壮族文化在对外传播过程中应该担负的重要使命和历史任务。

近年来,随着中国—东盟博览会、中国—东盟商务与投资峰会、中国—东盟自由贸易区论坛等重要国际区域合作平台在广西的成功搭建,加上中国—东盟交通部长会议、中国—东盟质检部长会议、中国—东盟海关论坛、中国—东盟矿业合作论坛、中国—东盟环保论坛等,形成了中国—东盟合作的"南宁渠道"①,广西乃至全国的媒

①张家寿.广西参与"一带一路"对外开放的战略布局[J].桂海论丛,2015,31(05):41-45.

体对东盟的新闻报道都得到了大幅度的提升，这些内容涉及经济、文化、饮食、宗教和旅游等方面，基本做到了全面综合的互通性传播。而今，如何让这个以壮族为特色典型的民族文化在"一带一路"建设中起到"辅助器"和"催化剂"的作用，促进广西优秀民族文化与域外文化的交流互鉴，使其在国门之外水土相服，茁壮成长，并结出珍贵长存的友谊之果，是广西在文化对外发展中必然要重视的方面。

（二）"一带一路"背景下广西壮族文化对外交流的行动建议

在"一带一路"倡议规划的实施过程中，广西壮族文化的对外传播应该立足于区内实际，联系壮族自身文化传承特点，熟练运用传播艺术和专业技巧，及时更新文化对外交流理念，积极提高传播的质量和水平，重视交流过程中的反馈信息，为此才能适应形势发展的需要。

1. 受众定位——"说给谁听"

在"一带一路"的特定背景下，"一带一路"沿线国家的人民是广西壮族文化对外交流直接面对的主体受众，尤其是东南亚国家的民众。因此，在制定交流方案和策略时，应该形成"东南亚为主要目标交流地区，并以此为基点推动广西壮族文化走出东南亚，走出亚洲，走向世界"的交流理念，充分考虑不同国家地区民众的文化心理和信息需求，切实满足他们的需要，以达到良好交流效果。

譬如，东南亚国家的民众喜欢观看什么内容，需要了解什么信息，他们的阅读习惯是怎样的？广西壮族文化在面向东南亚国家的对外交流过程中，应该更多地关注东南亚各国受众在民族文化心理、生活方式及语言习惯等方面的差异，在开展跨文化交流之前需要先对东南亚各个国家的受众进行科学细分和精确定位。根据这些国家的民众"数量庞大、分层复杂、各国之间文化民俗差异较大的现实情况，交流策略制定应该从性别、年龄、民族、职业、文化程度、宗教信仰及经济发达程度等方面对文化交流的受众进行较为准确的定位和分析，并凭借分析结果研究出'水土相符'的交流对策，确定更加贴近地区实际的交流目标和议题内容，这样才能切实提高对外文化交流的效果"①。同时,还应注意日常壮族文化信息传播中的宣传色彩,转换视角,以包容开放的心态理念替代民族身份认同理念,从尊重事实、尊重不同民族的文化习惯、尊重不同地区的文化差异出发。

就目前广西壮族文化对外交流的发展现状来看,无论是媒体机构或是文化部门都还只是通过开设相应的语言频道向东南亚地区来进行对外跨文化交流,并没有对不同文化背景下的东南亚国家受众采取具有针对性的、更符合、更贴近其文化心理特征的交流内容和交流方式,交流过程中仍旧缺乏准确的受众定位和科学分析,这些都有望在如今"一带一路"如火如荼的文化交流中与时改进。

2. 传者定位——"由谁来说"

在广西壮族文化对外传播的过程中,新、旧媒体始终是传播的主力军。如何充分发挥其"喉舌"作用,如何用广西特色的壮族声音讲好具有广西特色的壮族故事,如何让国外人民能通过方便快捷的渠道了解广西独具特色的壮族文化、了解广西的经济社会和民族发展,应该是广西传媒人要自觉承担起来的重任和目标。这些具有跨民族、跨文化、跨地域特点的对外交流任务都对交流者本身提出了较高的综合素质要求。

就广西目前的情况来说,高素质的对外交流人才还较为紧缺。"而自治区内的广西大学、广西民族大学、广西师范学院等高校就有不少东南亚国家的留学生,他们不仅熟悉本国语言文化,还具备一定的汉语基础和特殊的专业技能,所以,我们可以在经过特定的培训后将他们引进并参与到广西壮族文化的对外交流中来"②。譬如,可以针对东南亚受众文化需求特点的议题,集中对相关留学生进行采访调查和资料收集,这对于把握壮族文化对外

①王海迪.新媒体时代广西媒体对东盟国家跨文化传播的优化策略研究[J].新媒体与社会,2015(04):284-295.

②王海迪.新媒体时代广西媒体对东盟国家跨文化传播的优化策略研究[J].新媒体与社会,2016(01):31.

交流的民众心理具有较为实际的操作意义；另外，也是更为关键的一点，来自本国的留学生更能准确深入地把握住对外交流当中的文化与民俗差异，在取得双方合作意向的基础之上，让他们以自己的方式将广西壮族文化介绍并传播到家乡各地，从而使文化交流效果达到更深的层次。并且，我国有许多优秀的专家学者都活跃在东南亚国家的孔子学院和调研活动中，他们对于东南亚地区的语言、文化、民俗和经济社会等都有着切身的体验和独到的见解，长期深入实践调研的第一线就是他们最明显的优势。因此，广西的媒体机构及文化部门可以组织邀请他们进行专业的"广西—东南亚"跨文化对外交流培训，或是召开相关论坛讨论，以此来帮助广西媒体推动自身对外交流人才队伍的建设，从而促进广西壮族文化在"一带一路"建设实施中与沿线国家文化更顺利地进行融会交流。

除了以上提到的几类人员，广西民众，特别是广西的壮族群众，他们在"一带一路"倡议背景下的广西壮族文化对外交流过程中也应当得到充分的话语权。特别要注意让那些亲身经历过改革开放前后的"老广西""老壮族"们说话，让他们说出壮族文化在经济社会变迁中的风风雨雨和历久弥新，说出自己的切身感受体验和思考期冀。民众之间的真诚交流，在广西壮族文化与域外民族文化的交流中能起到潜移默化、润物无声的贯通效果，相较于媒体的正式传播也显得更接地气和人情味儿。

与此同时也需要注意，在广西积极对外开放、进行国际合作和建设"一带一路"规划的过程中，政府官员和知名人士对相关政策实施进行解读和介绍中的权威性也不可或缺。当域外民众对我国文化对外政策产生疑惑或不解的时候，来自官方的权威释疑和及时的信息发布就显得尤为重要。

3. 交流什么——"说什么"

"一带一路"背景下，无论是媒体机构、普通民众还是政府官员，在广西壮族文化对外交流过程中实际上就是向东南亚、向世界来讲述"广西壮族故事"。那么，这些故事从何而来？从时间上看，壮族文化发展的悠久历史长河中那些片片"浪花"就是故事,这其中尤以"壮族歌仙——刘三姐"的故事是为经典;从空间上看,广西壮族故事富有"灵渠水道""潇贺古道""海上丝绸之路"等经典篇章,因此,我们应着力挖掘文化含量大、传播价值高、感染力强的"广西壮族故事"。历史上关于壮族的许多传奇故事都发生在丝绸之路上,充分发挥其文化软实力的作用,挖掘其中深厚的文化内涵,运用更加多元的视角、更新的国际化视听语言来再现这些传奇,就是为"广西壮族故事"注入新的活力,让它在"一带一路"的国家大背景下重新焕发出新的生机。

值得注意的是,在这个国家顶级规划的文化对外传播中,讲述"广西壮族故事"不仅要讲宏大叙事的广西故事,还应该多讲些微观具体的壮族百姓故事,只有关注大时代变革下个人的命运并将两者有机融合,才能增强对外传播的吸引力和感召力。

4. 如何交流——"怎么说"

"丝绸之路"上既有风光旖旎的自然风貌,又有沿线不同国家、民族的人民自古以来在经济和文化往来中融合发展的人文图景,媒体在通过新闻报道、纪录片、影视剧、文艺晚会等丰富多样的形式来讲述"丝路故事"时,一方面可以从时间维度充分阐释建设丝绸之路经济带的历史缘起、重要意义和未来图景;另一方面也可以从空间维度来充分展示丝绸之路沿线各国的国家风貌和文化特色以及人民群众的生活状态。例如《神秘的西夏》《河西走廊》《丝绸之路经济带》《海上丝绸之路》等就是当下国家媒体在"一带一路"规划指导下所创作的一批优秀的以"丝绸之路"为题材的纪录片。在 2017 年播出的《一带一路》则是唯一一部由党中央亲自部署的国家级纪录片,它具有独特的视角和宏大的场景,讲述了一个个"丝绸之路"沿线国家元首、政府官员和普通民众的鲜活故事,对"一带一路"倡议构想进行了全面解读和深入展开,将这一伟大创新倡议对沿线国家和地区带来的巨大变化一一呈现在观众面前。由此,联系广西区内的实际情况,作为广西壮族优秀文化代表的"三月三"国际性民歌表演活动和武鸣歌圩庆典也完全可以成为典型的纪录性对外传播题材，至于应该以怎样的创新方式来呈现和表达，才能使文化作品独具广西壮族文化特色而又适宜广泛传播，则需要文化部门和传媒机构在今后的社会实践中不断探寻摸索、开拓求新。

另外，广西的媒体还可以与域外媒体开展类似"双城记"的采风性交流活动，具体指的是在丝绸之路经济带沿线国家中的两座城市之间进行的传媒行业交流。通过邀请域外国家的城市媒体到广西壮乡特色浓厚的代表性城市进行实地采风、调研和体验，让域外媒体切身感受壮族文化魅力及精华，此后能够以符合本国民众传播习惯的方式将广西壮族文化介绍到自己的城市，同时广西的媒体也能够在实地采风之后将域外的优秀民族文化引进来，做成系列专题报道，最终实现壮族文化与域外优秀文明融汇互鉴的对外传播目标。成功的交流活动不仅能促进双方媒体互联互助，还能产生外延性的经济效益，即带动双边民众的文化旅游发展。这对于加强民族间的交流、提升双边民众好感具有积极意义。

古语常说"条条大路通罗马"，在广西壮族文化对外传播过程中，还有许多创新性的传播方式等待我们去挖掘开拓，我们应该抓住"一带一路"倡议规划实施的大传播历史契机，不断推陈出新，力求探索出效益高、效果好的传播方式。

5. 传播技巧——"如何说好"

传播本身也是一项艺术，所以在广西壮族文化的对外传播过程中我们除了要在创新传播方式上做文章，还应注意传播过程中的方法和技巧。正如新形势下我国对外文化传播的理念由"传播中国好故事"向"传播好中国故事"转变那样，广西壮族文化的对外传播理念也应该注意"传播好广西壮族故事"。

首先，应尽量做到"及时说话"。就是要善于在传播中抢占先机、掌握主动。尤其是在一些具有重大社会影响的群体性事件传播中，如果我们没有做到及时报道，贻误了第一报道时机，容易对文化对外传播的主动权造成影响，不利于良好文化形象的塑造。广西处在与东南亚各国交流的最前沿，尤其应该注意尽量避开这类传播误区。

其次,要尽量"多解释"。对外传播所面对的国外民众通常对广西壮族文化的具体情况知之甚少,因此,在传播过程中许多方面都需要娓娓道来。文化传播不是文化灌输,它需要传播者以积极开放的心态和包容平和的方式对民众进行耐心而有吸引力的介绍与解说。对于广西壮族文化中一些与社会历史变革相关的文化事件,传播者更要捋清脉络,把握关键因素,把前因后果和来龙去脉给域外的民众讲明白、讲深入,让他们对广西壮族文化的起源背景、演变过程以及未来的发展方向有基本的认识和掌握,唯此才能真正达到文化传播的良好效果[①]。譬如当下正值改革开放 40 周年之际,我们讲到广西少数民族,尤其是壮族今天的改革成果,就需要说清楚改革前的壮族经济、社会及文化各方面的发展情况,从改革前后的各项比较中去认识今天改革的深远意义。

最后,要用"真心"来讲故事。"以真诚拉近距离,以真心来赢得受众"[②]。一味地猎奇、求异和迎合国外民众并不是达到文化对外传播良好效果的长久之策,人们对于一件事物的好奇心与新鲜感终究难以持久,那些真正能让人印象深刻、长留于心并乐于口耳相传的事情往往是满怀诚意的动人故事。因此,在讲述广西故事的过程中,要树立以真情来感染人、打动人、团结人的理念,将那些发生在壮乡广西感人、真实、接地气、通人情的故事用满满的真心和诚挚的语言表达出来,才能真正赢得国外受众的理解和尊重。

总之,对外传播也应像习近平总书记在"二一九"党的新闻舆论工作座谈会上所提的那样:"要坚持多传播正能量,多用积极、美、健康向上的东西去鼓舞、激励国外受众。"

---

①郑保卫."一带一路"背景下西藏文化对外传播策略研究[J].当代传播,2016(02):40.

②郑保卫."一带一路"背景下西藏文化对外传播策略研究[J].当代传播,2016(02):42.

三、结语

在"一带一路"国家顶级倡议规划实施背景,尤其是共建 21 世纪海上丝绸之路的背景下,广西壮族文化的对外传播具有无限的发展潜力及发展可能。随着传媒技术的迅速更新进步、国家对外传播理念的不断提升,我们也应紧跟时代潮流,更好地服务于广西对东南亚,甚至是世界国家的跨文化对外传播,更好地服务于"一带一路"国家整体倡议布局。本文所提及的一些对外传播行动建议在一定程度上可以提升广西壮族文化对域外国家对外传播的能力,但由于本身研究水平有限及现实情况总是处在不断的有机变动中,故这些行动建议也存在其与具体实际间难以避免的出入,至此希望能在其他学者的讨论与纠正中得到不断完善。

参考文献

[1]中共中央关于全面深化若干重大问题的决定[EB/OL].http://www.sc.xinhuanet.com/content/2013-11/15/c_118164288.htm.

[2]乌东峰.人民日报专题深思:"一带一路"的三个共同体建设[EB/OL].http://opinion.people.com.cn/n/2015/0922/c/003-27616140.html,2017-11-16/2017-11-17.

[3]郭伟伟.推动中华优秀传统文化创造性转化创新性发展[EB/OL].http://theory.people.com.cn/nl/2018/0820/c40531-30237866.html.2018-08-30/2018-08-31.

[4]张家寿.广西参与"一带一路"对外开放的战略布局[J].桂海论丛,2015,31(05):41-45.

[5]王海迪.新媒体时代广西媒体对东盟国家跨文化传播的优化策略研究[J].新媒体与社会,2015(04):284-295.

[6]郑保卫."一带一路"背景下西藏文化对外传播策略研究[J].当代传播,2016(02):40-42.

[7]刘娜,朱东仪."一带一路"背景下我国对外传播战略新构想

［J］.新疆社会科学,2016(05):96-100.

[8]刘娜,朱东仪."一带一路"背景下我国对外传播战略新构想
［J］.新疆社会科学,2016(05):96-100.

论唐宋词留给现代诗词文体的遗产

南宁师范大学　黄红英

【摘　要】唐宋词实际为当时的流行歌曲。诗词可以说是一种自古而来的微艺术，是在当时可与歌舞、乐器、酒会相结合的时尚元素，不是现在只供文人赏玩、品味的高冷艺术。所以现代诗词也应是能担负这个历史使命的，是以文字展现现代生活的元素。人们可以通过阅读文字，体会到画面感、现场感、音乐感；通过文字传达现代哲学观，引起思索；通过文字传达情绪，引起共鸣。

【关键词】唐宋词；现代诗词；继承；微艺术

一、引言

王国维《人间词话》曰："四言敝而有楚辞，楚辞敝而有五言，五言敝而有七言，古诗敝而有律绝，律绝敝而有词。盖文体通行既久，染指遂多，自成习套。豪杰之士，亦难于其中自出新意，故遁而作他体，以自解脱。一切文体以始盛终衰者，皆由于此。故谓文学后不如前，余未敢信。但就一体论，则此说固无以易也。"关于敝的解释，《说文》："敝，帗也。一曰败衣。从支，从㡀，㡀亦声。"徐灏注笺："因其败而支治之也。"李孝定《甲骨文字集释》按语："㡀象败巾之形……契文正从支，从㡀。会意。"《汉语大字典》注释为衰敝。《礼记·

乐记》："土敝则草木不长,水烦则鱼鳖不大。"孙希旦集解:"孔氏曰:
'土衰敝,故草木不长;水烦扰,故鱼鳖不大。'"《新唐书·房玄龄传》:
"世方敝,哀刻穷之。"宋魏了翁《唐文为一王法论》:"道衰文敝。"笔
者认为,四言到楚辞到五言的发展可以解释为一衰敝而另兴起,古
诗到律绝应是继承并发展的关系,律绝衰敝而有词,这是时代的发
展创新。那么词之后呢? 是谁在继承或谁在创新? 现代新诗能否承
担词的继承和创新? 在从诗到词的发展过程中,宋代文学家对词的
探索给了现代新诗探索什么样的启示?

二、宋代文学家对词的探索

词:晚唐发源于民间曲子词,兴于艳科,柳永将其领至民间,是
古代歌词的艺术。长期囿于词牌中的韵律,至王灼提出随词定律,让
词有了很大的发展,却又苦于兼通填词与作曲之人稀少。词兴于晚
唐而极盛于宋,得益于摆脱诗歌庄重与严整模式等束缚,大胆采用
新鲜活泼的语言与艺术手法,自由抒写心底哀感顽艳之情、胸头激
昂慷慨之气。在宋人的词作与批评中,不论专主歌咏男女爱情,或强
调抒发爱国忧时、向往大自然之豪情,往往闪耀着人性觉醒与个性
解放的辉芒,具有冲绝封建统治禁网的意义。这是一种文艺新思潮
澎湃于词坛。宋人词论中也有着重探讨词的特殊语言风格与音律等
问题的,为总结一代文学之代表的艺术经验做出了贡献。

1. 北宋词坛的探索

宋初词坛多受《花间集》尤其是南唐李璟、冯延巳、李煜词风的
影响而逐渐表现自己的时代特色。从欧阳修等的抒情论,到柳永拓
宽题材至市井,柳永作为一个专业词人以歌词艺术为词的主要社会
功能,创作大量慢词,运用通俗语言与铺叙手法,描写都市风光、羁
旅生活与追求爱情自由的憧憬,使得词体"以其善言个人情愫而婉
谐长短音律的特异功能,突破诗坛正统教条而呈异彩"。而苏轼的诗
化理论,意识鲜明地提倡"以诗为词"和豪放词风,主张将诗的社会
功能转换到词上,大力倡导和创作,遂开词坛新风。赞赏作词如"古

人长短句诗"。"抵掌顿足而歌""吹笛击鼓以为节",是词之音乐性,与不受音乐太过拘束的探索,大大拓宽了词的容量,加大了未来词发展的可能性。到李清照提出词应区别于诗独立存在,李清照《词论》系统地展示了词体发展的轨迹,评说了历来词坛代表作家的优缺点,表述了自己丰富的审美理想:既爱"新声",复尚"文雅";既赏"妙语",更重整体之美;既主"情致",又要求兼备"铺叙""典重""故实"等艺术特点。强调词为"别是一家",主要是着眼于其音律特征的,词为配合乐曲而作的歌词。但李清照对苏词的评论,给词定了"婉约"的调子,缩小了词的容量。

2. 南宋词坛的风云

南宋初期,时局的风云剧变,词坛回荡起壮怀激烈的爱国歌声,理论界如王灼、胡寅以及大诗人陆游等,对词的发展过程进行反思,探索其起源与流变,感到倚声填词、婉转低唱的传统不足拘守,崇尚苏轼豪放词风。王灼精于声律,揭示歌曲起源于人之心声,极力强调诗歌合乐的效应;认为声调应随歌词而定,唐宋以来依声填词的做法为本末倒置。胡寅认为:词曲出于古乐府,诗出于《离骚》《楚辞》,其发乎情则同,而止乎礼义则异。词不用止乎礼,可以是情绪的尽情抒发。陆游说苏轼作词"但豪放,不喜剪裁以就声律耳"。在当时的词牌中,苏轼的词是不协音律的,也就是说,苏轼主张将词独立出来,不单为唱的歌词,脱离音乐的附庸,而是注重语言本身的艺术性。"

3. 宋末元初的词坛

南宋至宋元之际的词坛,讲究修辞练句、审音协律。提倡婉雅之风,其论较多注意艺术经验的探讨。辛弃疾的"以文入词",姜夔喜为"自制曲",即先按照抒写情意需要而自由作词,再制曲调配合,改变词体兴起以来依调填词的习惯。张炎《词源》,提出"雅正"审美标准,"清空"的审美要求及意趣。

三、对新文体发展的启示意义

从词这种文体的崭露头角到发展成熟,宋代文学家们所探索和研讨的主要围绕在词的内容与词的格式上。在内容上，主要表现为一种越来越包容的文体，实现了真正的个性解放与雅俗共赏，这一点是值得我们新文体发展借鉴与继承的。新的文体应该是像宋词在当代一样，可以表现现代生活的流行元素，是可以为大众所接受所喜爱的，而不应是束之高阁的高冷艺术。在格式上，包括了用字、用韵、用语及与音乐的结合度上，这些方面的探索给后人探索新文体提供了宝贵的参考。

1. 音乐与韵律的继承与发展

中国第一首歌曲是《阿细跳月》，伴有巫舞，音高和节奏还比较随意，现代音乐家构拟出来的古乐府曲谱也都是节奏和音高较松散的。而北宋时期音乐声律的发展已经很严格，不仅有了五音这些乐音，甚至出现了十二平均律中的半度与六律。加之通过古诗的发展，单纯的字也有了自己的节奏和音高，即平仄与四声。因此，填词便成了比作诗更为严格的文学创作，特别是在韵律要求上，必须同时和字与词牌的韵律，这种戴着镣铐跳舞的艺术变得更多桎梏。现代词学家胡云翼于1925年出版的《宋词研究》里第一次提出"音乐文学"概念。他认为中国文学的发展与变迁并非是文学自身独立发展的，而是与音乐有关联。因此"以音乐为归依的那种文学活动，只能活动于所依附产生的那种音乐的时代，在那一个时代内兴盛发达，达于最活跃的境界。若是音乐亡了，那么随着那种音乐而活动的文学，自然就停止活动了。凡是与音乐结合关系而产生的文学便是音乐的文学，便是有价值的文学。"由于语音的演变，及现代人的音乐审美标准不同，古节奏与词牌等旋律已不可继承，需探求新的韵律。另外，平仄之外还有音值问题，普通话入声消失后新的韵律规则还在探索阶段。国外十四行诗的音步并不适合中国的韵律，徐志摩的长短句式似乎更合节奏，而闻一多的定言定行并不合节奏。如果从倚声制词的角度出发，现代流行歌曲的歌词艺术对唐宋词的继承反而是较好的，如《长亭外》。将不合音律的《水调歌头》用现代音乐谱曲后却能唱出"空灵"的意境，与现代词曲作家林夕的许多音乐作品合。只是这终归是新文体发展出的极小的一面，不能应用于所有新的韵律。

2. 诗的口语化与长短句趋势

从诗到词，在外观上最明显的变化是口语化与长短句的形式。三音词、双音词的产生及在语言中占据主要地位使得五言、七言渐渐不再能顺畅地表意，推动诗词的发展走向长短句。词从文坛走入民间，使得在用语上比诗的要求放宽了，常常可用当时的口语、语气词入词，如"呵呵"等。正如李清照既爱"新声"，复尚"文雅"主张，新诗也应能兼容古典与新语。

3. 抒发情感为主旋律

在词的时代，立意上，言志已经不再是主旋律，出现更多以人为主体的词言情、词言感觉。正如胡寅观点，词曲出于古乐府，诗出于《离骚》《楚辞》，其发乎情则同，而止乎礼义则异。词不用止乎礼，可以是情绪的尽情抒发。因词最终是用于唱，或伴之舞蹈的，而音乐与舞蹈本身源于先人们对情绪的表达，所以，词比诗更专精于传情。现代新诗应在此基础上有更大发展空间，新诗不仅可以言志、言情、言感觉，还可以言哲学、言科学等，新诗可以在继承的基础上拓宽其抒写范围。

4. 加入新的时代元素

宋词于诗加入新的元素，现代文体可加入新的元素。语言逐步口语、生活化，表现现代生活。更可以加入现代音乐元素、噪音、说唱（rap）等，在画面感的追求上，还可以加入现代油画、摄影所带来的场景，尤其是镜头感。意境上，可以与影视相结合……总之，新诗应是一种流行元素，一种共鸣艺术，一种包容性强的文体。

四、结语

从人的需求来看，这些文学体式都是人们在生产劳作中表达情感的方式，时代需要新体式表达情感，也需要更符合当下生活的语言与体式表达，因此有了词。事物的发展是呈螺旋上升趋势的，在继承中创新。遵循这个发展规律，到底何为现代新诗？现代诗词的发展应具有哪些特征呢？个人认为应是做加法，不可有了情绪，扔了语言,扔了古诗词中可继承的东西,如意象,并非凡是一切古的都不能入新诗中。从语言运用出发,闻一多的三美理论更符合新诗标准,更是继承性的创新,只是其表现形式还有待探索。诗词从千年时光中一路走来,一直是用最经济短小的篇幅,展现、表达生活场景和个性情绪的文学体裁,最终还是语言的运用,语言一直作为一个考核点。现代诗谱曲后演唱,现代歌词成诗,新诗虽一直想独立为纯诗,但与歌曲却一直扯不清。宋词实际为当代的流行歌曲"凡井水处,能歌柳词"。诗词可以说是一种自古而来的微艺术,是在当时可与歌舞、乐器、酒会相结合的时尚元素,不是现在只供文人赏玩、品味的高冷艺术。所以现代诗词也应是能担负这个历史使命的,应该是以文字展现现代生活的元素,人们可以通过阅读文字,体会到画面感、现场感、音乐感;通过文字传达现代哲学观,引起思索;通过文字传达情绪,引起共情。

参考文献

[1]王运熙,顾易生.中国文学批评史新编[M].上海:复旦大学出版社,2007.

[2]胡云翼.宋词研究[M].成都:巴蜀书社,1989.

"一带一路"倡议背景对广西戏曲
文化传播的影响研究

南宁师范学院　　王　卉

【摘　要】"一带一路"倡议背景对广西戏曲文化传播的影响主要表现在：开放的政治环境为广西戏曲文化传播奠定坚实的政治基础，为广西戏曲文化开辟出特色传播之路。在文化自信的前提下，"走出去"是为了更好地"引进来"。

【关键词】"一带一路"；广西戏曲文化；传播；影响

国家主席习近平在 2013 年 10 月 24 日的周边外交工作座谈会上发表重要讲话指出，我国的周边外交要全方位推动人文交流，深化开展科教、旅游地方合作等友好交往，广交朋友、广结善缘，要对外介绍好我国的方针政策，讲好中国故事，传播好中国声音，把中国梦同周边各国人民共同过上美好生活的愿望、同地区发展前景对接起来，让文化包容的意识在周边国家落地生根。新形式、新背景、新要求为广西戏曲文化的传播带来了历史性机遇，在"一带一路"倡议背景下，加强广西戏曲文化的对外传播，是来自开放的政治环境的呼唤，是广西戏曲文化自身适应现代化社会的挑战。

一、开放的政治环境为广西戏曲文化传播奠定坚实的政治基础

经济、政治、文化,相互独立,各有其形式,而又彼此影响。公元前5世纪前后,雅典便出现了成熟的戏剧文化。不可否认经济基础对戏剧文化的支持,但是也不能忽略上层建筑的"偏爱"。雅典城邦的民主政治不仅调动了雅典公民的积极性,促进了雅典城邦政治、经济、文化的发展,创造一种集体管理的新形式和民主运作方式,为后世民主政治的发展积累了宝贵的经验,而且塑造出来的雅典文化成就了西方思想史、文化史的艺术长廊上一幅优美画卷。丹纳说:"环境,就是风俗习惯与时代精神,决定艺术品的种类;环境只接受同它一致的品种;环境用重重障碍和不断的攻击,阻止别的品种发展。"①如此可见,环境对艺术品有着重大影响,它决定艺术品种类的同时,也制约着艺术品种的发展。

2013年9月7日,国家主席习近平在哈萨克斯坦纳扎尔巴耶夫大学发表重要演讲,并首次提出了加强政策沟通、道路联通、贸易畅通、货币流通、民心相通,共同建设"丝绸之路经济带"的倡议。这看起来是国与国之间在经济上的友好合作往来,但是随着"一带一路"构想的实践,便认识到它并不局限在经济的往来,它是一项以经济建设为主体、文化建设为支撑的有机统一体的宏伟的系统工程,也是加快改革开放的一项强有力的措施,这种开放是多领域、多层次、全方位的开放,涉及经济、贸易、交通、文化、教育、信息、旅游、科技、资源等领域的全面合作。广西作为少数民族地区,以独特的区位优势成为重要枢纽。"一带一路"倡议为广西戏曲文化的传播提供了良好的机遇。

如果说戏曲艺术是中华文化之树上的丰硕果实,那么广西戏曲文化作为整个中华戏曲文化的一枝,它深深扎根于广西这片土地,

①丹纳.艺术哲学[M].中译本.北京:人民文学出版社,1963:39.

戏曲本身具有的魅力，加上民族特征为其戏曲文化增添的神秘色彩，使广西戏曲的某些剧种一时风靡中华，并弘扬于国外，如彩调剧《刘三姐》。《逸老堂诗话》引陆安甫《蒉残录》云："郭都督鋐在广西亲见雪中芭蕉，雪后亦不凋坏。"并据此发出感慨："噫！不读天下书，未遍天下路，不可妄下雌黄！观此益信。"若不亲临广西便难以知道广西的真实面貌，不知广西这块民族气息浓郁的土地所拥有的独特魅力，亦不知广西戏曲文化在民众中的地位。每年在一些重要的节日里，广西各地区的人便选择良辰吉日开设戏台邀请各大戏剧班子来演出以示庆祝。如2017年广西南宁市那黄村搭建戏台请来了粤剧表演团，为各地戏曲文化的交流提供了平台。南宁蒲庙在花婆节时以较为古老的表演方式祈福，为中国戏曲文化保留了一种独特的表演方式。在"一带一路"背景下，广西用一种包容的心态来接受独特的民族文化，以开放的姿势迎接挑战。

二、"一带一路"倡议为广西戏曲文化开辟出特色传播之路

2013年10月3日，国家主席习近平在印度尼西亚国会发表重要演讲时明确提出，中国致力于加强同东盟国家的互联互通建设，愿同东盟国家发展好海洋合作伙伴关系，共同建设21世纪海上丝绸之路。东盟在地理位置上与中国接壤，并隔海相望，有着天然的地域接近性。中国与东盟所有的成员国都建立了外交关系。广西是中国唯一同东盟海陆相连的省区，有着独特的区位优势，广西对东盟的传播而言，具有地理上的认同性和接近性。习近平总书记曾说："广西有条件在'一带一路'建设中发挥更大作用。要立足独特区位，释放'海'的潜力，激发'江'的活力，做足'边'的文章，全力实施开放带动战略，推进关键项目落地，夯实提升中国—东盟开放平台，构建全方位开放发展新格局。"①

①国家发展改革委，外交部，商务部.推动共建丝绸之路经济带和21世纪海上丝绸之路的愿景与行动[N].人民日报，2015-03-29.

在全方位开放发展的新格局下,文化当然是不可忽略的重要部分,戏曲文化在中国传统文化中涉及"戏"与"曲"两个部分,这两个概念相互关联而又各有特色,"戏"与"曲"组成了"戏曲",是由"说、唱、做、念、打"组合起来的表演形式;从接受角度来说,戏是供人观赏的,而曲是用来听的,懂戏之人通常会用"听戏"一词来表述,大多数普通观众则用"看戏"一词来表述。广西戏曲文化在整个戏曲文化系统中具有广西地方特色,它的语言变化多样,内容丰富多彩,不同的广西戏曲剧种其表演形式也各有千秋。无论是"戏"抑或是"曲",都包含相关物质因素,如为营造舞台效果所需的道具、服装等都可以衍生出向消费者提供产品和服务、产生经济效益的产业。拥有实质性内容的广西戏曲文化不仅可以在"一带一路"的建设过程中发掘商机,而且可借由本国政府和沿线各国政府为合作推动"一带一路"建设而给予的优惠政策获取更大的经济效益,同时也方便达到戏曲文化的传播。

2017年10月11日,为期三天的中国—东盟博览会旅游展在广西桂林国际会展中心开幕,该展会以"共创'一带一路'旅游合作新篇章"为主题,其中融水苗乡风情成为旅博会上闪亮动人的风景。中国—东盟博览会为人们提供了一场来自东盟国家的饕餮盛宴。而美中不足的便是缺少了对广西戏曲文化的推广。

"一带一路"倡议为广西戏曲文化的传播开辟出一条特色传播之路,即立足于本地区,以旅游这一行业带动戏曲文化的传播;"走出去",用积极的姿态展示广西戏曲文化的独特魅力。

三、"走出去"是为了更好地"引进来"

时至近代,中国对外封闭的国门被列强的炮火无情轰毁后,"别求新声于异邦"成为时代主潮,或完全否定中国古典文化,或全盘西化。古代宫廷俳优表演、皮影戏、傀儡戏、宗教仪式、外来乐舞等都曾对戏曲的成熟产生过不同程度上的影响,然而在这么多因素作用的结果下,中国的戏曲文化还是呈现"迟缓发生"的特点,形成于宋成熟于元。而早在公元前 5 世纪前后，便已是古希腊戏剧的繁盛期。如此对比，便有人将原因归结于工商业经济发展水平的不同。甚至得出令人惊诧的结论：直到宋元之际，我国的工商业经济才达到当时古希腊的发展水平①。经济的发展可以作为戏曲迟缓发生的原因，甚至是根本原因，但是以古希腊的尺度作为标准，对中国古代文化是不公平的。文化的"走出去"是为了更好地"引进来"，从客观的角度去审视文化差异，继而弥补自身文化的"不足"，绝非带有主观色彩的一味抨击。文化自信更是文化"走出去"的前提条件，在"一带一路"下，更要有这种文化自信。

广西戏曲文化作为中国戏曲文化的一支，固然有戏曲理论的匮乏与戏曲晚生所带来的遗憾。关于广西戏曲剧种分类并不少，但大都差强人意。《中国戏曲卷·广西卷》确认了广西 18 个剧种，即桂剧、壮剧、彩调剧、邕剧、粤剧、丝弦戏、采茶戏、牛哥戏、牛娘戏、鹿儿戏、客家戏、文场戏、唱灯戏、师公戏、壮师剧、侗戏、苗戏、毛南戏。其中新增加的有牛歌戏、鹿儿戏、客家戏、唱灯戏。这样分类之后的广西戏曲如同"大杂烩"一般，有着冗杂、繁多的"菜类"（各剧种的名称），各式各样的口感（各剧种的特色），但品尝之时却不知该从哪里下手，在品尝以后亦没有满足感。张健年《也谈广西壮族戏曲剧种》一文中说："将壮族戏曲不加区分，笼统地称为'壮剧'。这是受一个少数民族只有一个戏曲剧种的偏见影响的缘故，也是不符合客观事实的②"。独创性的广西壮族戏曲剧种分为三类：北路壮剧（乖嗨咧戏）、南路壮剧（呀哈戏）、壮诗剧（唱诗）。可见张健年已经认识到壮剧分类模糊性的原因，并且依据剧种的地域、剧种的语言与声腔，以及剧目与剧本文学的特色提出了自己的分类见解，但不免还是有些许遗憾，比如缩小了广西壮族戏曲剧种的规模。尽管如此，也不能否认广西戏曲文化各剧种的别样魅力，其不少曲子都有着震撼人心的效果。彩调剧《刘三姐》塑造了不畏强权、勇敢真诚、能歌能劳的妇女形

---

① 郑传寅.中国戏曲文化概论[M].武汉：武汉大学出版社，1998：93.
② 张健年.也谈广西壮族戏曲剧种[J].民族艺术，1987（4）.

象,该形象深入人心。广西粤剧《画皮》的演员们在泰国曼谷大学露天草地的完美表演引得在场之人欣喜雀跃,为之欢呼。

西方的一些戏剧理论并不完美。郑传寅先生在《中国戏曲文化概论》中谈到西方古典戏剧的审美形态的优长与缺失:"悲剧与喜剧界限分明,两种成分不允许混淆,是西方古典戏剧样式的一个重要特征。这种戏剧美有其优势、长处——将悲与喜两种不同的审美效果发挥到极致,产生极强烈的单一的刺激。但其缺陷和不足也是十分明显的,悲则一味地悲,喜则一味地喜,审美效果单一,而且都有'过火'的毛病"。①西方戏剧以古希腊戏剧为先河,古希腊尺度并非放诸四海而皆准,开放的目的也不是盲目崇洋,而是采他国之长,补自家之短。开放的政治环境有利于文化的交流,在"一带一路"倡议背景所提供的良好政治环境下,各高校之间友好往来相互交流,各取所长,通过学术论坛、人才交流等多种渠道进行学术探讨,从而更好地解决问题,促进文化的繁荣与发展,使其满足人民的精神需求。

综上所述,"一带一路"倡议对广西戏曲文化传播有着深远影响。其开放的政治环境为广西戏曲文化传播奠定坚实的政治基础,并且还为广西戏曲文化开辟出一条立足本地区、用旅游行业带动文化的传播这样一条特色传播之路。在文化自信的前提下让文化"走出去",然后"引进来",丰富与完善中国文化。

参考文献

[1]郑传寅.中国戏曲文化概论[M].武汉:武汉大学出版社,1998.

[2]丹纳.艺术哲学[M].北京:人民文学出版社,1963.

[3]张健年.也谈广西壮族戏曲剧种[J].民族艺术,1987(4):45-58.

[4]李玟姬."一带一路"倡仪背景下中医药文化际传播的机遇、挑战与对策[J].2016(4):130-133.

---

①郑传寅.中国戏曲文化概论[M].武汉:武汉大学出版社,1998.

[5]中国戏曲研究院编校.中国古典戏曲论著集成[M].北京:中国戏剧出版社,1959.

[6]王国维.宋元戏曲史[M].上海:上海古籍出版社,2008.

[7]国家发展改革委,外交部,商务部.推动共建丝绸之路经济带和21世纪海上丝绸之路的愿景与行动[N].人民日报,2015-03-29.

浅析灵渠开发的渊源及其历史文化价值

广西师范大学　杜丽萍

【摘　要】秦始皇为统一中国,巩固边疆,北筑万里长城南凿运河灵渠。这两项工程在两千多年的历史长河中均对中华民族的繁荣发展做出卓越的贡献,但相对于家喻户晓的长城,灵渠却鲜为人知。作为世界上最古老的人工运河之一,它以独特的历史文化遗产价值入选中国世界文化遗产的预备名单,开始逐渐进入大众的视野,引起各界关注。笔者欲从历史的角度出发,分析灵渠开凿的历史渊源。通过灵渠开凿工程的艰辛体现蕴含于内的民族智慧,以"桂林"艺术城为切入点深入探析灵渠的历史文化价值。

【关键词】历史渊源;深意蕴含;伟大工程;艺术城;文化价值

一、灵渠开凿的历史渊源

灵渠的开凿得益于秦始皇开拓岭南,统一中国的宏图霸业。秦始皇在统一六国之后立即向南、北两个方向发动了开拓版图的统一战争,向北就是抗击匈奴,向南便是对当时的"百越"也就是如今的浙江、福建、广东、广西地区的世居民族发动征服战争。为确保军事胜利,北伐匈奴修建了长城,南征百越开凿了灵渠,在中国历史上留下造福民族的巨大工程,也留下"北有长城,南有灵渠"的传世佳话。

《淮南子·人间训》中"三军不解甲弛弩，使监禄无以转饷，又以卒凿渠而通粮道"。这是史籍中对灵渠开凿的最早记载。在南征"百越"节节胜利的秦军唯独在两广地区苦战三年而毫无建树。原因是除了百越当地土著民的顽强抵抗之外，更主要的是岭南地区崇山峻岭、地势险恶，导致秦军的运输补给供应不上，南征受阻。所以改善运输通道，保证军用补给成了这场战争最为关键的举措。为了进一步统一岭南，秦始皇"以卒凿渠而通粮道"的决策为后人留下造福百姓的伟绩"灵渠"。秦始皇命令史禄开山凿渠，修建灵渠作为军饷、粮草、食盐等的运输通道。经过三任"史"的接力智慧，动用千万劳力终于在兴安开凿出了灵渠，运用精巧的设计、高超的智慧奇迹般地把长江水系和珠江水系连接起来，沟通了南北交通往来。灵渠的开凿为秦军大举进展岭南创造了条件，使援兵与补给源源不断地运往前线，大大加速了征服百越统一岭南的军事进程，也对中国历史的发展起到了举足轻重的作用。

灵渠全程长 37.4 千米，在视觉上远不如万里长城那种气吞山河的雄壮气势，但其历史文化内涵却意蕴丰富。正是因为灵渠这条古老的人工运河，沟通了南北两个水系，加强了岭南与中原地区的政治、经济和文化的沟通联系，成为中国古代打开南北文化交流的主要交通枢纽，促进了中华民族政治、经济、文化的大融合，实现了中国历史上的大统一。

二、灵渠开发的深意蕴含

1. 伟大的水道工程

灵渠，又名秦凿渠、零渠、陡河、兴安运河，位于广西桂林市兴安县，建成于始皇帝三十三年（前 214 年）。灵渠工程科学复杂，设计精巧，与四川都江堰、陕西郑国渠并称为"秦朝三大水利工程"。它横跨南岭，沟通湘江、漓江，进而联系长江和珠江南北两大水系，是现存最完整的古代水利工程。

灵渠是一个设计巧妙、结构完整复杂、施工艰巨的水道工程。简单的讲,其原理就是"开山凿渠,支分湘水,连接漓水"。为了能够"支分湘水,连接漓水",灵渠开凿选择在"兴安高万丈,水把两头流"的兴安。开凿时,先在湘水中用石堤筑成负责分水的铧嘴和大小天平,整体呈倒"丫"形,这是灵渠水利工程的关键部分。铧嘴将汹涌而至的湘江水一分为二,一股占水量的十分之三,从南渠注入漓江;一股占水量的十分之七,从北渠汇入湘江,因此后人有"三分漓水七分湘"的说法。大、小天平实际上就是挡水建筑物,引导上游来水流入南北渠,能够有效地削减洪水对大坝的冲击破坏。渠道是灵渠运河的主体工程,分南北两渠,南渠是沟通湘江与漓江的航道,北渠则是引航湘江来往船只。被誉为世界船闸之父的陡门是一种类似于现代船闸的设施,主要用来平衡渠道水位。而秦堤、泄水天平和其他诸堤,都是灵渠的保护性工程。不仅可以在洪水时期保证渠道安全,还可以逼水入渠灌溉农田,保证灵渠两岸万亩良田旱涝保收,服务两岸的老百姓。

2. 灵渠蕴含民族精神

灵渠在选址、设计、施工上都反映出中国古代人民的创造性智慧,以及不畏艰险、吃苦耐劳精神。从选址上来看,灵渠选在成为湘江和漓江分水岭的越城岭,沟通了岭北的湘江和岭南的漓江,从而把长江水系和珠江水系联系起来。在距今两千多年的秦朝,既没有现代化精确的仪器,也没有先进的挖掘器械,要在地形地质结构十分复杂的崇山峻岭中开凿一条人工运河,其困难是可想而知的。灵渠的成功开凿可谓是上万人民辛勤努力奉献劳动的结晶,古人凭借着高超的智慧以及顽强不屈、拼搏的毅力完成了这史诗性的工程。

为了准确将湘江三七分流,设计者们将拦河大坝构筑成倒"丫"状,俗称大、小天平。天平的设计十分精巧,水流真正做到了多一分太多,少一分太少。此外,从南北渠航道的设计上,为了能在短短36千米、落差却达数十米的山岭中平稳航行,古人们将灵渠设计出2个大的 S 弯道,曲折舒缓水流,又在最陡峭的地段,设计陡门做水闸以调节水位,确保船只的平稳运行,这都是精巧科学设计、高超智慧的显现。在灵渠的中下游还设计了很多的排灌设施,这些排灌设不仅在洪水季节及时排洪，还在灵渠两侧开垦出万亩的旱涝保收良田，这为当时的岭南百姓生活做出了巨大贡献。

申遗专家尤嘎·尤基莱托博士曾称赞灵渠为"世界水利史奇观，世界船闸之父"，灵渠那种与自然环境相协调、和谐的天人合一的设计以及灵巧而注重航运、灌溉实用效益的理念，都是蕴含着中华民族高超的技艺、重和谐统一的民族精神以及拼搏不放弃不妥协的顽强毅力。

三、灵渠开凿的历史文化价值

灵渠的开凿连接了湘江、漓江，进而沟通了长江水系与珠江水系，让中原文化与岭南文化在这里牵手，汉族文化与少数民族文化在这里沟通融合，共同创造出具有鲜明地域特点的灵渠文化。虽然广西文化与中原文化的交流最早可以上溯遥远的石器时代，但是独特的地理位置及其特殊的地貌特点使得岭南久困于落后状态。灵渠的开凿改写了《史记》中的蛮荒之地，灵渠也成为南北水路交通航线的咽喉，南北中外文化的汇聚宝地。

1. 商业文化的渗透

灵渠的通航，不仅加强了南北的商业往来，还大大推进商业文化的交流，物质文明和精神文明在商业的来往中一并向广西渗透。灵渠是当时中原与岭南往来的交通要道，在极大地促进中原与岭南商品流通的同时，中原的农耕文明伴随着商品的流通，开始进入岭南。中原先进的耕作技术，纺织技术以及一些建筑技艺涌入岭南，而边疆的一些名贵药材、奇珍异宝也通过灵渠运入中原。随着中原物质文明的不断渗透，潜移默化中加速了文化的交流和民族的融合。广西世居百姓们开始接受中原思想文化观念并将其融入自己的生活中，从而形成了独具特色的灵渠文化。

通过灵渠，中原的铁制工具和耕牛运入岭南，本地人开始运用中原农耕方式去耕作，冶铁器技术也得到进一步的提高，制造出各种具有本土特色的农业生产工具。随着交通中心枢纽的发展，灵渠一度成为"三楚两广之咽喉,商贾百货之流通,唯此一水是赖"的交通要地。便利了各族人民的经济文化交流,特别是岭南的壮族、瑶族等少数民族。在商业文化的交流过程中,当地人民更直接地接受中原的先进文化,这为促进岭南各民族经济的发展以及各民族的融合起到了重要作用。

灵渠不仅是促进南北经济文化融合的运输枢纽更是沟通中外文化交流的桥梁,成为当时中国连接东南亚多个国家的"南方丝绸之路"。不仅七郡上交的贡品要取道灵渠,"凡是要与中国交往的南方和西方各个国家,皆由此道,叶调(爪哇)、掸(缅甸)、天竺(印度)、安息(伊朗)、大秦(东罗马)等国的商船和使者都经过交州",通过灵渠进入湘水再到中原。中国与中南亚诸国的贸易往来日益频繁,文化交流也随之而行。中原的农耕文明不但深入岭南更是延伸到周边国家,邻国的物产文化特别是泰国的佛教文化也取道灵渠传入中华大地。灵渠是一个各类经济文化汇集的枢纽中心,集结吸收各类文化之精华形成独具和谐之美的灵渠文化。灵渠文化代表的是一种开拓性、吸收性、融合性的文化中心,促进了南北中外经济文化的繁荣,体现了中华民族积极进取的开拓精神。

2. "移民"文化的交流

灵渠文化的形成非靠往来客商船家的一己之力,大量的中原迁入移民才是中原文化的最强大的"传教士",他们大多是通过水路取道灵渠来到岭南各地。南下的移民都是中原农耕文化的传播者,他们带来了先进的生产技术,世居居民在与移民的交往中学习其先进的铁器冶炼和牛耕技术,大大促进当地生产力的发展。各族移民经灵渠汇集岭南,密切的来往加速了民族融合与岭南地区的经济文化发展。

为了加强统治,秦始皇在修建灵渠成功征服百越后,命戍边的军人留守。很多戍边的军人都会选择在此娶妻生子安家落户,这是家庭式的文化融合。起到关键作用的人群是因避战乱或因"罪"流放南来的中原文人学士。他们开设私人教育,办学馆传授知识。这种开馆式的教育风气对当地人产生积极影响,一些学子在学成之后,到乡里开馆讲学,这样就促进了岭南地区教育事业的发展,提高当地

优秀奖

201

人民的整体认知水平。来自中原的文人学士传授的是深受儒家思想影响的中原教育,当地学子在接受了中原文化思想之后形成独具特色的融合大思想,在思想上有利于加强民族大统一的认同感。

在南来的移民中,起着促进作用的是具有较高文化水平的任职官员。自唐朝政府在广西开办了大量颇具中原文化特色的府学、县学后,历代任职官员都很注重广西的教育建设,朝廷政府的各种文化政策也正是通过任职官员来实现的,所以任职官员是促进文化融合的"加速器"。他们或被委任或被贬谪于此,这与灵渠的开凿运用,相对便利的交通网是分不开的。这些有文化有才干的官吏,对岭南的开发做出了巨大贡献。同时,桂林怡人的山水风光与联通南北的灵渠给这些任职官员心灵上带来极大的安慰。

3."艺术之城"的崛起

秦始皇统一全国后,统一文字,推动民族大融合。汉文化在岭南的传播,首先是汉字的流通,然后才是儒家学说等深层文化的传播。汉字就像一座桥梁,沟通了各少数民族因语言不同而造成的隔阂障碍,为岭南文化的发展提供飞跃的平台。当地世居民族在春秋战国时期,就已经逐步形成具有民族特色风格和独特韵律的山歌以及多种多样的民族打击乐器。灵渠开凿后,中原的艺术文化南下交流,当地少数民族在进一步发展完善本民族的原有乐器外,还接纳了中原的钟、鼓、箫等乐器。由于西瓯骆(秦汉时期广西居民)民族与中原楚汉文化交流日益密切,到汉代瓯骆民族还出现了漆画艺术。

桂林是山水与人文融合的艺术之城,也是人文历史文化名城的首批城市。桂林最大的特点就是自然山水与人文之城的完美结合。"山中有城,城中有山"的山水城市有着两千年的历史,积淀着浓郁的历史文化价值。灵渠开凿后,桂林的经济文化发展与城市建设都有质的飞跃。灵渠下游就是闻名天下的桂林山水,灵渠也是"桂林山水甲天下"的最早传播者,最早领略到桂林山水之美并将其美名传颂天下的就是往来灵渠买卖的客商船家。通过他们的口耳相传,为桂林吸引来无数竞相歌咏山水风光的文人墨客。唐代著名诗人李商隐取道灵渠便挥毫而就《桂林即事》一诗:"城窄山将压,江宽地共浮。西南通绝域,东北有高楼。"此外范仲淹、黄庭坚、范成大、杨万里、朱熹等人有的任广西地方官,有的途经桂林。其中宋代诗人范成大到静江府赴任时,就是从水路途经灵渠而来的。他们中大多数人为桂林仙境所陶醉,写下大量赞颂桂林山水的诗文。

桂林山水怡人,许多文人墨客感慨于此,写下了大量吟诵桂林山水的诗词歌文,使桂林成为一座艺术名城。进入桂林山水仙境大都是取道灵渠,其"蜿蜒盘旋的水道与周边自然、人文环境完美的融合",展现出和谐而独特的灵渠之美。灵渠虽然地处崇山峻岭之中,却以其与自然的天然纽带让我们感到格外的亲和。想到与灵渠在北遥相呼应的磅礴长城,温柔丹青的江南气息将霸道的秦文化变得如此的可亲可近。清代诗人袁枚的那首《由桂林溯漓江至兴安》一诗:"江到兴安水最清,青山簇簇水中生。分明看见青山顶,船在青山顶上行。"这首诗非常生动形象地写出了灵渠江水的清澈以及沿途水光潋滟中的无暇意境。灵渠的状元桥旁还竖立着郭沫若先生于1963年游览灵渠时挥笔所做的《满江红·灵渠》一词的碑刻,给予了灵渠"诚足与长城南北相呼应,同为世界之奇观"的高度评价。

在岭南文化与中原文化不断交流融合的文化环境之下,广西文化主动迎接文化冲击并抓住这个难得的交流发展机遇。其中,桂林本土也出现了两大诗人与广西第一位状元,使得原是军事重镇的桂林带有越来越浓重的文化色彩,灵渠流域的桂林也因此一跃成为广西的历史文化名城。由此可见,灵渠对开拓西南边疆的经济文化发展发挥出了多么巨大的历史作用。没有灵渠,就没有如今西南地区的稳定与繁荣,因此灵渠的开凿对广西历史文化的丰富与积淀具有里程碑式的意义。

总　结

开凿灵渠距今已有两千多年的历史,自秦始皇平岭南、凿灵渠后,广西与中原地区的政治、经济和文化交往就不断加强,灵渠也因此成为南北水路交通的要道。

在漫长的历史长河里,它联通长江和珠江两大水系,加强了中原文化与岭南地区文化的交流,对国家的统一、社会经济发展以及民族融合等方面都起到了十分重要的作用。灵渠蕴含着中华民族高超的智慧和无穷的创造力,随着历史的发展变迁,灵渠的航运功能基本停止,成为以灌溉为主、旅游为辅,兼及科学研究的水利工程。但灵渠的魅力在经过了千年的风雨后,仍在沉静中释放着令人无法抗拒的力量。

参考文献

[1]陈晓洁.广西三大古运河的概况及历史意义[J].传承,2012(05).

[2]燕柳斌,刘仲桂,张信贵,吴雪茹.灵渠工程的功能分析与研究[J].广西地方志,2003(06).

[3]刘可晶.水利工程的明珠:灵渠[J].力学与实践,2013(35).

[4]杨迪忠.灵渠申报世界文化遗产与桂林国际旅游胜地建设[J].中共桂林市委党校学报,2013(09).

[5]刘仲桂.保护古灵渠　开发灵渠水文化:对灵渠保护与灵渠水文化开发的思考与建议[J].广西地方志,2009(03).

[6]颂扬,张迪,姚古,秦一,渠源,黄力.灵渠:人类水利史上的奇迹[J].中国现代企业报,2008(11).

[7]郭太成.灵渠开凿与文化交流[J].玉林师范学院学报,2009(30).

[8]崔润民.灵渠的开拓性文化价值开发[J].文化视野,2016(03).

[9]郑文俊,刘雨.桂林灵渠文化遗产价值及其旅游产品开发[J].柳州师专学报,2013(04).

[10]郭沫若.满江红·灵渠[N].光明日报(副刊.东风),1963-01-01.

[11]莫杰.灵渠[M].南宁:广西人民出版社,1981.

[12]黄家城.桂林交通发展史略[M].北京:人民交通出版社,

2000.

［13］高言弘.灵渠现状与历史真相［J］.学术论坛,1986(01).

［14］范玉春,周建明.古代过岭交通的变迁及其原因:兼论灵渠对桂东北发展的影响［J］.广西民族学院学报,1999(01).

［15］缪钟灵,王力峰,宗凤书.桂林三大古水利工程的历史功能及现状［J］.桂林工学院学报,2003(10).

［16］郑连第.灵渠工程及其演进［J］.广西水利水电科技,1985(03).

［17］苏为典.对灵渠几个问题的探讨［J］.广西水利水电科技,1986(03).

"一带一路"背景下广西壮文化对留学生 汉语教学的影响

广西大学　谭　晶

【摘　要】"一带一路"作为 21 世纪新提出的目标，对沿线国家和地区有着广泛的影响。广西地处中国南疆，基于区位优势和政策优势的辐射，在面向留学生进行的汉语教学中，壮文化的影响具有举足轻重的作用。本文从"一带一路"倡议和区位影响出发，分析广西壮文化对留学生教学的影响。

【关键词】壮文化；留学生教学；影响

　　"一带一路"是 2013 年国家主席习近平在哈萨克斯坦纳扎尔巴耶夫大学做演讲时提出的 21 世纪新的对外合作发展倡议，是丝绸之路经济带和 21 世纪海上丝绸之路的简称，旨在以"丝绸之路"为文化交流的前提，促进沿线国家的文化交流。广西与东南亚各国联系紧密，拥有其独特的广西壮族文化，基于"一带一路"的优势及与东南亚各国毗邻的区位优势条件下，独特的壮文化对开展留学生教学具有承前启后的作用。

一、"一带一路"与广西壮文化

(一)"一带一路"内涵

"一带一路"倡导文化先行,文化作为国家间交际支柱的桥梁,加强文化的合作更有利于促进国家与国家之间的合作和发展。在当前经济快速发展的时代,文化是一个国家、一个地区软实力的象征,文化的发展也必将带动地区经济、教育等方面的发展。广西地处我国的南疆,与广东、云南、湖南等省份相连,同时与东南亚各国在经济、文化上联系紧密,"一带一路"的发展,将进一步促进广西与周边省份、国家之间的联系,把握"一带一路"的文化内涵,将有利于我们进一步去认识、领悟"一带一路"对沿线国家、城市之间的影响。因此,"一带一路"蕴含的内涵是以文化为中心,文化交流为前提,带动沿线国家和经济的发展。首先,"一带一路"倡导的是中国思路、中国智慧,以文化联系为前提,加强文化与文化之间的交流。其次,开拓"文明之路"是"一带一路"倡导的文化理念,以"文明之路"为契机让文化交流的成果让沿线国家共享。最后,"一带一路"倡导文化先行,以文化促进地区之间的交流和联系。文化作为经济、教育等方面的反映,以文化先行,用文化促进经济和文化的发展,有利于地区之间交流和联系的增强。

(二)广西壮文化

广西是以壮族为主的少数民族、多民族聚居的地方,在广西文化的发展历史中,壮族文化在广西文化的构成和发展中有着浓墨重彩的一笔。在广西对外交流的过程中,壮族歌曲、壮族运动、壮族的文物景观等方面首先打开外来留学生对壮族文化的认识。

1. 壮族歌曲吸引留学生对壮族文化的关注

壮族歌曲以唱山歌为主,内容不仅包括劳作、生活感悟,还有很大部分是关于壮族人民对美的认识、对爱情的追求。此外,壮族山歌不仅有着欢快的旋律,同时还有专门的歌圩活动,这一系列内容打开了来桂留学的学生们对壮族的认识,增强了他们对于壮族文化的好奇心。依托于"一带一路"的带动，壮族山歌开始走出国门，被东盟各国所了解，吸引了许多来桂学习汉语的留学生对壮族文化的关注和了解，翻开了壮族文化发展的新篇章。

2. 壮族运动促进壮族文化的对外传播和发展

"以武会友"是文化交流的历史源泉，在"一带一路"倡议的影响下，壮族运动类型得到进一步的创新和发展。在对外文化的交流中，古人以武会友，今人以运动来促进文化的发展和传播，通过设置不同的运动方式，激发参与者的兴趣，让壮族文化进一步被外界所认识，被世界所了解。壮族特色的体育活动不仅起到强身健体的作用，更重要的是，它体现了壮族的农耕文化，以文化和运动相结合，体现壮族运动的独特文化。

3. 壮族的文物景观让世界更了解壮文化

壮族的文物景观作为一种静态的文化内容，蕴含了十分丰富的壮族文化，对壮族文化的发展有着重要的记载和传承。随着"一带一路"倡议的实施，越来越多的人来到广西，越来越多的留学生选择广西，壮族的文物景观作为静态的文化展现形式，让世界来桂的留学生更了解壮文化。特别对于宁明县花山岩画、柳州三江风雨桥、宜州刘三姐故居、靖西壮族织绣等静态文物景观的展现更能突出壮族的文化内核，让其他民族的人对壮文化有更深一层的认识。

（三）"一带一路"对壮文化的影响

"一带一路"倡导的是文化共享和文化的共同发展。在"一带一路"的影响下，广西陆续推出了"一带一路"文化走东盟之"三月三文化丝路行""文化走亲东盟行""亲情中华"等东盟行活动，把广西特有的文化内涵在"一带一路"创设的条件下"走出去"，传播中华文化，讲好广西故事，为搭建中国—东盟文化交流与合作平台做出了表率，进一步促进了壮文化的传播。

1. 壮文化的发展得到进一步的创新和传承

"一带一路"倡议把丝绸之路沿线的国家和地区都联系在了一起，在文化的沟通和交流上大家互通有无，为进一步发展民族文化，发展地方文化创造了有利条件，文化传播的方式也随着时代的需求各有特点。在"一带一路"环境的影响下,广西壮文化的文化形式得到不断的创新、丰富,不再以单一的文字形式呈现出来,更多的是以戏剧、歌唱、运动等外显方式展现出来,促进了壮文化与"一带一路"沿线国家的文化交流,让壮文化更容易让外人所感知。

2. 拓宽壮文化对外交流的渠道

"一带一路"给广西带来了机遇也带来了挑战。近年来,广西"一带一路"走东盟的盛事表明,广西在国际文化交流与合作上发挥着重要的作用。在"一带一路"文化发展的推动下,壮文化的对外交流不再仅仅局限于课堂、讲座的传播,更多的是以民间文化交流、趣味运动会及文化体验为主的传播渠道,让来桂留学生能直接感受壮族文化,不但增加了留学生对壮族文化的了解,也进一步丰富了壮文化对外交流的方式。

3. "一带一路"让壮文化印象更深刻

在信息迅猛发展的时代,谁抢到影响力的先机,谁就拥有更强大的"广告效应"。广西壮文化以"一带一路"为契机,通过多样的文化传播方式,对壮文化古今内容进行创新、传承,打造文化活动品牌,构建文化活动特色,形成文化系统理念,在"一带一路"倡议的影响下,通过不断的"走出去"与"引进来"相结合,让壮文化的印象更深入人心,让壮文化自身不断得到发展的同时也得到外界更多的关注。

二、广西留学生教学现状

当前对外汉语课堂教学仍然停留在以语言教学为主的模式中,教师注重对学生听、说、读、写技能的训练,但往往容易忽视文化的传播。在广西留学生文化教学的课堂中,留学生对壮族文化的认识大部分只停留在课本的知识中,脱离课本,对壮族文化抑或是广西文化的认识只停留在最初南宁车多、人多、美食多的印象中。这种忽视了文化内涵的语言教学或片面的文化认识,容易在跨文化交际中引起文化冲突,也容易使学生对壮族文化产生误解。

（一）教材单一，缺乏具有壮族文化特色的教材

在广西留学生壮族文化的教学中，所使用的教材比较单一，缺乏系统性、实用性、具体性的内容。对于来桂学习汉语的留学生来说，我们不仅要教授他们汉语的语言知识，更要让他们在学习汉语的过程中体会广西壮乡文化的内涵。通过设计具有壮族文化的特色教材，把壮族文化融入日常课堂中，让留学生在基本汉语知识的学习中了解壮族文化，对壮族文化有基础的认识，可以有效地激发学生在广西学习汉语的兴趣。

（二）课堂教学以训练学生语言技能为主，忽视文化授课的教学

在语言的教学中，教师往往着重对学生的语言技能进行训练，对于汉语教学亦是如此。广西大部分留学生的课程安排基本都以听、说、读、写为主，课堂上的教学紧紧围绕提高学生汉语口语的交流技能为主要的课堂教学目标，忽视文化授课的教学。因此，在"重语轻文"的课堂教学中，留学生虽然能较好地习得语言技能，但是对于当地的文化内涵、文化形态、文化内容却知之甚少，这不利于留学生后期语言技能教学的开展。

（三）对留学生的教学仅仅停留在课堂上，课外交流偏少

留学生来到中国学习汉语，必将受环境的影响，在课内、课外都能学习到汉语的相关知识。就目前广西留学生教学来说，大部分留学生的课堂开设在室内，同时大部分留学生只在课堂上开口，对于课后的练习往往不予以重视。众所周知，一个地区文化的交流和传承往往在于一个地区里人与人之间的交流，通过交流才能更真确地感受到当地文化的力量。而广西留学生教学重课堂、少课外交流的习惯，不利于壮文化的传播，更不利于留学生对壮文化的了解。

（四）课堂活动中涉及文化内容的课堂教学几乎为零

在广西对外汉语的课堂中，课堂活动的设计偏少，大部分内容是关于语言技能训练的活动，且几乎所有的活动围绕着口语的练习或语法的学习而开展，对于文化内容方面的教学活动几乎为零。因此，在广西留学生壮族文化的教学中，在留学生对壮文化没有一定了解的基础上，很难对其进行更深层次的语言教学。只有增加课堂教学中关于文化内容的教学活动,才能调动起学生的积极性和参与度,提高留学生对壮文化的认识,提高教师对壮文化传播的重视。

三、广西壮文化对广西留学生汉语教学的意义

文化是一个地区对外交流和沟通的保障,是一个国家、城市软实力的象征,只有重视文化的传承和发展,才能更好地带动城市经济带的发展。对于广西来说,只有不断加强留学生对壮文化的认识,才能不断提高留学生课堂的教学效率,增加留学生学习汉语的兴趣。

(一)壮文化是打开留学生来桂学习汉语的兴趣之门

对留学生进行的汉语教学不应该仅仅局限于课本之中,在吸引留学生学习另一门外语的主要原因中,被目的语国家的文化所吸引是其中的重要原因。广西的壮文化历史悠久,展现形式丰富,同时与东南亚国家之间的文化交流密切,并有一定的相似点,对于来广西学习的留学生,特别是从东南亚来的留学生来说,带有部分相似点的神秘亚洲东方大国文化,更能引起留学生对汉语关注的兴趣,是他们打开学习汉语的兴趣之门。

(二)壮文化与广西留学生的语言教学相辅相成

语言技能的教学与文化教学紧密相关,对于来邕学习汉语的留学生来说,所学习到的知识仅仅用于简单的交际,但是在深入学习之后才发现,任何一种语言技能的使用都和壮文化密切相关。只有了解壮文化、认识壮文化、熟悉壮文化,才能为后续的汉语学习中打下更加牢固的基础,而语言技能的教学也会加强学生对壮文化的认识。因此,壮文化的语言教学能帮助留学生开展语言技能的学习,留学生语言技能的学习也可以反过来促进留学生对壮文化的理解,加强两者之间的了解和学习,能使语言技能的学习和壮文化的传播达到共赢。

(三)壮文化是保持广西留学生学习汉语兴趣的加油站

来广西学习汉语的留学生基于环境、文化等方面的不同,容易产生焦虑、不安等文化休克的现象,在对汉语学习的态度上,从原先

的喜欢学习汉语,到逐渐随着文化差异带来的焦虑,学习的动力会相对降低,对汉语的学习热情也会慢慢下降,从而在学习汉语的态度上也会发生转变。此时,让不同阶段的留学生在课堂内外分别感受壮文化、了解壮文化、体验壮文化,让教师从课内、课外两方面出发,挖掘学生对壮族文化学习的兴趣点,并开展相关的文化教学活动等,调动学生学习的积极性,不但有利于克服留学生在学习汉语期间产生的紧张、焦虑、不安等情感,还可以继续保持学生学习汉语的兴趣。

四、广西壮文化对留学生汉语教学的影响

文化是深化国与国之间交往的桥梁,是提高对外沟通、对外交往的促进剂。广西壮族文化从古至今不断得到丰富和发展,一方面不断提高广西民族文化的软实力,另一方面也促进教育的发展,特别是面向留学生开展汉语教学的发展。

(一)广西壮文化丰富汉语课堂教学形式

广西壮文化引入汉语课堂中,通过文化活动的展示,可以提高学生课堂的参与度,改变以往课堂单一、枯燥、以教师讲为主的教学形式。在教学过程中结合留学生的学习特点,把古今壮文化内容进行整合,把文化展现形式进行整理,把文化以别样的形式带入课堂中,让学生在课堂中真切体会到文化的魅力。如可以把壮族文化中的唱山歌引入课堂中,让学生通过"唱"体会其中蕴含的文化内涵,改变以"教师讲"为主的传统课堂教学形式。

(二)壮文化的创新与发展提高汉语课堂的教学效率

壮文化在时代的发展和"一带一路"的影响下,不断得到创新和发展。把传统的壮文化和时代潮流紧密结合起来,不但丰富文化的内涵,也让壮文化结合时代发展的信息得到进一步发展,这样更易于文化与文化之间的交流,文化在课堂教学中的沟通和发展。面对留学生的汉语课堂,"传统 + 现代"所结合的壮文化可以不断给汉语课堂注入新鲜的血液,让对外汉语教师在使用传统教学方法的同

时也受民族文化、地域文化对外传播的影响,把新的教学理念融入文化教学的方法中,让"趣味教学"得以在课堂上实现,提高课堂的教学效率。

(三)壮文化可以有效缓解汉语课堂中的文化休克现象

语言的学习往往容易产生文化休克的现象,在学好一门语言的前提下,就要更好地了解目的国、留学地的文化。对于广西留学生汉语教学来说,壮文化和东南亚各国的文化具有一定的相似性,且来广西留学的留学生大部分来自东南亚各国。让来桂留学生了解、认识壮文化,可以提高留学生们对文化学习的兴趣,寻找文化之间的共同点,提高跨文化交际中学生的适应能力,有利于减少学生在桂学习汉语过程中出现的焦虑、紧张等情感,有效缓解汉语课堂中产生文化休克的现象。

五、结语

"一带一路"措施为广西壮文化的发展带来了机遇和发展,民族区域文化优势也越来越明显。纵观壮文化的发展,承古续今,不断促进广西对外的文化交流与沟通,特别在留学生汉语教学的过程中,壮文化基于地域和民俗的优势,不断为广西留学生汉语课堂注入新的活力,丰富课堂教学内容和教学形式。在提高留学生跨文化适应能力的同时也促进了广西汉语教学的发展。但是,基于事物的两面性,壮文化对留学生在语音及部分文化的认识上会产生消极的影响。要趋利避害,依托"一带一路"的优势,发挥积极的影响,促进壮文化在留学生教学中的运用和发展,让民族文化真正达到对外传播的目的,也让壮文化走出国门,在"一带一路"的优势下以文化传播的形式推进广西汉语教学的不断发展。

参考文献

[1]陈思琦."一带一路"下对外汉语教学新方向[J].课程教育研究,2015(7).

［2］陈宜军."一带一路"广西篇,共享:广西文化成果增添"一带一路"亮色.［EB/OL］.http://opinion.gxnews.com.cn/staticpages/20170508/newgx59102770-16168381.shtml.2017-5.

［3］李文波.广西壮语区地名与壮汉语言接触、文化交融初探［D］.南宁:广西大学,2004-04.

［4］梁庭望.中国壮族［M］.银川:宁夏人民出版社,2012.

［5］梁泽鸿,全克林."文化差异视野下的对外汉语教学探析"［J］.长春教育学院学报.2015(11).

［6］卢敏宁.论广西地域文化融入对外汉语教学之策略［J］.科教文汇,2017.

［7］韦美日.广西少数民族地区地域文化的特点［J］.广西师范学院学报,2007.

［8］杨海琳."一带一路"与中国文化的传承与传播［J］.新闻研究导刊,2015(10).

［9］杨娜."一带一路"视野下刘三姐文化的传承与发展研究［J］.桂林师范高等专科学校学报,2016(5).

［10］张照.广西壮族传统文化与当代壮族发展研究［D］.桂林:广西师范大学,2002.

［11］赵书昭."一带一路"倡议的文化内涵及其面临的文化挑战［J］.探索,2017(10).

近二十年河池地区民族饮食文化变迁方向初探
——以环江毛南族为例

广西师范大学　刘　麟

【摘　要】河池民族文化多元,地方饮食亦独具特色,近二十年来人口的聚居与迁徙,影响到当地饮食文化的交流、融合与传播,饮食与文化成为透视河池民众社会生活的棱镜。探讨中华民族多元一体格局下河池地区的饮食文化,结合族群、地域、资源、消费等观念,从历史演变及现代化进程方面理解人类学的饮食文化研究。饮食文化的变化映射区域民众思想观念或心理状态的变化,探索河池地区民族饮食文化变迁方向,以河池地区特色民族毛南族为研究对象,探究现代饮食文化的特点与变幻奥妙。

【关键词】饮食文化;毛南族;现代性

一、引言

中国自古以来人口众多,地大物博,物产丰饶,《汉书·郦食其传》云:"王者以民为天,而民以食为天。"中国的饮食文化在漫长的历史发展中伴随着中华文明的发展不断积淀,形成了独具特色的文化传统,张光直认为:"到达一个文化核心的最好方法之一,就是通过它的肠胃。"人类看似平常的一日三餐进食行为背后隐藏着复杂的文化密码，不同的文化有不同的饮食习惯，不同的社会环境下，同一文化中也存在饮食风格变量，同一文化中的个体有各自的口味和食物偏好。正是饮食的这种无限可变性，赋予了它在理解人类文化方面的重要价值。

河池地区位于云贵高原南缘，地处广西西北部，东连柳州，南接南宁，西接百色市，北邻贵州省黔南布依族苗族自治州，总人口 402 万。河池境内居住着 47 个民族，其中壮族、汉族、瑶族、苗族、仫佬族、毛南族、侗族、水族 8 个民族是世居民族，辖有 5 个民族自治县和 11 个民族乡；在 402 万总人口中少数民族有 340 万人，汉族有 62 万人，少数民族人口占总人口的 85%。其中，罗城仫佬族自治县、环江毛南族自治县分别是全国唯一的仫佬族、毛南族自治县；河池市自治县数量之多，居广西 14 个地市之首，在全国各地市州中排第二位。特殊的地理环境及文化背景构成了河池地区独特的饮食文化，呈现以壮、汉为主，融合其他少数民族饮食习俗的文化格局。本文以环江毛南族饮食文化为例，探究近二十年河池地区饮食文化变迁，从人类学视野下观察现代性背景内不同时期、不同民族、不同文化背景下饮食文化变迁的特点。

二、毛南族饮食文化概述

毛南族是中国南方的一个少数民族，毛南族总人口的 83%族人聚居在河池市环江毛南族自治县境内，该县西部的下南、中南、上南（简称三南）是毛南族的大聚居区。据 2010 年第六次人口普查显示，环江县内毛南族人数为 61919 人，与 1982 年 31600 余人相比增幅近半。20 世纪 80 年代后伴着交通飞速发展的顺风，许多毛南族人因通婚、工作等迁去外地，其他各地的毛南族均与当地壮、汉、苗、瑶等族杂居，交往密切，相互发生了民族间的自然融合。关于毛南族的记载始于宋人周去非《岭外代答》对三南的居民的记载，毛南族虽地处闭塞山乡，但与周围民族历来交往频繁。19 世纪末，当时的毛南族成年男子在日常生活中使用毛南族语言，但对外都会讲壮话，甚至不少人还能使用汉语。

217

(一)毛南族传统饮食习惯

平原地区毛南族以黏米为主要食粮，在峒场的则多以玉米、红薯等杂粮为主，只有在过年与送礼时才食用糯米。肉食方面，一般吃猪、牛、鸡、鸭等，尤喜吃牛肉和鸭肉，不禁狗肉但也不流行吃狗肉。其中毛南菜牛远近闻名，距今已有五百年养殖历史。牛在毛南族人心中十分重要，其宗教信仰中最重要的三界公的传说、祭祀都与牛有很深的渊源。毛南族嗜好吃酸，在吃鸭时，喜欢将鸭肝、鸭胗、鸭肠、姜片、椿芽等食物分别焯熟后，用韭菜将其捆绑成一把，再将生的鸭血用醋浸成黑色后作为蘸料进行食用，名为"鸭把"。

和壮、汉等民族一样，毛南族也以豆腐圆作为节日的食品和待客的名菜。民间认为，吃豆腐圆寓意团结和睦，若以豆腐圆待客，意为视客为上宾，客人会很高兴，主人也感到体面。毛南族人杀鸡时，放鸡血到盛有糯米的碟子上，待血和米凝结成块，即放入鸡汤内煮熟，成为风味小吃"鸡血糕"。切片后给老人和小孩吃，又软又香又甜，是一种尊老爱幼的食俗。毛南族杀年猪，用猪肠灌猪血、糯米或糯米粉，制成血肠，酬送亲友或自食，为过年食品之一。

(二)毛南族饮食选择影响因素

1. 环江地理环境对饮食选择的影响

物质生产在一开始是受到地理环境的制约，广阔的毛南山区山峦重叠，两山之间夹持这大小不等的平地，平坦的地方被引水灌溉，为"半石山区"。贫瘠的山区，素有"九分石头一分土，十年九旱穷山沟"之说，俗称"峒场"，也称"石山区"。因缺水源，主要种植玉米及红薯、小米、黄豆等山地作物，耕地分散。农田生产工具得到普遍改进，使用牛犁或新式步犁，与脚踏犁并用，生产力有所提高。虽然如此，但仍受山区条件所限，产量不高。

2. 毛南族生产方式、生计方式对饮食选择的影响

毛南地区传统生计以农业为主，平地主要农作物为水稻，山地以种红薯、玉米为主，此外还有棉花、烟叶、黄豆、小米、小麦、南瓜

等，土特产有毛南菜牛等。

在耕地不多的毛南山区，副业为重要的经济收入，毛南菜牛的饲养销售则成为毛南族人主要发展的副业，关于牛的传说、饲养、祭祀等则成为毛南族人重要的生活内容。民国《思恩县志·经济篇》记载，毛南地方养牛，"有一特别情形，彼牛不放外出，除取草供其食用外，又用饲猪之食料饲之。每只重百斤或百余斤，肥胖似猪"。毛南族人饲养菜牛，用粮很少，主要是向草料要肉。饲喂菜牛常用的草料有竹叶草、莎树叶、浓索花、青玉米秆、红薯藤和芭芒苗等。牛肉呈粉红色，一层瘦肉夹着一层肥肉，肉质脆嫩，清甜不腻。不但体内肉、肠、肚脆嫩鲜美，连筋也能炼出油。毛南族人在食用牛肉时，将牛肉切好后直接下锅煮，配上毛南族人特调的酱料，回味无穷。

3. 传统习俗对饮食选择的影响

在毛南族传统节日分龙节中，过节的主要内容是祭拜"三界公"，在节日前两天晚上要祭庙，请鬼师在庙前的空地上做法，全乡人都会来围观。祭庙后一天举行"椎牛"，杀牛之后牛的血和内脏由主持的鬼师和主事人来分食，牛肉则拿到市场卖。

在其他节日，如在五月初五端午节为"药王"的诞辰，毛南族人采摘艾叶、菖蒲、黄江、狗屁藤等煎成一块来分给全家吃，又或用菖蒲叶浸红黄酒，分给全家饮用，寓意一年家人身体健康。毛南族人在端午节则没有包粽子、吃粽子的习惯。中秋节在毛南族也是小节，有钱人家会买些月饼、包些粽子吃。

三、饮食文化的交流与创新

（一）交流途径与障碍

在封建统治时期，进出山区需要翻山越岭，只能在集市上进行简单的物物交换。虽然毛南族人均习得毛南语、壮语、官话（桂柳话），但与外界交流机会不多且以做生意的男性为主，民众间语言、文化、价值观等差异较大。

(二)饮食文化基础上的创新及链接

环江毛南族自治县下南村六圩以前只有五户人,后来随着商贸发展,至中华人民共和国成立时已有80多户人,成为集市——六圩集市。国家的稳定、交通的日益便捷吸引了大量毛南族人来这里摆摊,到此交易自己的农村土特产,后公定为每逢周六赶圩,称为"六圩"。每次赶圩有五六千人,节日则万人空巷,当时吸引了罗城、宜州以至宾阳、湖南、贵州等地的汉、壮商贩。物物交换还给毛南族人带来了铁器、茶叶、文具等,同时外地商贩收购本地的猪、牛、棉花、草药等,刺激了毛南山区农副产品的生产。传统的养牛成为重要的商品输出,不少商贩则从外地运来小牛和残牛,供给善于饲养菜牛的毛南族人,养肥后运到外地出卖。至此,毛南山区"菜牛之乡"的美誉流传开来。

近二十年,市场经济下人口流动及迁徙、农产品销售、当地资源吸引大量外来人口。尤其在"村村通公路"的号召下,交通的飞速发展带来了大量的人口流动,毛南族人民农副产品市场也遇上了百年一遇的契机。工作或婚配到他乡或外来人口的迁入使得毛南族潜移默化地融合了不同文化。市场经济背景下资源整合,毛南山区的旅游资源、矿山资源得到充分的再分配、利用,形成独树一帜的毛南文化,名声在外。毛南族淳朴民风使其得到大众的认同及尊重,良好的民众基础及多方优势资源使毛南文化深入人心。

四、饮食文化变迁特征初探

(一)形成"构建的文化"

族群的融合赋予了个体文化新的意义和机遇,市场运行使不同文化的互动日益频繁。如下南菜牛等原为毛南族特有的食材,不仅成为其代表性的民族文化特色,在市场上也得到民众欢迎而俏销。环江为贫困县,政府为拉动经济发展近年来大力进行基础设施管理及建设,恢复及发展毛南族传统盛大节日"分龙节",规划并开发县域内牛角寨等旅游景区,建设"生态文明"旅游区。毛南族人在进行农产品销售时，此类信息成为其宣传销售的有利推手。这些食物，以及饮食形式，都被赋予了毛南文化的符号意义和象征，并被当地政府作为民族传统文化加以推广，因而在市场上受到了消费者的青睐，同时也不断加深对此文化的认同。毛南族人饮食文化中，食材的选择多为纯天然的野菜，种植农作物使用天然肥料，饲养家畜也使用天然饲料，使得毛南族人有独特强健的体质，近年来对毛南族人体质的医学研究也日渐增多。

建构主义理论认为，人总是积极主动地建构社会现实的行动者，其行动方式则要看他们是以怎样的方式理解其行为的，以怎样的方式赋予其行为以意义。关于毛南族人的故事在现代背景下给毛南族的文化构建了一个新的标签，而其中最重要的过程和原因就是毛南族文化被从当地文化体系中抽离出来并被重新赋予了民族意义。类似的建构过程同样发生在除毛南族以外的当地少数民族中，共同形成一种全新的少数民族文化，重新整合融入以壮汉为主体饮食文化中。

（二）受"现代性"影响并形成关于"焦虑"的应对

尽管世界各国饮食文化不同，但对于吃要朝天然、健康方向发展则颇为一致。随着生活水平的提高，饮食文化也出现"返璞归真"的现象，崇尚绿色、黑色和乡野天然食品，成为未来食品和饮食文化的重要趋势之一。在现代社会"养生保健"等观念的影响下，当地民众认同并趋向"少数民族的食物"更为原生态，即生长过程天然、制作手法纯良，远离农药、化肥及食品添加剂，毛南族的淳朴民风使其农产品及饮食文化得到民众的认同及尊重。

吉登斯认为，现代性的发展已经直接威胁到人类本身的生存，它给人的"信任机制""本体安体机制"以及"自我认同机制"带来空前的挫折，使生活在现代性语境下的人们濡染在焦虑的煎熬之中，外在于个体的现代性在产生压力的同时也为个体创造了力量延伸的手段与空间。在现代性和汉族、壮族为主体的饮食文化背景下，毛南族饮食文化以其食材的品质开辟了独有的价值领域和空间。现代性的风险给本体带来的不信任感、不安全感在饮食文化中集中体现为人们对喂饲料、打农药农产品的不信任、食品加工过程中添加佐料来源安全性的怀疑、食品加工过程中卫生情况及食材处理过程是否清洁卫生等问题的关注。

在选择农产品及饮食方式时，毛南族的饮食方式一定程度上缓解了现代性给个体带来的焦虑，与全球化背景下的饮食文化不谋而合。毛南族饮食文化与当地汉、壮为主体的饮食文化的融合，体现毛南族饮食文化在现代性结构塑造下被赋予的新的社会意义，同时也更新、充实了原有的饮食文化结构。

(三)中华多元民族统一格局的进一步巩固

在社会生活中，饮食事项并不总是如人类学家、民俗学家所说的有那么细致严格的区分，而只是一些纷呈多样的复合体，其中往往还会是你中有我、我中有你。根据语言调查资料证明：毛南族属汉藏语系壮侗语族侗水语支，尤与紧邻的黔南水语最为接近，还与桂北的侗语和仫佬语有半数基本词汇相同，也与壮、布依语有密切的亲属关系。从他们之间的历史联系，以及社会经济生活和文化习俗的相近，反映了他们共同的历史渊源，可能都是从古代"百越"中发展而来的。相同的地理环境，相似的历史渊源，使得河池地区饮食文化中呈现出菜品"名称不同、传说内容不同、祭祀方式不同，但菜品及其做法重合"的奇特现象。虽有差异，如费孝通先生所言"各美其美、美人之美、美美与共、天下大同"类似，民族间文化交流中相互包容交流，近年来出现强烈的文化冲突、对峙逐年减少，在不断的文化交流过程中，民众理解不同文化产生的背景，了解不同文化的习俗，日益客观地认识我们生活其中的文化以及异文化。饮食文化的变迁反映地区历史性食物的文化选择变化，成为地区族群性饮食的标志，构成一方民众"家乡的味道"。随着时间变迁，这个"味道"源于民族，却不囿于某个民族，流传于河池地区，成为当地代表性的地方口味。

参考文献

[1]张光直.中国文化中的饮食:人类学与历史学的透视[M]//安德森·N.尤金.中国食物.马缨,刘东,译.南京:江苏人民出版社,

2003:249-262.

[2]《中国少数民族社会历史调查资料丛刊》修订编辑委员会.广西仡佬族毛南族社会历史调查[M].修订本.北京:民族出版社,2009.

[3]M.沃特斯.现代社会学理论[M].杨善华,等,译.北京:华夏出版社,1998.

[4][英]吉登斯.现代性与自我认同:现代晚期的自我与社会[M].赵旭东,方文,译.北京:生活·读书·新知三联书店,1998.

浅谈广西戏曲文化之邕剧

南宁师范大学　程裕连

【摘　要】本文以极具广西文化内涵的戏曲文化入手,对邕剧的文化特色做梳理,重审邕剧的文化价值与发展的困境,为地方文化的传播与保护提供可行性建议。

【关键词】民俗文化;邕剧;战略方针

一、浓厚民俗特色的邕剧

邕剧是广西特有的地方戏曲剧种,它与桂剧、彩调、壮剧一起并列为广西的四大地方剧种。足迹近达广东珠江三角洲,远至越南、柬埔寨等东南亚各国。因其活动中心是在旧邕州府(今广西南宁地区),且用邕州官话演唱,从而得名为邕剧。

邕剧起源于本地土戏、民间说唱艺术,始于道光年间。随后,兼容广东南戏的元素,在唱腔上做了调整,采用"广府戏"的"戏棚官话"为舞台语言。到了 20 世纪 20 年代以后,在粤剧强力影响下,"戏棚官话"演出的本地班遭遇了生存危机,将舞台转至乡间,该时期邕剧班被人称为"穿山班"。直至 20 世纪 30 年代,南宁商界为红十字会筹款举办"游艺会"时,当时的本地班才首次打出"邕剧"二字,重新回归舞台。

二、极具艺术价值的邕剧艺术

（一）丰富多样的民俗乐器

邕剧舞台语言上采用邕州官话（戏棚官话），演唱语言极为丰富，不但包括白话，还有客家话、平话和壮话。其唱词文本上，甚至采用民间习语、谚语、歇后语等。所采用的唱腔以皮黄声腔为主，以吹腔、昆腔小调为辅，与粤剧十分形似。

其中邕剧的唱腔俗称"大腔"，为高腔中汉腔的一种。除此之外，音乐伴奏所采用的乐器也十分具有民族特色，往往以大锣、大钹、二弦、喉管为主。尤其锣鼓，种类十分丰富，有高边锣、大文锣、加官钹、沙鼓、谷鱼、更鼓等多达10余种。管乐则采用极具乡土气息的大角、笛仔、横箫、洞箫等；扬琴、椰胡、民族弦乐器等，在20世纪50年代末期，也被纳入演奏团队之中，据悉戏剧的表演，乐团往往坐于舞台的后部。随着舞台杂役表演，如边翻筋斗，边抛耍等花样融入后，乐团被移到了左侧。

（二）文武兼具的角色表演

从角色的表演上，邕剧设置生、旦、净、丑四大类，文武交融，风格古朴、粗犷，台风淳朴而雄壮。加上壮、汉两族人民对民间武技饱含热情，戏中融入中华武术文化，如拳、刀、枪、叉、棍，各种套路，体现了壮、汉民族的雄浑粗犷的民族风格。

表演形式上邕剧也别具特色，如甩发、宫仔、孖宫仔、马步，此外所采用的道具，均为真枪实剑，演员们往往在舞台上，兵戎相接。其中变脸、耍獠牙技艺也是一大特色，其中邕剧的脸谱就有100余种，专角专谱。以黑、红、白、绿、黄最为常见，以此寓意人物的性格特点。

（三）产量丰富的经典剧目

据有关数据统计，邕剧传统剧目共700余个，按老路、广路、本路分为三类。其中本路剧目皆出自戏班自编的提纲戏，经长期演出后会形成定本，其剧本往往由地方色彩浓郁的民间传说改编而成。传统剧目有《拦马过关》《西河会妻》等，这些极具地域特色的戏剧文化是岭南民间艺术的结晶,极具地方民俗价值。1950年后,又在前期的基础上增加了40多部,如创编了《红布恨》《忙季钟声》《春满柜台》等现代题材剧目,以及《百鸟衣》《回太原》《由余封相》等民间故事和史实题材剧目。

三、邕剧潜藏的价值

邕剧作为民俗文化的载体,其蕴藏着极为丰富的价值。尤其是在提高文化自觉和文化自信,促进文化繁荣时代背景下有着重要意义,笔者认为,其存在价值涉及层面如下:

(一)陶冶个人情操

邕剧是团体性的文娱活动,原是丰富人们闲暇乡村生活之用途,随着现代化的发展,尽管其娱乐性被弱化,但其仍具备娱乐大众的功能。邕剧除了具备音乐元素、杂技元素,还具备武术、曲牌等多元艺术元素。通过该戏曲,使受众不但从视听上体验强烈,也因其唱词的精辟独到,也便于观众自我吟唱。从中,其娱乐性不但在表演过程中为人体会,甚至能够延伸至幕后,甚至台下,跨时空地满足了人们"自娱自乐"的陶冶性情的需求。换言之,邕剧可以是普通百姓喜庆堂会的消遣,也是文人雅士寄托幽情的知音,还可以是人们背井离乡时维系乡情的纽带。如今它仍以一种复合的活动模式满足人们在不同时空中的情感诉求。

(二)传承民风民德

邕剧经历百年的发展,无论在乐器上的使用,还是表演上抑或是舞台上的表现形式都日益现代化。但其浓厚的民俗内涵,并未随时代的变迁而消融。其仍能反映人们社会生活的方方面面,包含着群体共同构建的行为准则和民俗规范。邕剧的取材源于生活,有的甚至取材于颇有教育意义的历史故事,往往有着浓烈的意识形态,体现着当时地方伦理价值观。戏曲的情节,往往针对现实中的人际纠纷、感情纠葛、利益争斗来叙事,这对观众有着重要的教育意义,正所谓"移风易俗,莫善于乐"。正如2016年度国家艺术基金资助项目大型邕剧《玄奘西行》作为对印度的文化交流项目，该剧目不但在实践"一带一路"倡议、推动地方戏曲传承发展中起到重要作用，而且为促进中印友好做出贡献。该剧采用玄奘西行历险、天竺求学、载誉荣归三条线索展开情节，传达了玄奘为探究佛理、执着信仰、追求理想的精神。

（三）活跃地方经济

民俗文化是民族发展的精神源泉，更是地方经济发展的不竭动力。以物质产品与服务为载体的文化产业所创造的经济效益不容忽视，以与民俗文化关系最为密切的旅游产业的发展来看，据《中国旅游业统计公报》显示，从 2006 年至 2015 年的十年间，国内旅游收入总体呈现稳步增长态势，收入从 2006 年的 6229.70 亿元上升到 2015 年的 34195.10 亿元，这十年复合增长率达到 19%。这意味着地方文化的越发重要，只有特色文化发展良好，才可能在市场经济的洪流中立足。邕剧作为地方性民俗艺术，无疑是一块文化瑰宝。换言之，其可转化为巨大的经济资本，推动地方性戏剧产业的发展，举办相应的文化节。取得良好成效的典型省市，已经出现很多，如甘肃戏剧节，其每三年举办一次，其激发全民戏剧热。如 2016 年，甘肃省秦腔艺术剧院推出了多场次惠民演出，场场观众爆满，创造了甘肃秦腔艺术剧院演出观众上座率新高。此外，诸如 2013 年北京市戏曲剧团通过改革，将现代文化元素加入戏曲创作后，取得经济和社会效益双丰收。全年场次突破 300 场，收入高达 800 万元。剧团员工人均月收入也提高了 2 倍之多。

此外，邕剧所包含的元素中涉及舞蹈、武术元素，其背后对应的物质产业文化，也是极为丰富的。无论是服饰的生产、乐器的制造、人才的培养、文娱服务的提供，都隐含着巨大的经济效益。

四、邕剧的保护策略

正因邕剧是分布范围较小的地方戏剧，不管剧种或小或大，都表现着公众的生态状态和公众需求。因此，在传承和保护上，需要建立合理的分类体系，按价值区分再归类。据了解邕剧剧目达 700 多种,因此对这些剧目做价值分析是前提。

作为濒危的非物质文化遗产,邕剧的保护极具迫切性。为此,可借鉴新加坡戏曲学院创院院长蔡曙鹏博士对戏剧的保护提出的纲领性的建议。对邕剧的保护可以从以下几个方面着手:①对邕剧文本资料的保存,如剧本、乐谱,对现存的孤本残页用现代化技术,加以影印复制,收藏,降低其损害率,将现代不断创新改良的剧本罗列,收录归档。②将邕剧加以影像化,通过现代高新技术,将邕剧的乐器,表演的技艺如杂艺、武术、小调,都以数码形式给予纪录备份。③加强人才队伍的构建,构建学科体系。除了加强高等教育的人才培养外,也应当落实到职业教育层次,以培养优质专业的艺术人才。④落实非物质文化遗产的传承,按国家出台的非物质文化遗产的保护政策,落实到地方邕剧的保护上,构建完善的非物质文化遗产的保护程序,落实到实践当中。⑤以公益性表演,加强邕剧氛围的构建,唤醒民众热情,如剧院以免费开放,或折扣票的形式进行公演。或可采用移动设备将其推送到有关直播平台,视频平台上给予免费直播以扩大受众范围。⑥公共社会领域的团体组织应加入到邕剧的保护行列中,加强邕剧的影响力,如在公园、百货大楼、企业事业单位、大专院校内进行公演。

黄伟晶在《邕剧的传承保护与发展研究》一文指出,邕剧的发展要与市场有机地结合起来。这除了得到政府的重视,社会团体和民间的支持都是必要的。在传承上,应编写教材,让学生进剧场,让邕剧进校园。另外还要加强创作力度,增加邕剧的活力。

笔者坚信只要多方对邕剧的传承与保护做持续努力,定会使得邕剧魅力更为世人所认识,终有一日在世界舞台上大放异彩。

参考文献

[1]曾艳红.2013南宁市非物质文化遗产保护学术研讨会邕剧专场综述[J].戏剧生态,2013(04):025.

[2]胡弼成,张卫良.特色追求:大学创新之髓[J].浙江万里学院学报,2004(3):5-9.

［3］阙真.关于广西地方戏曲保护的几点思考［J］.艺术时代，2015（02）：036.

［4］高义龙.上海需要标志性艺术成果：评新版越剧《红楼梦》［J］.上海艺术家，1999（6）.

［5］黄伟晶.邕剧的传承保护与发展研究［D］.南宁：广西师范学院，2012.

从"一带一路"倡议视角
浅谈广西陆川县的客家方言与客家文化

广州大学　黎　莉

【摘　要】广西是一个客家人聚居人口较多的省区,桂南地区的陆川县和博白县是较为著名的两个客家大县。陆川客家人与博白客家人又不同,因为陆川的客家人大部分是明朝时期从闽、粤、赣三个地区迁入陆川县的,长期稳定的发展,陆川县的客家人传承并形成了较为一致的客家方言及客家文化。其语言有显著的地方特色,其文化有着明显的客家民俗特性,和国内其他地域的客家方言及文化都不同,但是随着时代的发展,客家方言与客家文化也正在逐渐流失。如今广西正在加快脚步融入和承接"一带一路"倡议的任务,利用国际平台大力复兴"海上丝绸之路"经济贸易区,与东盟加强合作,积极开发北部湾经济区,在广西风生水起的经济复兴时期,陆川这个历经千年的客家大县又该如何延续文化?更该如何抓住时机获得发展呢? 这是时代赋予我们的考验,我们应当勇于承担并为其发展献上一份微薄之力。

【关键词】陆川县;客家人;客家方言;客家文化

一、陆川县客家人的历史来源

陆川县地处玉林盆地,自然资源丰富,耕地面积大,又有九洲江贯穿全县,灌溉水源充足。四季气候温暖宜人,降水充沛,空气湿润,非常适合人类居住。况且地处桂东南地区,远离中原战火硝烟,开发晚。往北40多公里处便是桂东南最大城市——玉林市,玉林市历史悠久,民风淳朴,环境优良;往东毗邻粤西;往西临近越南;南部靠近大海,水路便利,交通十分畅通,这也非常便于客家人祖先与外界的交流。客家人的祖先千里迢迢的举家迁移至此也无可厚非了。

(一)县内客家人迁移陆川的源地

广西陆川县地处桂东南地区,与粤西接壤,2006年全县人口约90万,其中客家人就占了约65万。其中陆川县长期定居居民的姓氏共有272个,其中陈、李、吕、黄是其中的四大姓氏,人口总数占全县人口总数的30.63%,约27万人。客家人在风雨飘摇的岁月中,为了生命的延续不得不四处迁移以谋求更为有利的生存环境。同时,为了保存先人的遗志,不忘前人的训斥,客家人都会有编写族谱的习惯。从全县人口总数最大的四大姓氏的族谱中可以明确知道,除了陈姓族人是来自浙江天台,其余皆来自闽南地区。明清时期,客家人开始从原来居住的闽、赣、粤等地区外迁,而陆川县则从那时起成为福建地区客家人的迁移目的地。根据目前学者们收集的材料可知,"这一时期迁入的客家人主要是来自福建,主要以闽西的上杭县为主""从福建迁到广西陆川的客家姓氏共有32个,而在族谱中明确记载从上杭迁来的就有14个。……其中从上杭迁来的就有9个并且都是县内大姓。""人口超过1万人以上的有19个姓氏,共占全县人口的80%"①。因此,我们可以十分确定的说,广西陆川县的客家人主要源于福建省。

(二)县内客家人迁移陆川的原因

1. 历史更替,政治变迁引发的移民浪潮

在历史上,中原地区政权更替,政治中心不断发生变迁,战争祸

---

①黄震,王荷珣.福建客家人移民广西陆川的历史考察[J].玉林师范学院学报,2006(6).

乱中利益受损最大的不是位高权重的统治者,更不是那些养尊处优的达官贵人,而是那些社会底层的黎民百姓。宋元年间,北方历经多年战乱,百姓生活在生死一线间,不堪战争折磨的客家先人开始举家南迁。陆川县的客家人是入桂定居较早的一支,最早于宋元年间开始迁入。

明清时期沿海地区,长年遭到倭寇的骚扰以及西方列强的入侵,使得沿海的客家人不得不放弃原有的居所,外迁以期得到更好的居住环境。陆川县地处盆地,四周山脉绵延,地势居高临下,易守难攻,地理环境优良,加上物资丰沛,自古以来都是桂东南地区的交通要道,对外交通十分通畅。不堪外界战事纷扰的客家人迁移至此是非常合乎情理的了。

2.时代的变迁,追求更广阔生存空间的结果

闽、粤、赣地区是历史上客家人最早居住的地区,客家人辛劳勤勉,而且长期以来喜欢群居,家族观念十分厚重。子嗣繁衍,家族不断壮大,人口越来越多,可耕土地越来越少,如何获得更好的发展空间就成为促使客家人不得不离开故居远赴他乡的重要因素。而且历史上有明确记载,明清时期统治者实行过强制性的人口南迁政策。这一系列自愿与政治强迫性的因素都使得客家人口不断地迁居到了陆川县。

二、陆川县客家方言特色

(一)县内客家方言概况

广西陆川县距华南地区第一大港湛江港 130 多公里,且县南地区大多与粤西接壤。因此,虽然历史上有大量的客家人不断迁入陆川县,但粤语仍得以保留。陆川县地区有两种不同的方言,而且方言地域划分明显,即陆川县县北地区基本说粤方言(勾漏片—白话)占全县人口的二至三成;县南地区基本为客家方言(涯话)占全县人口的七至八成;县城内则两种方言通用。

（二）县内客家方言特点

1. 陆川县内的客家方言与客家人迁徙历史的关系

（1）受迁徙地域的影响

陆川县内的客家人大多数是明清时期从福建地区迁徙而来,途中经过粤西地区,最终定居于陆川。这样漫长的迁徙过程也在陆川客家方言上留下深刻的痕迹。而陆川地处桂东南且县南地区与粤西接壤,所以定居在此处的客家人在历经千百岁月的洗礼之后,语言也发生了一定形式的变化,既融合了广西当地壮话,也受到了粤方言（白话）的影响,徐雨娴（2014）的《从广西陆川客家方言词汇看客家文化》来源于提出"客家方言中的部分词汇来源于古越语,且陆川乌石镇客家方言的部分说法与现代壮语说法音义贴近""在日常的往来中,也发生了语言上的接触,乌石镇客家方言借用了粤方言的部分词汇"①。由此可见,由于地域情况的特殊,也使得陆川县内的客家方言在词汇及语音表达方式上都和其他地区的客家方言在表现形式上存在一定差异,也是在千百年的迁徙过程中不断地与当地发生融合碰撞之后形成了自己的语言特色,这是非常值得重视与保护的,这是客家研究史上不可或缺的一部分,这也是中国语言多样性的一个见证。

（2）受迁徙心理的影响

客家人是汉族人民中饱受时代变迁与岁月洗礼的一支,长期以来或自愿或不得已而为之地一再迁徙他乡,只为求得更为理想的居住地。陆川县内定居的客家人在定居陆川以前都曾经过无数次的迁徙,历经苦难与波折。因此,如何保留祖先教训与先人的身骨完好无损以供后人铭记,这就涉及了客家人尤为隆重的一件事,为先人"捡骨"——通常称为"二次葬"。虽然现代交通便利,大大缩小了地域范围,但是为先人"捡骨"依旧是客家人最为重视的一件事,这是客家人代代相传的孝道。由此,关于"二次葬"的词汇也很多。例如"过身"

---

① 徐雨娴.从广西陆川客家方言词汇看客家文化[J].湖北经济学院学报（人文社会科学版）,2014(8).

"金钵""捡金""翻新""金骨"等。

祖先崇拜心理。一般来说祭祀祖先的活动全国大多数地区都是清明扫墓,这最为寻常不过了,可是陆川县内客家人还非常重视"重阳节前后的秋祭"。一个很重要的原因是,客家人在长期颠沛流离的迁徙过程中,很难按照时节在清明进行祭祀。族人只好在春秋时节择吉日进行隆重的春秋季祭祀,这也是客家人对祖先恪守的孝道。另一个重要的原因是客家人大多数偏居山区,耕地面积有限,所以祖先坟地一般葬于山上或者坡地,距离较远。而清明节正值春耕时节,农活忙碌,客家人就会在清明节前后进行小范围的祭祖活动,等到秋高气爽的时候再次进行隆重的祭祖活动以敬仰祖先的在天之灵,祈祷来年的兴旺与子嗣平安、家族旺盛等。

2.陆川县内的客家方言与居住地自然环境的关系

陆川县处于盆地,山地多,平地少,所以陆川县内的客家人最早都是居住于山区、坡地。客家人受居住环境的影响,在语言方面也有所反映。①陆川竹子竹林很多,客家人喜欢用竹子编制工具,如"竹篙"(竹子做的晾衣棍)、"竹篮"(竹子编制的菜篮)、"竹簸箕"(竹子编制的晾晒物品的东西)、"竹席"、"竹畚箕"、"竹篱"(竹子做的篱笆)等。②在客家人的口中还有各种"蛇",有些是生活中遇到的蛇,有些则是客家人根据蛇的形态给生活中的事物所做的名字。例如"泥蛇"(经常喜在泥泞中生活的蛇)、"檐高蛇"(壁虎)、"烂哭蛇"(爱哭闹的小孩儿)、"颈蛇"(小孩脖子上留下的淤泥)、"火蛇"(闪电)、"撒(音)蛇"(一种皮肤病,又说"血蛇")、"死蛇"(懒惰得如同一条"死蛇"一般)、"眼蛇蛇"(类似"蛇"一样窥视的眼神)、"死蛇烂打"(纠缠不放)、"死蛇烂鬼"(形容恶心的事物)、"大懒蛇"(形容人非常懒惰)等。③陆川客家人以前所居住的地势较高,四面环山,生活起居也与山息息相关,因此,话语中带"山"的字词也不少。如"山凹"(交通十分落后的穷乡僻壤)、山头、山背、山塘(山间田地的蓄水塘)。

3.陆川县内的客家方言现状及未来发展趋势

陆川县城内的方言情况大趋势上延续着一直以来县南涯话、县北白话的情况。20世纪90年代以来随着国家经济的发展,陆川县的客家人也开始大规模地外出务工或南下广东或北上到经济更为发达的地区谋生计。这些外出务工的客家人一去多年，不少人开始融入当地的生活定居他乡；有些客家人在外生活多年以后为了更好地融入当地的生活，选择学习当地方言或者普通话，乡音虽然不曾忘记但是也多少失去了些许味道。此外，随着社会经济水平的提高，县里的客家人生活水平也得到了不断的提高，以前老一辈的生活习惯已经发生了翻天覆地的变化，有些甚至已经完全被取代，相应的方言也开始被遗忘了。普通话的通行也使得年轻一辈有意识地在新生儿童学习语言时完全放弃方言直接教学普通话，这样客家方言在新一代孩子中传承起来非常困难。

4. "一带一路"经济发展与陆川县的客家方言维护

语言源于生活，也在记录着生活。因此，根据客家人生活过程中说话时所使用的语言习惯，可以探知其生活的习惯及其聚居族群的历史背景。在新时代需要大力推行普通话以便全国人民更好地走向繁荣兴盛的社会主义，与此同时也应该维护民族语言文化的多样性，而今天如何维护陆川县客家方言的持续传承已经是迫在眉睫的考验了。

国家提出"一带一路"倡议的内涵就是通过与沿线国家发展友好关系，加强经贸合作，发展经济，构建稳定的外部环境，实现共赢、共同发展的目的①。广西背靠大西南，毗邻港澳台，面向东南亚，拥有许多得天独厚的地理优势。现在广西也正在积极响应和承担广西在"中国—东盟自由贸易区"和"一带一路"倡议中的责任，把握时代的机遇，强化东盟国际门户枢纽地位。作为桂东南面向东南亚经济区最前沿的县市，陆川东临珠三角经济区，毗邻港澳台，南下可直达华南最大的湛江港，向西就是北部湾前沿地区的北海市，北部紧靠桂东南发展最快的玉林市，其经济发展优势也是不可忽视的。陆川县有良好的发展契机，那么又该如何利用这些机遇来

①南宁承担"一带一路"国家使命　谋划城市空间发展蓝图[N].广西日报,2016-04-25.

维护当地客家人民的文化瑰宝呢？近年来,陆川县也在紧紧围绕"一城一地一支点"发展战略,抓住"一带一路"发展机遇,按照"一区多园""产城同建"的理念,大力发展经济。陆川要留住人才和维护地方特色产业。首先要掌握发展主动权,利用"一带一路"经济发展趋势加大发展陆川经济产业,创新发展渠道,创造更多的就业岗位,留住青年一代的劳动力,鼓励外出务工人员回乡创业和置业。

在传统工业方面,陆川的铁锅产业产品质量好,产业规模大,品牌效果好,是陆川尤为骄傲的工业产品。在"一带一路"经济发展的机遇中,应该借此次良机引入资金,加强创新力度与宣传手段,为其谋划出一片新的发展前景。铁锅产业一直是陆川县的经济发展支柱,在谋划中除了开拓固有的工业领域,还应该开发工业产业中的软文化。陆川铁锅工业由来已久,企业发展规模宏大,企业文化理念丰富。如果能够拓展"铁锅文化",开发出新颖的"铁锅文化馆",这样一来既可以发展陆川生态旅游点,也可以向大众大力宣传文化底蕴。

在新兴产业中,陆川有十分丰富的温泉资源。近年来,陆川县把旅游作为活县的源泉,主动融入北部湾旅游圈、泛珠三角旅游圈和广西桂东南民俗文化旅游圈,以建设岭南客家温泉文化历史名城和创建广西特色名县为目标①。如陆川九龙温泉山庄、谢鲁天堂、陆川疗养院等。但是陆川温泉资源开发程度低、规模小且资源分散,并没有形成很好的发展趋势。如今,完全可以利用"一带一路"经济发展的"便车",推出客家文化旅游特色,建立客家方言保护系统,建成客家文化保护区,大力发展陆川温泉与客家文化相结合的旅游景点来吸引游客。在开发温泉资源的同时配套更多的客家文化资源,把陆川的温泉资源打造成"点—线—面"相连贯的热门旅游线路。

此外,还有"陆川猪肉"品牌,陆川猪享誉全国,以其味道鲜美、肉质鲜嫩多汁等特点受到了人们的喜爱。在"一带一路"经济发展中将已有的品牌壮大,扩张其影响力度也十分有利于当地企业的发展,提高当地经济水平,提高人民生活质量,改善人民生活。在响应

①南宁:主动对国家"一带一路"倡议[N].广西日报,2016-11-28.

政府推进陆川猪国家农业标准化生产以外，还可以开发"陆川猪博物馆"，向游客全方位立体化地展示陆川良品猪的生长过程，还应该设计出更多的附加产品，如乖巧可爱的猪形象（卡通纪念品）、猪肉美食产品、猪系列加工品等，继而发展其产业复线。在观光客们观光、购物（猪产品中衍生的纪念品）之后，组建出一系列"以猪为食材"的味道之旅，推出精品全猪宴、美味白切猪或当地客家农家乐美食产品等，为观光的游客提供愉快的"陆川猪体验之旅"。

由于客家方言的维护不同于其他历史文物的保护，语言是活的，其保护方式也必须是灵活的。如大胆地将客家方言保护与陆川县经济发展规划结合在一起，相互融合谋划出一条"实体产业与客家方言文化"相结合的道路，那将是一个最理想的状态。因此，在"一带一路"经济发展的前景下，如何利用好这个机遇来发展客家大县的未来，关乎全县人民的生活，也关乎客家方言的存亡。

三、陆川县客家传统文化习俗

（一）县内客家传统文化习俗概况

陆川县内的客家人已经在此生活了数百年，在此期间他们不断创造和建立了许多属于客家群体的传统文化。透过这些文化，不仅可以窥见陆川客家人民的发展历程，还有助于后人铭记历史，并能从中获得美的享受，陶冶情操，同时也能充实陆川县城的文化内涵，增强县人民的文化自信心。

1. 自然景观和人文建筑

陆川县范围内有民国时期四大名庄之一的谢鲁山庄、天然石灰岩景观的龙眼——龙珠湖风景区、客家围屋、温泉山庄、谢仙嶂、龙井瀑布、修竹庵等各具特色的自然景观和人文建筑，是很好的旅游资源。

2. 客家饮食文化特色

（1）日常饮食文化特点

客家人饮食习惯"捞饭"，这是一种早期客家人最喜欢的米饭形式。因为这种方式做出来的米饭粒粒分明、口口清爽，非常符合当地的气候特点,尤其是夏天闷热时,通常人们不爱吃米饭只想吃稀饭,但是客家人日常耕种十分辛苦,稀饭吃不饱,而"捞饭"比焖饭或蒸饭都要湿润爽口,又比稀饭更饱腹,所以得到了客家人的世代传承。日常客家人还爱吃白切鸡、白切鸭、白切鹅、白切猪脚等,尤其是乌石白切猪脚以材料新鲜、味道鲜美、肥而不腻等特点名扬四方。日常菜肴还有古城"擦菜"、沙坡"三黄鸡"、陆川扣肉等。除了制作美味可口的菜肴,客家人还喜欢研究和制作调味料。比如乌石酱油、珊罗米酒、珊罗糯米酒等,味道醇香,口感好,口碑也是极好的。主食之外还有小吃,南方人不爱吃面食,但很喜欢吃糯米制成的小吃,如黄姜糯米饭、糯米包韭菜馅的"落水饺"、古城逢年制作的"油鼓饺"、端午的"苏(音)木粽"、冬至的"火线饺"等。

（2）宴会饮食文化特点

客家人喜欢聚族而居,重视亲缘血脉,看中宗族传承,每逢红白喜事都会相互告知互相庆祝,所以每年都会有许多宴会。至于宴会的菜肴,客家人常说"无鸡不成宴",逢年过节、婚丧嫁娶不同的日子里客家人在宴会上的菜色也不一样,唯独"鸡"是最重要的主角,其次是扣肉,再者是鱼。客家人办宴会左邻右舍、亲戚朋友都会上门帮忙,主人家忙得不可开交,宾客们不亦乐乎,其中热闹非同一般。

3. 节日庆典文化特点

陆川县的客家人每逢年节都会有许多精彩的节日庆典活动,常常是万人空巷、车水马龙,热闹非凡、老少皆喜。例如吃年例、闹花灯、菩萨出游、舞火龙,元宵前后的"啊公游门"等。

（二）"一带一路"经济发展与客家文化传承

广西作为海上丝绸之路上的重要一环,在实施"一带一路"倡议过程中,具有重要的地位和先天的优势。而陆川作为广西"一带一路"经济发展的前沿地区,如何将其历史文化传统与地方特色文化融入"一带一路"的经济建设中,直接关乎当地民生的发展与战略实施的方向性。

陆川县作为客家大县,客家传统文化资源丰富,自然风光别致多彩,且当地旅游资源开发早品牌效应强。如果我们能把客家传统的风俗习惯结合已有的资源,建设出更为系统全面的精品旅游线路,将来陆川客家文化发展的前景将更加美好。

如何把陆川县旅游品牌更好地融入北部湾经济区旅游圈、泛珠三角旅游圈,建设桂东南民俗旅游圈、建设岭南客家文化温泉旅游名城,是能否把握"一带一路"倡议机遇,提高人民生活水平,进而保护地方文化特色的重大考验。为此,应该开始着手维护现有的客家历史文化遗产,使其能够以一种更好的形象出现在游客面前。可是仅仅是基础维护是不够的,还要利用现有的旅游资源组建出更为引人瞩目的旅游产品路线。一直以来,陆川县的文化旅游深得人心,但是由于旅游产品分散,维护不当以及宣传不力等因素,使其发展过程中遭遇了冷场。客家文化的开发是一个活的过程,不应当坐等其成,可以借鉴韩国的传统文化维护与开发案例来开发出有特色的文化旅游景区。比如韩国首尔特别小,但是一直以来都是韩国的政治经济中心。在城市建设的过程中,首尔非常注重文化开发与现代化建设相结合的路线,并且懂得"包装"、善于"包装",精于区域"包装"是其保留和开发传统文化的典型手段。韩国首尔的德寿宫建筑面积小,规模一般,但是游人不绝,得益于其周围的游览环境。因为在德寿宫宫墙边上不仅开发出了一条"手工制品的自由市场街",而且四周植被栽培合理,四季皆有不同的味道。因此,虽然德寿宫本身的游览价值不高,但是在搭配了其他附加旅游产品后,游人还是非常乐意去一睹它的风采。

客家围屋一般是在老村子里,如果仅仅是去游览围屋一个旅游项目,那么对观光游客来说旅游成本比较高,兴致也就会随之降低。如果我们能借鉴韩国"德寿宫"的拓展模式,是不是会更好呢？在围屋村临近地区创建童话村(以村落巷道为单位,在居民墙上创造童话或漫画世界)、成立更多客家美食体验农庄、客家历史文化展览馆、客家方言体验馆、客家生活生态体验村等系列产品,给游客更多休闲娱乐的去处,那样势必会带动整个县城的旅游经济。

"一带一路"倡议是一个城市发展复兴的好时机,客家文化和方言保护也是一个刻不容缓的发展难题。"一带一路"不是一个实体和机制,而是合作发展的理念和倡议,陆川客家文化如果能借助这个既有的行之有效的区域合作平台,将会为全县发展带来不可估量的益处。

参考文献

[1]黄震,王荷珣.福建客家人移民广西陆川的历史考察[J].玉林师范学院学报(哲学社会科学版),2006(6).

[2]黄桂凤.客家文化旅游开发与保护浅谈[J].玉林师范学院学报(哲学社会科学版),2014(4).

[3]徐雨娴.从广西陆川客家方言词汇看客家文化[J].湖北经济学院学报(人文社会科学版),2014(8).

论《聊斋志异》的出版价值

南宁师范大学　陈汉梅

【摘　要】《聊斋志异》作为中国文言短篇小说的巅峰之作，自清代编撰出版至现代，一直保持着独特的出版价值。具体表现在三个方面：以传奇法写鬼魅神仙，《聊斋志异》突破传统写作方式，使其具有独一无二的文学价值；由最开始的手抄出版方式演变成如今数十种版本《聊斋志异》的出现，展现出其无与伦比的商业价值；从清代的书评到现代专门研究《聊斋志异》的出现及兴盛，证明《聊斋志异》所具有的珍贵研究价值。

【关键词】《聊斋志异》文学价值；商业价值；研究价值

一部《聊斋志异》，让中国文言短篇小说走向巅峰。作者蒲松龄从青年时代开始创作《聊斋志异》，直至其去世后《聊斋志异》才得以问世。蒲松龄倾尽一生的心血成就出中国文言小说的辉煌之作——《聊斋志异》。蒲松龄年幼便对鬼神之说十分热衷，而当时世人亦是十分善谈鬼神之说，因此《聊斋志异》便应运而成。蒲松龄在其自序中写道："落落秋萤之火，魑魅争光；逐逐野马之尘，魍魉见笑。才非干宝，雅爱搜神；情类黄州，喜人谈鬼。闻则命笔，遂以成篇。久之，四方同人，又以邮筒相寄，因而物以好聚，所积益夥。"①这段自序论说

---

①蒲松龄.聊斋志异[M].北京：中华书局.1962：序言.

蒲松龄编撰《聊斋志异》的原因以及过程,道明其创作《聊斋志异》的最初动机,言明当时百姓对于鬼神之说的喜爱。凭借蒲松龄绝妙的文笔才华与世人极为关注鬼神的话题,《聊斋志异》编撰完成之后,众多文人争相借阅抄录,形成最初的出版方式——手抄传播。随后,为了满足更多人的需求,书商发现其丰厚的商业利益,开始使用印刷技术对《聊斋志异》进行印刷,使得《聊斋志异》得以广泛地流传至今。《聊斋志异》经历时代的洗礼,成为一部经典,成为现代研究者研究历史、研究文学的活化石,《聊斋志异》的出版不仅仅是文学界的大事,更成为学术界的重要研究对象。

下面试作简析。

一、文学价值

蒲松龄 19 岁时便通过县、府、道考试取得三个第一的成绩成为秀才,可见其文学才能十分杰出。清代文学大家纪昀曾称赞蒲松龄谓"留仙之才,余诚莫逮其万一"①,可见蒲松龄深厚的文学底蕴。而《聊斋志异》是蒲松龄耗费数十年匠心编撰出来的文学成果,是蒲松龄毕生文学才华的结晶,是无可复制的文学作品,具有十分珍贵的文学价值。陈廷机在《聊斋志异》序提道:"亦以空前绝后之作,使唐人见之,自当把臂入林,后来作者,宜其搁笔耳。"②陈廷机评价《聊斋志异》为前无古人后无来者的空前绝后之作,肯定了《聊斋志异》的巨大文学价值。而《聊斋志异》的文学价值不仅体现在作品中表现出的华丽文采,更因为《聊斋志异》在志怪故事背后所蕴含的发人深省的人生哲理。冯镇峦《读聊斋杂说》曰:"聊斋非独文笔之佳,独有千古,第一议论醇正,酌情处理,毫无可驳。如名儒讲学,如老僧谈禅,如乡曲长者读诵劝世文,观之实有益于身心,警戒顽愚。至说到忠孝节义,令人雪涕,令人猛醒,更为有关世教之书。"③从冯镇峦的评价

---

①纪昀.阅微草堂笔记[M].杭州:浙江古籍出版社,2015:317.

②蒲松龄.聊斋志异[M].北京:中华书局,1962:序言.

③朱一玄.《聊斋志异》资料汇编[M].天津:南开大学出版社,2012:481.

中可以发现，《聊斋志异》不单单是一部记录鬼神志怪的文言小说集，更是一部令人深省的论教之书。

以传奇笔法编撰神仙狐鬼精魅故事，使神仙鬼魅具有鲜明生动的拟人化形象，这是《聊斋志异》独一无二的文学价值所在。鲁迅评价《聊斋志异》谓："虽亦如当时同类之书，不外记神仙狐鬼精魅故事，然描写委曲，叙次井然，用传奇法，而以志怪。变幻之状，如在目前；又或易调更弦，别叙畸人异行，出于幻域，顿入人间；偶叙琐闻，亦多简洁，故读者耳目，为之一新。……明末志怪群书，大抵简略，又多荒怪，诞而不情；《聊斋志异》独于详尽之处，示以平常，使花妖狐魅，多具人情，和易可亲，忘为异类，而又偶见鹘突，知复非人。"①同是志怪题材，蒲松龄没有单纯记录神仙狐鬼故事，而是将普通的鬼神精魅故事进行再创造，运用传奇笔法将奇妙玄幻的故事生动地展现在读者面前。同时，蒲松龄在短小的文言故事中成功地塑造出一大批鲜活的人物形象，这是以往志怪小说所不具备的。如《聂小倩》中的一段：

方将睡去，觉有人至寝所，急起审顾，则北院女子也。惊问之，女笑曰："月夜不寐，愿修燕好。"宁正容曰："卿防物议，我畏人言。略一失足，廉耻道丧。"女云："夜无知者。"宁又咄之。女逡巡若复有词。宁叱："速去！不然，当呼南舍生知。"女惧，乃退。至户外忽返，以黄金一锭置褥上。宁掇掷庭墀，曰："非义之物，污我囊橐！"女惭出，拾金自言曰："此汉当是铁石。"②

这是聂小倩与宁采臣第一次相遇的场景，短短的百余字生动地描绘出聂小倩用不同手段"勾引"宁采臣的场景。从"月夜不寐，愿修燕好"的言语诱惑到投掷以黄金，宁采臣都不为所动。故事曲折有趣，生动异常。从故事细节塑造人物形象，使得整个故事更为引人入胜。通过故事细节的传奇性描绘，塑造出宁采臣刚直不屈的文人风范。传奇性的故事情节以及鲜活的人物形象，使得《聊斋志异》具有

①鲁迅.中国小说史略[M].北京：民主与建设出版社，2015：162.
②蒲松龄.聊斋志异[M].济南：齐鲁书社，2006：53.

十分珍贵的文学价值。

二、商业价值

《聊斋志异》编撰成书后,因为蒲氏家道贫寒,没有能够刻印传于世人。但《聊斋志异》的文学价值并没有因为蒲氏家庭贫寒而被淹没,亲朋好友在得知其成书后,纷纷找蒲氏借阅抄录,通过手写抄录的方式进行传播。据说蒲松龄的同乡好友王士禛在借阅《聊斋志异》之后甚为喜爱,曾欲以五百两黄金购买《聊斋志异》的手稿。以五百两黄金换一部不属于正统的四书五经的书籍,可见其对于《聊斋志异》的喜爱。

随着《聊斋志异》的流传范围越来越广,单靠手抄笔录的传播方法已经不能满足众多读者的需求。文人与书商开始使用印刷术对《聊斋志异》进行进一步出版。据现存的《聊斋志异》资料统计:清乾隆三十一年(1766 年),赵起杲与鲍廷博刻印出版《聊斋志异》,称为青柯亭刻本,是目前发现最早的《聊斋志异》刻本。在青柯亭版的《聊斋志异》中,赵起杲在《例言》中提道:"先生毕殚精力始成是书。初,就正于渔洋,渔洋欲以百千市其稿。"[①]从此话中可以窥见《聊斋志异》的商业价值之高。在青柯亭刻本出现后,众多书商发现《聊斋志异》的巨大的商业潜力,纷纷刻印出版该书。据骆伟于 1995 年在《〈聊斋志异〉版本研究》一文中初步统计,《聊斋志异》的版本约有 180 种,其中古籍版本 50 多种、现代版本 60 多种、外文版本 60 多种。众多版本的《聊斋志异》的出现,又一次证明《聊斋志异》的商业价值之巨大。

发展到现代,《聊斋志异》的出版仍然具有十分可观的商业价值。除了收藏在各大图书馆的珍贵版本的《聊斋志异》不计,根据大型购书网站亚马逊 2017 年 7 月售价:上海古籍出版社 2011 年出版的《聊斋志异会校会注会评本》精装本售价为 96 元;人民出版社 2016 年出版的《全校会注集评聊斋志异》精装本售价为 200.3 元;中

---

① 朱一玄.《聊斋志异》资料汇编[M].天津:南开大学出版社,2012:313.

华书局 2015 年出版的《聊斋志异》精装本售价为 150 元；人民出版社 2016 年出版的《聊斋志异详注新评》（套装共 4 册）平装售价为 117.5 元；九州出版社 2017 年出版的《聊斋志异》（精装分类全评本共 4 册）精专版售价为 106.9 元。在如今现代电子图书如此广泛应用的时代，《聊斋志异》的纸质书籍的出版售价仍能够保持如此高价，可以窥见《聊斋志异》的商业价值是如何之巨大，其商业潜力仍能够给商人带来丰厚的商业利益。

三、研究价值

《聊斋志异》是中国文言小说的巅峰之作，具有十分珍贵的研究价值。无论是关于《聊斋志异》作者蒲松龄的家世、生平交游、思想的研究，或是关于《聊斋志异》文本内容、相关评点的研究，对于中国甚至世界文学都具有十分重要的价值。研究《聊斋志异》，通过分析其主题、创作动机、艺术成就、形象等来进一步准确把握《聊斋志异》，深入挖掘《聊斋志异》神仙狐鬼精魅故事背后的社会现象，以认识清代的社会环境；归纳总结《聊斋志异》创作的成功经验，以便后人能够加以利用，创作出更好的文学作品。凡此种种，都具有重要的意义。

根据郭迎晖《近十年〈聊斋志异〉研究综述》汇总，在 1990 年至 1999 年十年间关于《聊斋志异》及其作者蒲松龄的研究论文多达 270 余篇，涉及蒲松龄的家世、生平交游、杂著、哲学宗教思想以及《聊斋志异》的主题探讨、创作动机、艺术成就、作品形象分析等。而根据王春玲《近年来〈聊斋志异〉研究综述》资料显示，仅 2000 年至 2005 年间，在中国学术期刊网检索的学术论文中关于《聊斋志异》的研究成果便多达 424 篇。这些部分的数据足以说明中国研究人员对《聊斋志异》的关注程度。证明学术界对于《聊斋志异》的研究越加重视，更证明越来越多的研究者已经意识到《聊斋志异》作为中国的文学经典之作的重要研究价值。

综上所述，《聊斋志异》自编撰出版之后便受到历代人们的追捧,究其原因便是其具有独一无二的文化价值、巨大的商业价值以及重要的研究价值。三种价值让《聊斋志异》永葆青春,其出版价值无论经历多少时代的变迁都不会减少,反而如同美酒一般,历久弥新。

参考文献

[1]蒲松龄.聊斋志异[M].北京:中华书局,1962(07).

[2]朱一玄.《聊斋志异》资料汇编[M].天津:南开大学出版社,2012.

[3]纪昀.阅微草堂笔记[M].杭州:浙江古籍出版社,2015.

[4]杨广敏,张学艳.近三十年《聊斋志异》评点研究综述[J].蒲松龄研究,2009(7).

[5]骆伟于.《聊斋志异》版本研究[J].图书馆论坛,1995(8).

[6]王春玲.近年来《聊斋志异》研究综述[J].沧桑,2007(1).

[7]郭迎晖.近十年《聊斋志异》研究综述[J].语文学刊,2001(11).

[8]苗怀明.二十世纪蒲松龄及《聊斋志异》文献的搜集、整理与刊布[J].古籍整理研究学刊,2006(11).

[9]鲁迅.中国小说史略[M].北京:民主与建设出版社,2015.